JN101750

福澤諭吉教育論

独立して孤立せず

山内慶太　西川俊作［編］

慶應義塾大学出版会

福澤諭吉　1882（明治15）年

慶應義塾福澤研究センター蔵

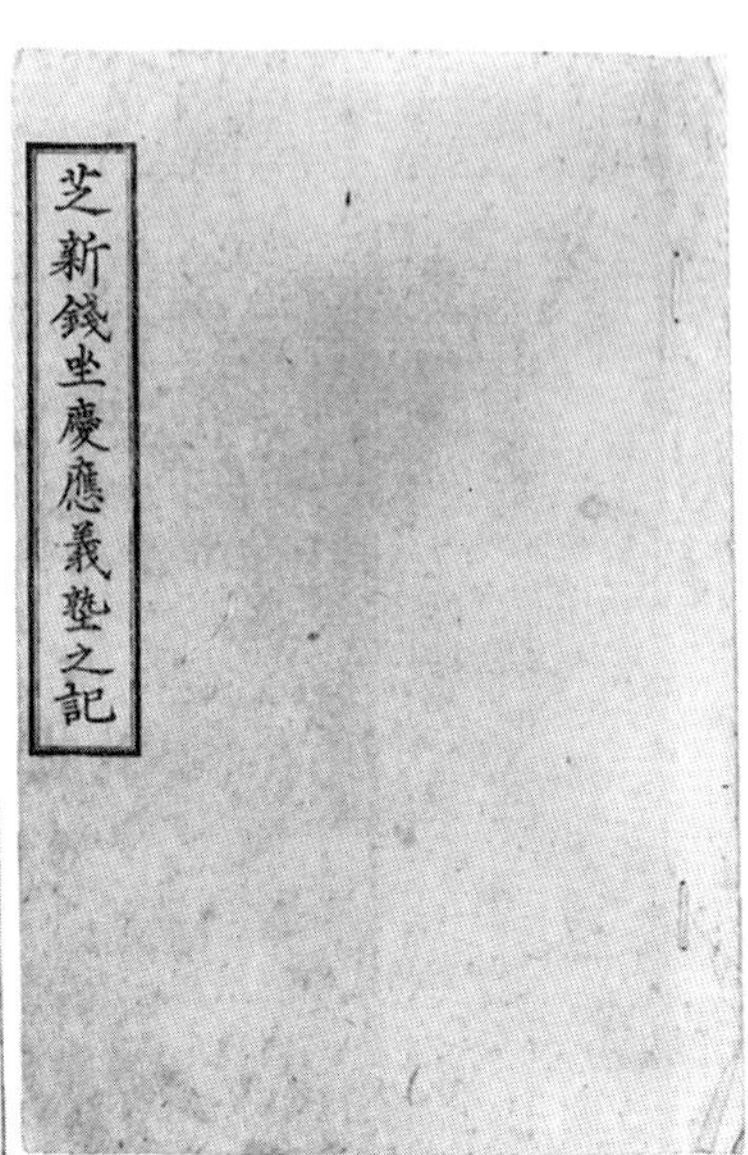

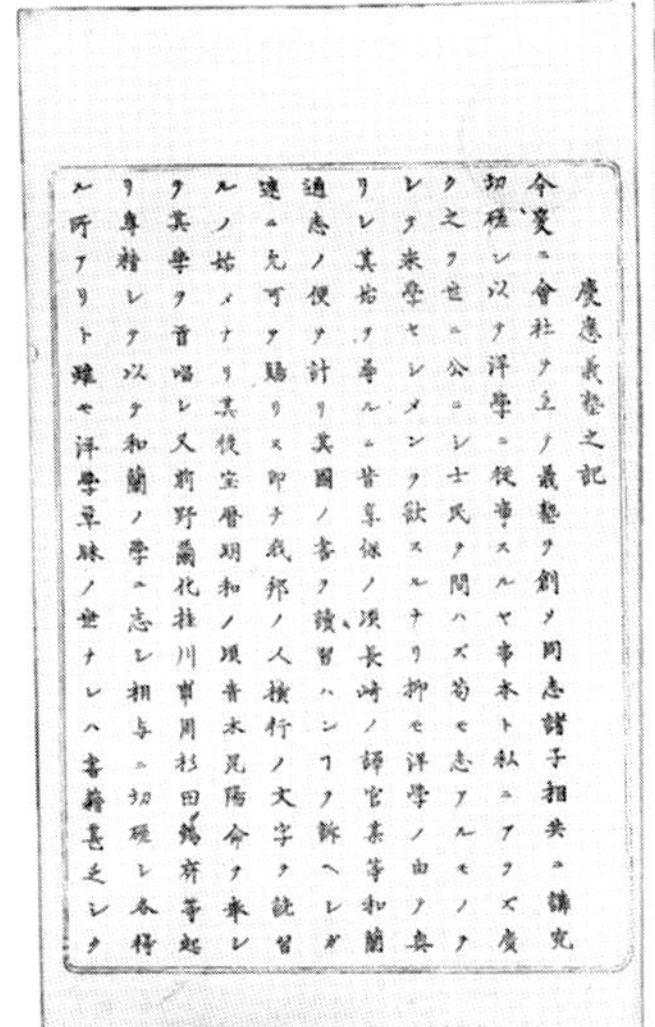

慶應義塾之記

今爰ニ會社ヲ立テ義塾ヲ創メ同志諸子相共ニ講究切磋シ以テ洋學ニ從事スルヤ事本ト私ニアラズ廣ク之ヲ世ニ公ニシ士民ヲ問ハズ苟モ志アルモノヲシテ來學セシメンヲ欲スルナリ抑モ洋學ノ由テ興リシ其始ヲ尋ルニ昔享保ノ頃長崎ノ譯官某等和蘭通商ノ便ヲ計リ其國ノ書ヲ讀習ハンコトヲ訴ヘシガ速ニ允可ヲ賜リヌ即チ我邦ノ人横行ノ文字ヲ読習ルノ始メナリ其後宝暦明和ノ頃青木昆陽命ヲ奉シテ其學ヲ首唱シ又前野蘭化桂川甫周杉田鷧齋等起リ專精シテ以テ和蘭ノ學ニ志シ相与ニ切磋シ各得ル所アリト雖モ洋學草昧ノ世ナレハ書籍甚乏シク

『芝新銭坐慶應義塾之記』　初版本　表紙・本文

1868（明治元）年　　　　慶應義塾福澤研究センター蔵

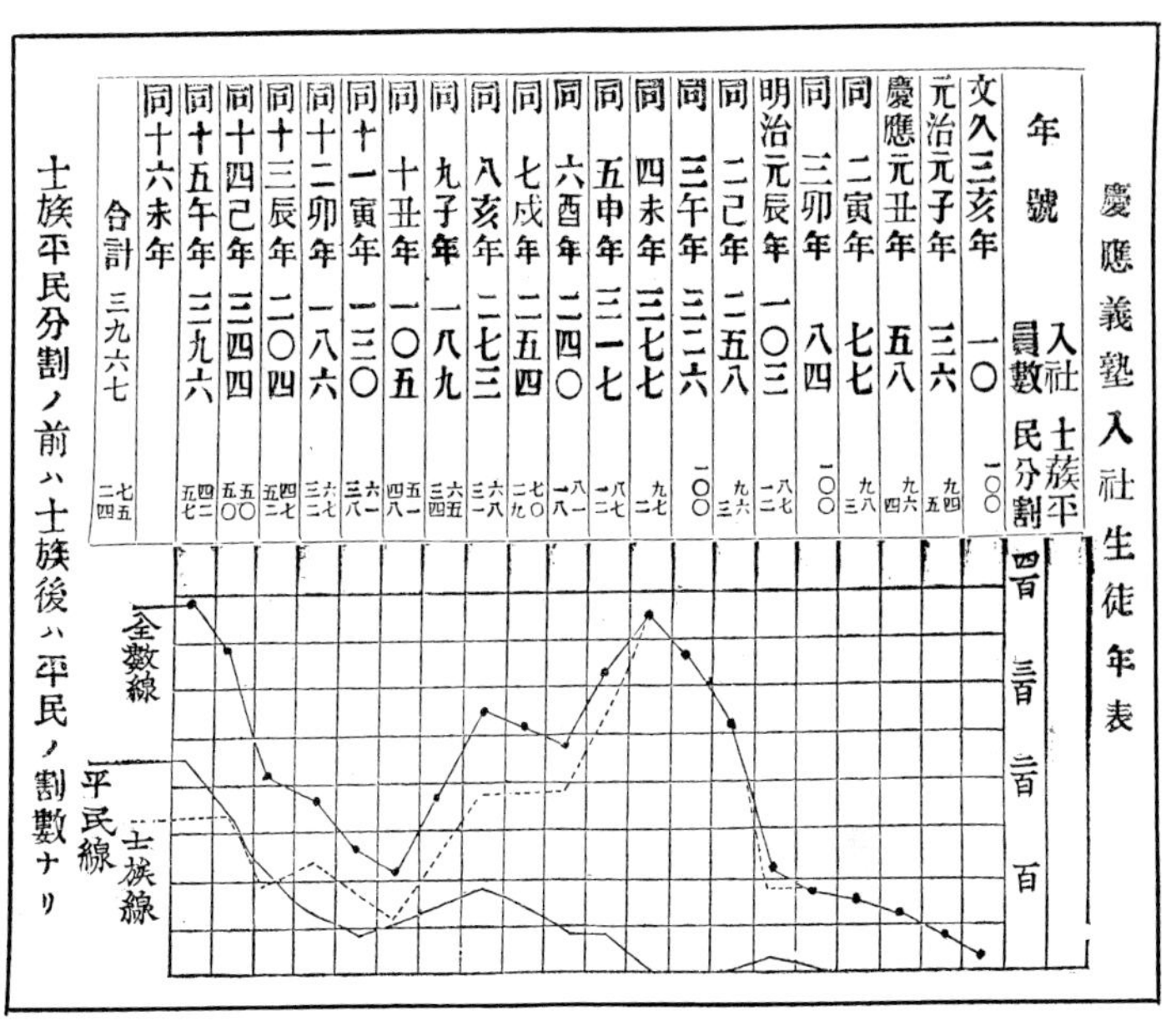

慶應義塾入社生徒年表

年號	入社員數	士族平民分割
文久三亥年	一〇	一〇〇
元治元子年	三六	九四 五
慶應元丑年	五八	九六 四
同　二寅年	七七	九八 三
同　三卯年	八四	一〇〇
明治元辰年	一〇三	八七 一二
同　二巳年	二五八	九六 三
同　三午年	三二六	一〇〇
同　四未年	三七七	九七 二
同　五申年	三一七	八七 一二
同　六酉年	二四〇	八一 一八
同　七戌年	二五四	七〇 二九
同　八亥年	二七三	六八 三一
同　九子年	一八九	六五 三四
同　十丑年	一〇五	五一 四八
同十一寅年	一三〇	六一 三八
同十二卯年	一八六	六七 三二
同十三辰年	二〇四	四七 五二
同十四巳年	三四四	五〇 五〇
同十五午年	三九六	四二 五七
同十六未年		
合計	三九六七	七五 二四

『慶應義塾紀事』 初版本 「慶應義塾入社生徒年表」

1883（明治 16）年　　慶應義塾福澤研究センター蔵

三田演説館
（現在地への移築以前、
大正年間撮影）

慶應義塾福澤研究センター蔵

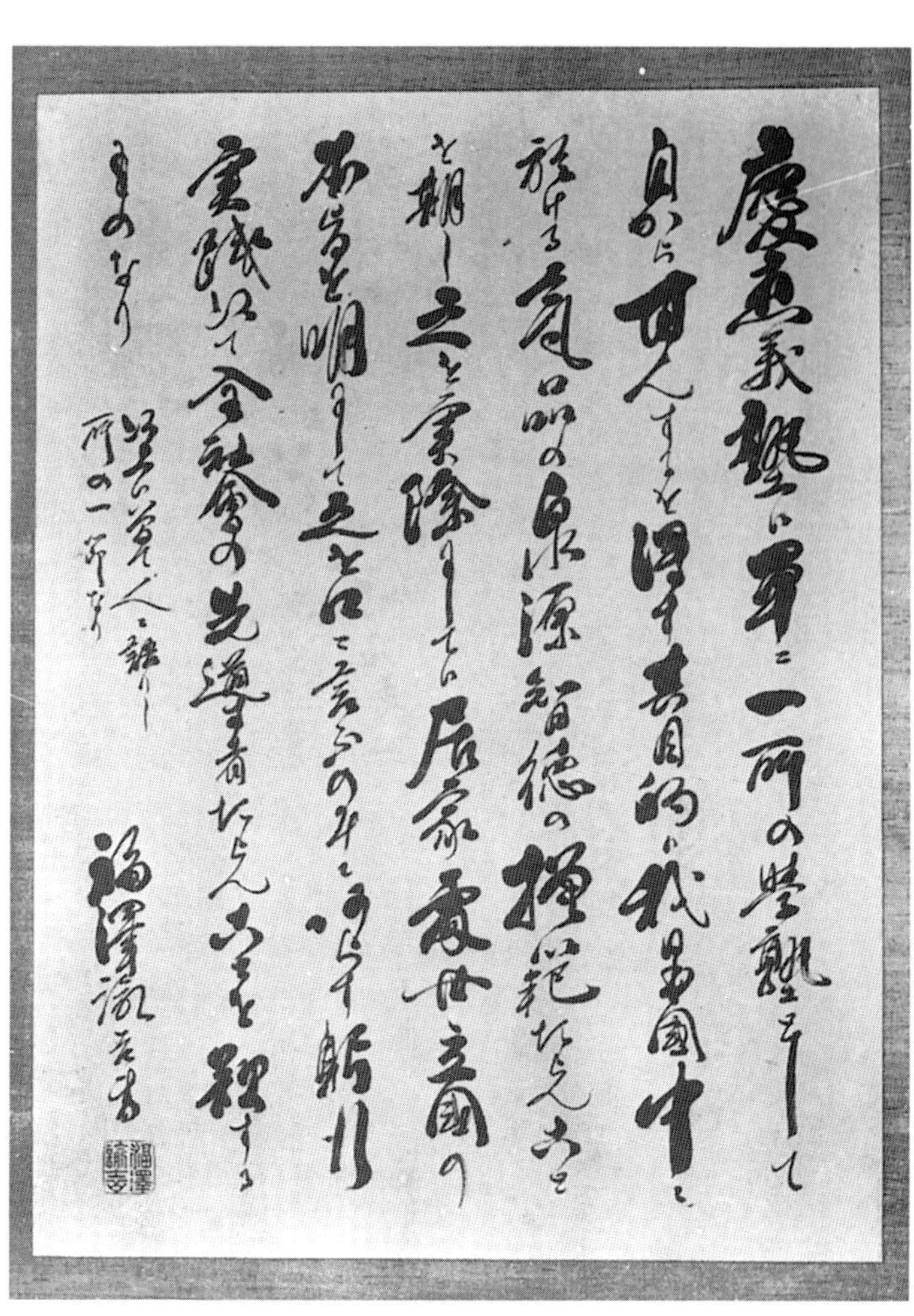

慶應義塾は単に一所の学塾として自から甘んずるを得ず其目的は我日本國中に於ける氣品の泉源智徳の模範たらんことを期し之を實際にしては居家處世立國の本旨を明にして之を口に言ふのみにあらず躬行實踐以て全社會の先導者たらんことを欲するものなり

福澤諭吉書

福澤諭吉

福澤諭吉筆　「慶應義塾の目的」
1896（明治 29）年　　　慶應義塾福澤研究センター蔵

明治二十四年六月廿三日東京芝紅葉館ニ於テ

言海祝宴次第

一 来賓への謝詞　招待員總代　伊藤伯

一 言海の發刊

~~一 大槻君大旨の[illegible]す~~　~~福澤先生~~

一 十七年間の辛勤　西村先生

一 言海編成の保護者ニ謝す　加藤先生

一 謝詞　大槻文彦氏

右了て来賓御随意演説

祝宴

招待員

高崎正風　富田鐵之助　増田繁幸

木村信卿　高野孟矩　十文字信介

鈴木知雄　春日粛　飯田宏作

中島鋭治　木村一是　木村匡

大野清敬　文傳正興

『家庭叢談』第九号
表紙および「家庭習慣ノ教ヘヲ論ズ」 本文

慶應義塾福澤研究センター蔵

家庭叢談
かていそうだん
明治九年十月八日
第九號

段ハ横町ニ住居シテ貸蒲團ヲ渡世ニスルナゾ御姓名ト御商賣柄トヲ承リテ思ハズ棒腹スルモノナキニ非ズ必竟名ハ人々ノ符牒迄ノコトナレバ之ガ爲メイワザル不都合ガ生ズル勿レ人ニモ云ハレヌ先キノ先キマデヲ案ズルコソ父母ノ情愛ナレ罪モナキ赤子ニ妙ナ名ヲ付ケテ成長ノ後ニ困ルコトアラシム可ラサルナリ

○家庭習慣ノ教ヘヲ論ズ

人間ノ腹ヨリ生レ出デタルモノハ犬ニモ非ズ亦豕ニモ非ズ取モ直サズ人間ナリ苟モ人間ト名ノ附ク動物ナレバ犬豕等ノ畜類トハ自カラ區別ナカル可ラズ世人ガ毎度云フ通リニ正サレク人ハ萬物ノ靈ニシテ生レ落ナレ始メヨリ種類モ違ヒ階級ニモ斯ク迄區別ノアルコトナレバ其仕事ニモ亦區別ナカル可ラズ人ニ惠マレタル物ヲ食テ腹ヲ太クシ或ハ驅ケマハリ或ハ噛ミ合テ遊ルレバ乃チ眠ル是レ犬豕ガ世ヲ渡ルノ有樣ニシテ如何ニモ簡易ナリト云フ可レサレモ人間ガ世ニ居テ務ム可キノ仕事ハ斯ク簡易ナルモノニ非ズ隨分數多クシテ入リ込ミタルモノナリ大畧之ヲ區別スレバ第一ニ一身ヲ大切ニシテ健康ヲ保ツコト第二ニ活計ノ道渡世ノ法ヲ求メテ衣食住ニ不自由ナク生涯ヲ安全ニ送ルコト第三ニ子供ヲ養育シテ一人前ノ男女トナシ二代目ノ世ノ中ニテハ其子ノ炎

散歩中の福澤諭吉と塾生たち（中央が福澤、渋谷・昌福寺境内）1899（明治32）年

慶應義塾福澤研究センター蔵

福澤諭吉　教育論　独立して孤立せず

本書を愉しく読むために

福澤諭吉は、教育に関して膨大な著作を遺しました。その中から福澤の教育論を浮かび上がらせるにはどのようにしたら良いでしょうか。生涯教育者であり続けた福澤の教育論は、慶應義塾を舞台に展開され、慶應義塾における実践においてこそ明確に、また、活き活きと表れてきます。ですから、福澤の教育論を理解するためには、慶應義塾での実践を一つの軸にとるのが最適です。本書はそのような考えを基に、著作を選び編集したものです。

福澤は、慶應義塾の基本的な文書だけでなく、演説、時事新報の社説、門下生への追悼文、書簡など、様々な形で慶應義塾の後進に語り続けました。その中で、「実学」「自我作古」「半学半教」「気品の泉源、智徳の模範」、「全社会の先導者」、「独立自尊」等の、慶應キーワードともいうべき言葉も生まれました。しかし、あまりによく使われるがために、福澤がこれらの言葉にどのような思いを込め、どのように社中の人達に語りかけたのか、案外知られていません。たとえば、「実学」も、「気品」も、「先導者」も、福澤が語り続けた文脈に置いてみることで、現在漠然とわかったつもりになっているのとは違うものが見えてくるはずです。

巻末の解説は、そのための読書用マップとなることを意図して記しました。福澤の教育論の概観の中に、収録著作のすべてを太字で言及しましたので、最初に解説を読むと、福澤の文脈を捉えやすくなり、読みやすさが増すのではないかと思います。その上で、興味を抱いたところから自由に読み広げていって下さい。

また、福澤の文章はリズムが良く、そのリズムに慣れると、格段に読みやすくなります。いくつか声に出して読んでみると実感すると思います。たとえば、慶應義塾の独立宣言ともいうべき「慶應義塾之記」、福澤の遺言ともいうべき「気品の泉源、智徳の模範」の演説を福澤諭吉になったつもりで、細かい意味にこだわらずに音読してみて下さい。明治の文章だから難しいに違いないという先入観がなくなれば、すんなり読み進められるようになることと思います。

福澤の教育論は学校教育にとどまらず、家庭教育、社会教育に至るまで広範囲にわたっていますが、明治時代どころか、昭和になっても敗戦までは少数論であって、時代の大勢を占めるには至りませんでした。今日でも十分通用するその内容は、当時なかなか理解されず、強い非難や攻撃を受けることもありました。丁寧に見ると、今日でも未だ実現していない課題も少なくありません。本書を通じて、今日の、また将来の個人の生き方と社会の在り方を考える手がかりをも見出すことができるのではないかと思います。

（山内　慶太）

凡　例

本書は、『福澤諭吉著作集』第5巻（慶應義塾大学出版会、二〇〇二年刊）を増補改訂し、新装版として刊行するものである。

一、底本について

①底本には福澤諭吉生前の最終版本である『福澤全集』（一八九八〔明治三十一〕年、時事新報社）を使用し、初出掲載紙や自筆草稿等を参考にして本文を作成した。ただし、版本として刊行されなかった著作の場合は、初出掲載紙または自筆草稿を底本として使用した。なお、底本に表題が付されていない場合は、〔　〕に入れて編者による表題を付し、一部の著作については、内容に沿って表題を改め、〔　〕に入れて編者による表題であることを示した。

また、各著作には編者による解説を、本文冒頭の見開き奇数頁に【 】に入れて付した。

②底本における明らかな誤字、脱字・衍字は別本（初出掲載紙等）に従って訂正した。

③別本にはあるが底本にはない語句や文については、別本に従った方が文意が明確になると思われる場合に限り、その部分を〔 〕に入れて補った。

〔例〕 邸地〔凡そ〕一万三千坪余

④底本・別本ともに文意からみて誤った文字が用いられていると判断される場合、また通常行われていない当て字が用いられている場合は、正しいと思われる文字、現在通行の文字を〔 〕に入れて示した。

〔例〕 必竟〔畢〕　欠典〔点〕　奥平候〔侯〕　以ての事〔外〕なり

⑤底本には漢字片かな表記のものがあるが、読者の読みやすさに配慮し、すべて漢字平がな表記に改めた。

⑥清音および濁音表記については現在通行のものに従った。

⑦底本には若干の句読点が施されているのみだが、読者の読みやすさに配慮し、新たに句読点を施した。

⑧改行は底本に従ったが、読者の読みやすさに配慮し、若干の改行を新たに行った。

二、漢字について

①漢字は一部の固有名詞（福澤、慶應義塾など）を除き、常用漢字表、人名漢字表にあるものはすべてその字体に改め、それ以外の漢字については表外漢字字体表の印刷標準字体に改めた。また、右のいずれにも属さないものについては、底本の表記に従ったが、俗字・異体字は現在通行の字体に改めた。

②左に示した頻出する漢字表記の代名詞・助詞・助動詞を平がな表記に改めた。

［例］　其→その　　此→この　　乎→か　　歟→か　　可し→べし

三、かな遣いについて

①かな遣いは現代かな遣いに改めた。また、外国語・外来語のうち、片かな表記のものは底本の表記に従った。なお、この他「江」は「へ」に、「之」は「の」にする等の改訂を行った。

②変体がな、合字は通行の平がなに改めた。

③おどり字（ヽ、ゝ、〱）は底本の表記に従ったが、「〻」が使用されている場合は「ゝ」または「ゞ」に改めた。

④送りがなは底本の表記に従い、一定の基準による統一は行わなかった。

四、振りがなについて

①読みにくい語句や、読み誤るおそれがある語句については、原則として底本にある振りがなを現代かな遣いに改めて残し、底本に振りがながない場合には、新たに現代かな遣いによる振りがなを施した。

②漢字表記の外国語・外来語には、新たに現在通行の読み方による片かなの振りがなを施した。

③振りがなは原則として見開き頁の初出語句に付した。

五、語注について

①現代では理解しにくい語句や、福澤に特徴的な用法の語句などには語注を施し、見開き頁の奇数頁ごとに配した。

六、索引について

①読者の便を考え、巻末に事項索引と固有名詞索引を付した。

七、差別的表現について

①本文中に、差別的と考えられる不適切な語句や表現が用いられている場合があるが、著作のもつ歴史的性格を考えて、そのままとした。

目　次

第Ⅱ部　学問と教育

第Ⅰ部　慶應義塾

慶應義塾の命名

慶應義塾之記

今爰に会社[1]を立て義塾[2]を創め、同志諸子相共に講究切磋し、以て洋学に従事するや、事本と私にあらず、広く之を世に公にし、士民を問わず苟も志あるものをして来学せしめんを欲するなり。抑も洋学の由て興りしその始を尋るに、昔享保[3]の頃、長崎の訳官某等、和蘭通市[4]の便を計り、その国の書を読習わんことを訴えしが、速に允可[5]を賜りぬ。即ち我邦の人、横行の文字を読習るの始めなり。その後宝暦・明和[6]の頃、青木昆陽[7]、命を奉じてその学を首唱し、又前野蘭化、桂川甫周、杉田鷧斎等起り、専精[8]して以て和蘭の学に志し、相与に切磋し、各得る所ありと雖も、洋学草昧の世なれば書籍甚乏しく、且之を学ぶに師友なければ、遠く長崎の訳官に就てその疑を叩たき[9]、偶々和蘭人に逢ばその実を質せり。蓋この人々孰れも英邁卓絶の士なれば、只管自我作古[10]の業にのみ心を委ね、日夜研精し寝食を忘るゝに至れり。或は伝う、蘭化翁長崎に往きて和蘭語七百余言を学得たりと。是に由て古人、力を用ゆるの切なるとその学の難きとを察すべし。その後大槻玄沢、宇田川槐園等継起し、降て天保・弘化[11]の際に至り、宇田川榛斎父子、坪井信道、箕作阮甫、杉田成卿兄弟及緒方洪庵[12]等、接踵[13]輩出せり。是際や

【慶応四年四月、塾を築地鉄砲洲（現在の中央区明石町）から芝新銭座（現在の港区浜松町）に移し、慶應義塾と命名したとき、塾の精神・主義を一般に知らせるため広く配布した文書。小幡篤次郎が起草し、福澤が加除修訂したという。】

1 **会社** 同じ目的で物事を行う組合、結社。企業のみならず、新聞、学校、病院など民営の共立事業体もいう。 2 **義塾** 「義」には「公共のため」という意味と、「仲間として協力する」という意味がある。 3 **享保** 一七一六―三六年。 4 **和蘭通市** オランダとの貿易。 5 **允可** 許可。聞き届けること。 6 **宝暦・明和** 一七五一―七二年。 7 **青木昆陽** 一六九八（元禄十一）年―一七六九（明和六）年。儒者。蘭学者。気候不順にも強い作物として甘藷（サツマイモ）栽培をすすめ、『蕃藷考』を著す。のち、幕府の書物奉行となり、第八代将軍、吉宗の命でオランダ語を学び、『和蘭文字略考』などのオランダ語入門書を著した。以下の蘭学者についての注は九頁に一括して掲げた。 8 **専精** 専心。精神を一つのことに集中すること。 9 **疑を叩たく** 疑問点をたずねる。 10 **自我作古** 我より古を作す。慣習にこだわらず、自らが新しく事を行い、自分自身が先例となる。『宋史』礼志に見える言葉。杉田玄白の『蘭学事始』にもこの語を見出すことができる。 11 **天保・弘化** 一八三〇年―四八年。 12 **緒方洪庵** 一八一〇（文化七）年―六三（文久三）年。蘭医。適々斎と号す。江戸で坪井信道、宇田川榛斎に蘭学を学び、大阪に医を営み、種痘を施行。また、適塾（緒方塾）を開き、大村益次郎、橋本左内、福澤諭吉らを輩出した。著訳書に『病学通論』『扶氏経験遺訓』などがある。 13 **接踵** 踵を接する。大勢の人が引き続いて来るさま。

読書訳文の法漸く開け、諸家翻訳の書、陸続[1]世に出ると雖も、概ね和蘭の医籍に止りて、旁らその窮理[2]、天文、地理、化学等の数科に及ぶのみ。故に当時この学を称して蘭学と曰えり。蓋是時と雖も通商の国は和蘭一州に限り、その来舶するや唯西陲[3]の一長崎のみなれば、尚書籍の乏きに論なく、総て修学の道甚便ならざれば、未だ隔靴の憾[4]を免れず。然るに嘉永の季、亜美理駕人我に渡来[5]し、始て和親貿易の盟約[6]を結び、又その好を英仏魯等の諸国に通ぜしより、我邦の形勢終に一変し、世の士君子皆彼国の事情に通ずるの要務たるを知り、因て百般の学科一時に興り、各その学を首唱し、生徒を教育し、此に至りて始て洋学の名起れり。是豈文学[7]の一大進歩ならずや、顧うに一事一運の将に開かんとするや、進むに必ず漸を以てす。[8]譬えば猶楼閣に上るに階級あるが如し。乃ち天保・弘化の際蘭学の行われしは、宝暦・明和の諸哲これが初階を成し、方今[9]洋学の盛なるは、各国の通好に因ると雖ども、実に天保・弘化の諸公之が次階を成せり。然則吾党今日の盛際に遇うも古人の賜に非ざるを得んや。抑も洋学の以て洋学たる所や、天然に胚胎し、物理[10]を格致[11]し、人道を訓誨[12]し、身世[13]を営求[14]するの業にして、真実無妄[15]、細大備具[16]せざるは無く、人として学ばざるべからざるの要務なれば、之を天真の学[17]と謂て可ならんか。吾党この学に従事する、茲に年ありと雖ども、僅かに一班〔斑〕を窺のみにて、百科浩瀚、常に望洋の嘆[18]を免れず。実に一大事業と称すべし。然ども難きを見て為ざるは丈夫の志にあらず、益あるを知て興さゞるは報国の義なきに似たり。蓋この学を世に拡めんには学校の規律を彼に取り生徒を教道〔導〕するを先務とす。仍て吾党の士相与に謀て、私に彼の共立学校の制[19]に倣い、一小区の学舎を設け、これを創立の年号に取て仮に慶應義塾と名く。今茲四月某日、土木功を竣め新に舎の規律勧戒を立てり。冀くは吾党の士、千里笈を担う[20]て此に集り、才を育し智を養い、進退必ず礼を守り交際必ず誼[21]を重じ、以て他日世に済す[22]者あらば、亦国家の為

1 陸続　次々。 **2 窮理**　物理学。 **3 西陲**　国の西のはずれ。 **4 隔靴の憾**　「憾」は物足りなく思うこと。靴の上からかゆい所をかくように、もどかしいこと。物事の核心に触れることができないこと。 **5 嘉永の季、亜美理駕人我に渡来し**　嘉永六（一八五三）年、ペリー提督の率いるアメリカ東インド艦隊が浦賀に来航したこと。 **6 和親貿易の盟約**　嘉永七（一八五四）年に締結された日米和親条約。安政五（一八五八）年には米・蘭・露・英・仏の五ヵ国と修好通商条約が締結された（安政五ヵ国条約）。 **7 文学**　ここでは学問の総称。 **8 漸を以てす**　順序を追って、序々に物事を行う。 **9 方今**　現在。 **10 物理**　物事の道理。 **11 格致**　「格物致知」の略。物事の道理を知り、究めること。 **12 訓誨**　教えさとすこと。 **13 身世**　人生。一生。 **14 営求する**　探求する。 **15 真実無妄**　偽りのない絶対的な真理。 **16 細大備具**　細大漏らさず充分に備わっていること。 **17 天真の学**　この世で一番大切な天然自然の真理を追究する学問。 **18 望洋の嘆**　あれこれ迷って途方にくれること。 **19 共立学校の制**　イギリスの college か、もしくは public school のこと。 **20 笈を担う**　故郷を出て遊学する。 **21 誼**　道義。 **22 世に済す**　世の中に貢献する。

に小補[1]なきにあらず。且又後来この挙に倣い、益々その結構を大にし益々その会社を盛にし、以て後来の吾曹を視ること猶吾曹の先哲を慕うが如きを得ば、豈亦一大快事ならずや。嗚呼吾党の士、協同勉励してその功を奏せよ。

1 **小補**　わずかな助力。

前野蘭化　前野良沢（一七二三［享保八］年―一八〇三［享和三］年）。蘭化は号。中津藩医。蘭学者。青木昆陽にオランダ語を学ぶ。杉田玄白、桂川甫周らとともに江戸千住小塚原で死刑囚の死体解剖を実見した。蘭書『ターヘル・アナトミア』の翻訳（『解体新書』）に従事。

桂川甫周　一七五一（宝暦元）年―一八〇九（文化六）年。蘭医。代々幕府の奥医師をつとめた桂川家の四代目。

杉田鷧斎　杉田玄白（一七三三［享保十八］年―一八一七［文化十四］年）。鷧斎は号。蘭医。その著書『蘭学事始』は『解体新書』翻訳の回想記（本書二六五―六八頁参照）。

大槻玄沢　一七五七（宝暦七）年―一八二七（文政十）年。号は磐水。蘭医。杉田玄白、前野良沢に医学、蘭学を学ぶ。『蘭学階梯』『重訂解体新書』などを著す。

宇田川槐園　宇田川玄随（一七五五［宝暦五］年―九七［寛政九］年）。槐園は号。蘭医。桂川甫周の示唆でオランダ語を学び、オランダの内科書『西説内科撰要』を翻訳、日本の内科学を開く。

宇田川榛斎父子　父、玄真（一七六九［明和六］年―一八三四［天保五］年）。榛斎は号。蘭医。玄随の養子。大槻玄沢に蘭学を学び、翻訳に長じた。養嗣子、榕菴（一七九八［寛政十］年―一八四六［弘化三］年）。

坪井信道　一七九五（寛政七）年―一八四八（嘉永元）年。蘭医。宇田川榛斎に学ぶ。門下に緒方洪庵、川本幸民らがいる。

箕作阮甫　一七九九（寛政十一）年―一八六三（文久三）年。蘭学者。宇田川榛斎に学ぶ。幕府天文方の翻訳掛。蕃書調所教授。安政五ヵ国条約締結に尽力した。

杉田成卿兄弟　兄、成卿（一八一七［文化十四］年―五九［安政六］年）。玄白の孫。弟は父、立卿の養子である玄瑞（一八一八［文政元］年―八九［明治二十二］年）。ともに蘭学者として活躍し、著訳書も多い。

中元祝酒之記

西洋事情外篇の初巻に云えることあり。[1] 人若しその天与の才力を活用するに当て心身の自由を得ざれば、才力共に用を為さず。故に世界中、何等の国を論ぜず何等の人種たるを問わず、人々自からその身体を自由にするは天道の法則なり。即ち人はその人の人にして、猶天下は天下の天下なりと云うが如し。その生るゝや束縛せらるゝことなく、天より附与せられたる自主自由の通義[2]は、売るべからず亦買うべからず、人としてその行を正うし他の妨を為すに非ざればば云々と。

春来国事多端、遂に干戈[3]を動かすに至り、帷幄[4]の士は内に焦慮し干役[5]の兵は外に曝骨[6]し、人情恟々[7]、延て今日に至る。於是世の士君子、或は筆を投て戎軒[8]を事とするあり、或は一書生たるを倦て百夫の長たらんとするあり、或は農を廃して兵たる者あり、商を転じて士たる者あり、士を去て商を営む者あり。事緒紛紜[9]、物論喋々[10]、亦文事を顧るに遑あらず。嗚呼是革命の世に遁るべからざるの事変なるべきのみ。この際に当て独我義塾[11]同社[12]の士、固く旧物を守て志業を変ぜず、その好む所の書を読みその尊ぶ所の道を修め、日夜茲に講究し起居常時に異なることなし。以て悠然世と相居て遠近内外の新聞[13]の如きもこれを聞くを好まず、唯自信じ自楽みその道を達するに汲々たれば、人亦これに告るに新聞を以てする者少く、世間の情

【慶応四年の中元（旧暦七月十五日）を無事に迎えたことを祝う文章である。その二ヵ月前の上野の戦いの当日、福澤は平日と変わらず F・ウェーランド『経済学』の講義を行ったが、在塾生はわずか一八名であったという。しかし、戦いのあと入塾生は月に一〇名前後を数え、年末の在学生は一〇〇名の大台に達している。前掲の「慶應義塾之記」とともに、『芝新銭坐慶應義塾之記』として明治元（一八六八）年に刊行された。】

1 西洋事情外篇の初巻に云えること 以下は『西洋事情 外編』巻之一「人生の通義及びその職分」からの引用。 **2 通義** 権理通義の略。right（権利）の福澤による訳語。 **3 干戈** たてとほこ。転じて、戦争。 **4 帷幄** 「帷」「幄」とも幕の意。古くは陣営に幕をめぐらしたことから、作戦計画を立てる場所。本陣。本営。 **5 干役** 戦いにかかわる。 **6 曝骨す** 戦死して骨を野にさらす。 **7 恟々** 恐れおののくさま。 **8 戎軒** 戦争に用いる車。転じて、軍事、戦争。 **9 事緒紛紜** 物事がいりみだれるさま。ごたごた。 **10 物論喋々** 「喋々」はしきりにしゃべること。うわさや議論が絶えないさま。 **11 我義塾** ここでの「我」ならびに後出の「我輩」は「われわれ」の意。 **12 同社** 同志。社中に同じ。 **13 新聞** 新しい情報。ニュース。

態亦何様たるを知らず、社中[1]自らこの塾を評して天下の一桃源[2]と称し、その景況全く世と相反するに似たり。然りと雖どもよく事理を詳しその由る所その安ずる所を視察せば、人各々その才に所長[3]ありその志に所好[4]あり、所好は必ず長じ所長は必ず好む。今天下の士君子、専ら世事に鞅掌[5]し干城[6]の業を事とするも、或は止を得ざるに出ると雖ども、自らその所長所好ならざるを得ず。故に彼の士君子も天与の自由を得てその素志を施すものと云うべし。又我党の士、幽窓[7]の下に居て秋夜月光に講究すること旧日に異なることなきを得て、修心開知の道を楽み私に済世の一班〔斑〕を達するは、豈亦天与の自由を得るものと云ざるべけんや。然ば則ち我輩の所業、その形は世情と相反するに似たりと雖ども、その実は共に天道の法則に従て天賦の才力を用ゆるの外ならざれば、此彼の間毫[8]も相戻る[9]ことなし。前日の事既に已に斯の如し、後日の事亦将に斯の如くなるべければ、我党の士自ら阿らず自ら曲げず、己に誇ることなく人を卑むことなく、夙夜[10]業を勉て天の我に与うる所のものを慢にすることなくんば、豈唯社中の慶のみならん。抑も天の此文を喪さゞる[11]の深意なるべし。本日偶ま中元、同社、手から酒肴を調理し一杯を挙て文運の地に墜ざるを祝す。

慶応四年戊辰七月

慶應義塾同社[12]　誌

1 **社中**　慶應義塾では塾生、教職員、卒業生の総称。 2 **桃源**　桃源郷。俗世間を離れた別天地。 3 **所長**　得意とするところ。 4 **所好**　好むところ。 5 **鞅掌**　わずかな暇もないほどいそがしく働くこと。 6 **干城**　国家を守ること。 7 **幽窓**　奥まった静かな所にある窓。俗世間と離れた場所。 8 **豪も**　少しも。 9 **戻る**　反する。 10 **夙夜**　朝早くから夜おそくまで。一日中。 11 **天の此文を喪さゞる**　天の意思がこの学問をほろぼさない。『論語』子罕篇に見える言葉。 12 **慶應義塾同社**　明治元（一八六八）年の『慶應義塾入社帳』では「慶應義塾会社」と自称していたが、翌明治二年には「慶應義塾同社」と変更している。また、のちには氏名の上に「同社」と記して、社中の一人であることを明らかにしている場合も散見される。

〔僕は学校の先生にあらず、生徒は僕の門人にあらず〕

山口良蔵宛書簡

一　天下は太平ならざるも、生の一身は太平無事なり。兼て愚論申上候通り、人に知識なければ固より国を治ること能わず。甚に至ては国を乱だるにも規則なし。皆無知文盲の致す所なり。今人の知識を育せんとするには、学校を設けて人を教るに若くものなし。依て小生義は当春より新銭坐に屋敷を調、[1]小学校を開き、日夜生徒と共に勉強致居候。この塾小なりと雖ども、開成所[2]を除くときは江戸第一等なり。然ば則日本第一等か。校の大小美悪を以て論ずれば、敢て人に誇るべきにあらざれども、小は則小にして規則正しく、普請の粗末なるは則粗末にして掃除行届けり。僕は学校の先生にあらず、生徒は僕の門人にあらず。之を総称して一社中と名け、僕は社頭の職掌相勤、読書は勿論眠食の世話、塵芥の始末まで周旋、その余の社中にも各その職分あり。尊藩の人にて在塾の面々は、当時松山、小泉、草郷、辻村、小川、吉田[3]六名なり。松山の上達は格別、小泉抔も頼母しき品物。一両年の内には、一人物たること請合なり。独怪む、御国許には少年才子幾人も可有之。方今その人々は何をいたし居候や。この時節に当り筋力もなき弱武士を軍に出すとも、殿様の御徳用にも相成間敷。又一方より論ずれば、当人にても、行々世禄[4]の丸潰れたるべきは、天下一般必然の勢にて遁るべからず。その時に至りツブシ地金の直打[5]なくば、飢寒を免かれざるべし。何卒有志の筋へ御相談、少年を鼓舞して出府御取計被成度奉存候。

【山口良蔵宛書簡（慶応四年閏四月十日、一八六八年五月三十一日付）からの抜粋。山口は大阪出身で、福澤より四歳年下。適塾の同窓で、万延元（一八六〇）年、同塾の塾頭をつとめた。のち和歌山藩に洋学者として仕え、明治五、六（一八七二、七三）年頃上京して海軍省からの翻訳嘱託に従事していたが、明治三十（一八九七）年、大阪に戻り没。】

1 新銭坐に屋舗を調　芝新銭座（現在の港区浜松町）にあった越前丸岡藩主、有馬家の屋敷を買い取り、塾舎を建てたこと。**2 開成所**　江戸幕府が洋学教授のために創立した学校。文久三（一八六三）年創立の蕃書調所を改称した。明治元（一八六八）年、政府により開成学校として再興された。**3 松山、小泉……吉田**　和歌山藩からの在塾生。松山棟庵、小泉信吉、草郷清四郎、辻村得一、小川駒橘、吉田政之丞のこと。**4 世禄**　世襲される俸給。いわゆる家禄制のこと。**5 ツブシ地金の直打**　そのものにそなわっている基本的な価値。

慶應義塾新議

去年の春、我慶應義塾を開きしに、有志の輩四方より集り、数月を出でずして塾舎百余人の定員既に満て、今年初夏の頃よりは通いに来学せんとする人までも、講堂の狭きゆえを以て断り居れり。由てこの度は又社中申合せ、汐留奥平候〔侯〕の屋鋪中に明きたる長屋を借用し、仮に義塾出張の講堂となし、生徒の人員を限らず、教授の行届くだけ勉て初学の人を導んとするに決せり。日本国中の人、商工農士の差別なく、洋学に志あらん者は来り学ぶべし。

一　入社の式は金三両を払うべし。

一　受教の費[1]は毎月金二分[2]ずつ払うべし。

一　盆と暮と金千匹[3]ずつ納むべし。

　但し金を納るに水引のしを用ゆべからず。

一　この度出張の講堂は講書教授の場所のみにて眠食の部屋なし。遠国より来る人は近所へ旅宿すべし。随分手軽に滞留すべき宿もあるべし。

一　社中に入らんとする者は芝新銭座慶應義塾へ来り、当番の塾長に謀るべし。

一　義塾読書の順序は大略左の如し。

社中に入り先ず西洋のいろは[4]を覚え、理学初歩か又は文法書を読む。この間三ヶ月を費す。

三ヶ月終て地理書又は窮理書一冊を読む。この間六ヶ月を費す。

六ヶ月終て歴史一冊を読む。この間又六ヶ月を費す。

右何れも素読[5]の教を受く。これにて大底〔抵〕洋書を読む味も分り、字引を用い先進の人へ不審を聞けば、銘々思々の書をも試に読むべく、むつかしき書の講義を聞ても随分その意味を解すべし。先これを独学の手始とす。且又会読[6]は入社後三、四ヶ月にて始む。これに

【学生数急増のため明治二（一八六九）年八月に汐留の中津藩奥平家上屋敷（現在の港区汐留）の長屋を借りて出張所を開いた際の学費、カリキュラムなどを示す文書。】

1 受教の費　授業料。　**2 分**　金貨の単位。一両の四分の一。　**3 千匹**　金百匹＝一分。一両は四分であるので、千匹＝十分で二・五両に当たる。　**4 西洋のいろは**　アルファベット。　**5 素読**　意味は問わず、記されている文章を声に出して読むこと。　**6 会読**　二人以上の者が集まって、書を読むこと。

て大に読書の力を増すべし。

右の如く三ヶ月と六ヶ月と又六ヶ月にて一年三月なり。決してこの間に成学するというにはあらず。勿論人々の才不才もあれども、大凡これまで中等の人物を経験したる所を記せしものなり。独見も出来、翻訳も出来、教授も出来、次第に学問の上達するに従い、次第に学問は六ヶかしくなるものにて、真に成学したる者とては慶應義塾中一人もなし。恐らくば日本国中にも洋学既に成れりという人物はあるまじく、唯深浅の別あるのみ。

一　学費は物価の高下に由て定め難し。されども先ず米の相場を一両に一斗[1]と見込み、この割合にすれば、仮令い塾中に居るも外に旅宿するも一ヶ月金六両にて月俸[2]、月金[3]、結髪、入湯、筆紙の料、洗濯の賃までも払うて不自由なかるべし。但し飲酒は一大悪事、士君子たる者の禁ずべきものなれば、その入費を用意せざるは勿論なれども、魚肉を喰わざれば人身滋養の趣旨に戻り生涯の患を遺すことあるゆえ、折々は魚類獣肉を用い度ものなり。一ヶ月六両にては迚も肉食の沙汰に及び難し。一年百両ならば十分なるべし。

一　入社の後学業上達して教授の員に加わるときは、その職分の高下に応じ塾中の積金を以て多少に衣食の料を給すべし。生徒より受教の費を出さしむるはこれ等の為めなり。

一　洋書の価は近来誠に下直[4]なり。且初学には書類の入用も少く、大略左の如し。

理学初歩　価一分(ぶ)一朱[5]

義塾読本文典　価一分

和英辞書　価三両二歩(ぶ)[6]

地理書　｝一部に付
窮理書　｝弐両より
歴史　　｝四両まで

右にて初学より一年半の間は不自由なし。この外(ほか)に価八、九両ばかりの英辞書一部を所持すれば最もよし。

明治二年己巳(つちのとみ)八月

慶應義塾同社　誌

1 一両に一斗　一両で米一斗の相場。したがって、米一石（＝一〇斗）で一〇両の相場となる。「斗」は容積の単位。一升の十倍で約一八リットル。　**2 月俸**　月々の寄宿費（食費など）。　**3 月金**　月々の授業料。
4 下直　安価。　**5 朱**　金の単位。一両の十六分の一、一分の四分の一。　**6 歩**　金の単位。「分」に同じ。四分（歩）で一両。

慶應義塾の改革と維持

慶應義塾改革の議案

一　我慶應義塾教育の本旨は、人の上に立て人を治るの道を学ぶに非ず、又人の下に立て人に治めらるゝの道を学ぶに非ず、正に社会[1]の中に居り躬からその身を保全して一個人の職分を勤め以て社会の義務を尽さんとするものなれば、常にその精神を高尚の地位に安置せざるべからず。

一　学問の目的を爰に定め、その術は読書を以て第一歩とす。而してその書は有形学及び数学より始む。地学、窮理学、化学、算術等、是なり。次で史学、経済学、脩身学等、諸科の理学に至るべし。何等の事故あるもこの順序を誤るべからず。

一　この他東西作文の法も学ばざるべからず、語学も伝習せざるべからず、演説弁論にも慣れざるべからず。学者の事業頗る繁多なりと云うべし。目今の有様を見るに、社中の生徒のみならず、教師の員に在る者と雖ども、その学業固より不十分にして未だ学者の名を下だすべからざる者と云うべし。

一　社中素より学費に乏しければ、少しく読書に上達したる者は半学半教[2]の法を以て今日に至るまで勉強したることなり。この法は資本なき学塾に於て今後も尚存すべきものなり。

一　然るに年月の沿革に従い、或は社中の教師たる者、教場の忙わしきに迫られ、教を先きにして学を後にするの弊なしと云うべからず。方今世上の有様を察するに、文化日に進み、朋友の間にても三日見ずして人品を異にする者尠なしとせず。斯る時勢の最中に居て空しく一身の進歩を怠るは学者のために最も悲しむべきことなり。故に今より数年の間は定めて半学半教の旨を持続せざるべからず。

一　この半学半教の法に由て勉強せんとするには、教師たる者は僅に一身の為に粗末なる衣食を給し、折々必用の書籍を買う丈けの金を得て足れりとし、余計の金を得るの代りに銘々

【社中に示すために記した改革案で、刊行されたものではない。この文書は前掲の「新議」から数えれば七年余りのちのものであり、三田で記されたもの。塾の三田移転は明治四（一八七一）年のことであった。】

1 社会　福地源一郎による society の訳語。明治八、九（一八七五、七六）年まで福澤は「人間交際」と訳していたが、「社会」が一般化するとそれを用いるようになった。　**2 半学半教**　教える者と学ぶ者の明確な区別がなく、相互に教え合い学びあうこと。

勉強の時間を多くせざるべからず。概して云えばこの塾の教授は一家の生計を求る為に非ず、唯一時自己の学費を得るの方便たるべきのみ。

一 社中一己の学費は凡一月十円乃至二十円にして足るべし。この一、二十円の金を得るために費す時間は勉めて少なくしてその金の割合は勉めて多くせざるべからず。この趣意に基き塾法を改革すること左の条々の如し。

第一

一 教師たる者、教授の時間を少なくするが為にはその員を増さゞるべからず。依て雇教師等の名目は之を廃し、卒業生及びその他より人を撰ぶべし。

第二

一 教授料の割合は多くせざるべからず。依て役料の割合を減ず。

第三

一 塾監、会計の員を省き給料をも減ずべきなれども、第六[1]校長の人物に乏しくして一時の変革行われ難きに付、その事務を分ち塾監、会計に任し、当分は凡一月二十円と定む。

第四

一 寮長、局長等の給料を廃し、教師たる者適宜の部屋に居て取締を為す。但し教師に限り十分に部屋を給すべし。或は無月俸たるも可なり。

第五

一　教師は成る丈けの都合を以て入塾すべし。

第六

一　校長一名統轄の任に当り、教場は勿論、諸務会計の事に至るまで一切これを預り知るべし。その給料当分の間凡一月四十円。

第七

一　教師たるもの毎夜順番を以て各室を改め、校長、塾監、会計等も随時自から見廻るべし。

第八

一　諸教師へ教授の科目を配しその時間を定るは校長の職分なり。その趣意は教員をして多く私学の時間を得せしむるを旨とす。凡一日一、二時間を限る。但し教場の都合に由て止を得ざるときは別段の処置あるべし。

第九

1 **第六**　後出の第六条のこと。

一　平常の塾務の外に議席[1]を設け、校長及び年長の教員、或は嘗て教員に列しその後も常に塾の事に心を用る人は、一年三度、試業の後に集会を催すべし。

第十

一　教場に用ゆべき書籍の撰み、教授の方嚮を相談する為め、一つの集会を始め、当分某々の人を以てその会員と為すべし。

第十一

一　教師の撰み、会計の始末、塾舎の普請、教師の給料、庭園の模様替、月金、入社金の増減、全年の会計を調る為め、一つの集会を設け、福澤諭吉之が長となり、校長及び二、三の会員を撰み之と議すべし。

右の如く定め、この他校長、塾監、会計の職務より食堂、賄所等の事務に至るまで旧に異なることなかるべし。

明治九年三月

福澤諭吉　記

1　議席　会議の席。会議。

〔教育資本の拝借を願う〕　大隅重信宛書簡

快晴御同慶奉存候。益御清穆[1]被成御坐奉拝賀候。陳[2]ば兼て不容易御懇命を蒙り、出願仕候教育資本の義に付、一昨日劣姪[3]中上川彦次郎[4]の話に、井上君[5]は全くネガチーヴ[6]にもあらざれども、亦極てポジチーヴ[7]にもあらず。少しは疑念を抱かるゝが如しと申すを聞き、これは大変。井上君に疑念あれば、その念は必ず伊藤君[8]も同説ならん。マサカ左様の事も有之間敷とは存候得共、念には念を入れんと思い、今朝井上君の方へ一書を呈し置候。長々しき手紙なれどもその大意は、

諭吉の拝借は五代[9]、笠原輩の拝借とは全く性質を異にし、殊に抵当を入れ利子をも納る義、官の危害は毫もあるべからず。

三菱会社商船学校[10]は、毎年壱万五千円の補助あり。岩崎弥太郎[11]は海の船士を作り、福澤諭吉は陸の学士を作る。その間に軽重あるべからず。

【明治十二（一八七九）年二月十日付の大隈重信宛書簡で、慶應義塾の維持「資本金」の借用願いに難色を示している伊藤博文、井上馨に対して口添えを願う。大隈はこの時、参議兼大蔵卿であった。明治十二年は西南戦争後のインフレーションで入塾生が激減し、慶應義塾の財政は赤字に苦しめられていた。】

1 **清穆** 手紙で相手の無事、健康を祝っていう語。 2 **陳ば** 候文の手紙で挨拶のあと、本文に入る前に記す語。 3 **劣姪** 「姪」は甥のこともいう。自分の甥または姪をへりくだっていう言葉。 4 **中上川彦次郎** 一八五四（安政五）年―一九〇一（明治三十四）年。福澤の長姉、婉（えん）の子。明治二（一八六九）年、慶應義塾入社。英国留学中に知りあった井上馨に登用され、工部省や外務省に勤務したが、明治十四年の政変で辞職。のち時事新報、山陽鉄道社長を歴任。明治二十四（一八九一）年、三井銀行理事となり、三井財閥の基礎を確立した。 5 **井上君** 井上馨（一八三五［天保六］年―一九一五［大正四］年）。この時、参議兼工部卿であった。 6 **ネガチーヴ** negative（否定的）。 7 **ポジチーヴ** positive（肯定的）。 8 **伊藤君** 伊藤博文（一八四一［天保十二］年―一九〇九［明治四十二］年）。この時、参議兼内務卿であった。 9 **五代** 五代友厚（一八三五［天保六］年―八五［明治十八］年）。旧薩摩藩士。維新後、財界に入り政商として活躍。大阪で造船・紡績・鉱山・製藍・製銅などの業を興し、大阪株式取引所・大阪商法会議所（のち大阪商工会議所）を創設した。 10 **三菱会社商船学校** 郵便汽船三菱会社商船学校。明治八（一八七五）年十一月一日、創設。のち東京商船学校となる。 11 **岩崎弥太郎** 一八三四（天保五）年―八五（明治十八）年。三菱財閥の創始者。旧土佐藩出身。抜擢されて藩の通商をつかさどるが、のち運輸業者として独立。三菱商会を起こし、三井とともに明治以降の財界を二分した。

加之三菱会社には去年春より商法学校[1]を設け、同年十ヶ月の間に壱万余円の金を費し、尚今後好き場所に学校を移して、益盛大に致すの積り。然るにこの商法学校の資本金は何れの処より出ると尋れば、間接に彼の二十五万円の保護金内より出ると云うも可ならん。而して該校の校長なり教員なり、悉皆慶應義塾の旧生徒ならざるはなし。恰も義塾の分校と云うも可なり。分校には間接に政府の保護を許し、その本校たる慶應義塾は捨てゝ顧みざるか。正理論も爰に至ては少しく窮せざるを得ず。

又開拓使[2]にては壱万円の船を造て、八千円の拝借と聞けり。又昨年は築地に造船所[3]を設るとて、五万円を拝借したる者あり。尚近くは、西村勝蔵[4]は靴を作るとて、先日五万円の拝借を得たり。靴を作ると人を作ると孰れか軽重、三歳の童子も之を弁するに易し。靴の為に五万の拝借ならば、人の為に四十万と申すも、大なる不平均にはあらざるべし。既往将来、目を決して諸拝借の種類を見たらば、適例類例は乏しからざる事ならん。故に諭吉は特別の恩典を乞うに非ず。唯特別の擯斥[5]を蒙らざる様、独りこれのみ願う所なり云々とて、愚痴を并べ立て熱を吹き立て、懇々縷々井上君へ書を呈し、尚伊藤君へも同様の意を以て、一書差上置候。右の次第御含迄申上置候間、尚今後の処可然御取計、一日片時も速に御下命相成候様仕度、屈指企望罷在候。この段要用而已申上度、早々頓首。

二月十日

大隈先生　侍史

福澤諭吉

1 商法学校　三菱商業学校のこと。明治十一（一八七八）年、神田錦町に開校。**2 開拓使**　北海道とその属島の行政・開拓をつかさどった官庁。明治二（一八六九）年、創設。明治十五（一八八二）年、廃止。**3 造船所**　明治十一（一八七八）年、東京築地の官有地に設立された川崎築地造船所（現在の川崎重工業）のこと。**4 西村勝蔵**　西村勝三（一八三六［天保七］年―一九〇七［明治四十］年）。旧佐倉藩士。西村茂樹の弟。明治三（一八九〇）年、大村益次郎の要請を受けて伊勢勝造靴工場を設立、政府の援助を受けて軍靴を製造した。**5 擯斥**　排斥。しりぞけること。

慶應義塾維持法案

学校を維持するに資本の要用なるは特に喋々の弁を俟たず。今都鄙の小学校を保存するも多少の費用なきを得ず。而して少しく高尚なる彼の中学校又は師範学校と称するもの丶如きは、一歳の所費少なくも四、五千円多きは一万円以上なるを常とす。尚況や文部、工部の大学校等に至ては毎年幾十万円の定額を要す。則ち学校の為に資本の入用なるは実際に於て明白なるものと云うべし。

私立学校の仕組は一種特別にしてよく費用を省くと雖ども、唯官立、公立のものに比較して大に異なる迄にて、如何なる工夫を運らすも全く費用を要せずして学校を維持するの妙計あるべからず。即ち無より有を生ずるの理なきは事の最も見易きものなり。又或は私塾の生徒は月謝金を払うが故に、この金を以て塾の費用に充つべしとも思わるれども、限ある生徒の修業金に何程の謝金を課すべきや。唯一月一、二円に過ぎず。僅に塾費の一部分に用ゆべきのみ。若しも塾の会計の出を計てその入を生徒に課せんとしたらば、凡そ日本国中一私塾の成立するものなかるべし。世間或はこの計算を知らず、昔年の儒者、村夫子[1]が近隣の少年を教えて生活を為したる例を推して、開塾教授を商売営業の事と誤認し、家計の為に今日の私塾を開きその失敗を取る者亦少なからず。近くは数年来東京の諸塾を見よ。朝に開て夕にこれを閉ずる者、所在皆是なるに非ずや。結局今の私塾を維持せんとするには人の為に心身を労し又随て金を費す者あるに非ざれば叶わぬことと知るべし。

我慶應義塾は創立以来爰に二十三年を持続し、その間には様々世の変遷にも逢い、維新の騒乱の如きは最も困難なる時なりしかども、嘗て之に動揺することなく、弾丸雨中咿唔の声[2]を絶たず、兵乱漸く定ると雖ども都下の学士は四方に散じて行く所を知らず、政府の旧大学も未だ興らず、文部省も未だ立たず、全日本国中苟も安んじて洋書を講ずるものは唯一所の慶應義

【明治十三（一八八〇）年に、社中の合意によってまとめられた維持資金の募金方法案。慶應義塾の沿革と現状、とくに会計収支の状況を手短かに述べ、社中と有志者に一時払いか五年払いのいずれかによって醵金を求め、総額七万円を募るとしている。末尾には連絡先と寄付金申し込みの報告が付されているが省略した。明治十四（一八八一）年五月までの申し込みを記載した再版本による。】

1　**村夫子**　田舎の学者。見識の狭い地方の学者をあざけっていう語。　2　**咿唔の声**　書物を音読する声。

塾ありしのみ。爾後引続き今日に至るまで学生を教育すること三千余人、新陳代謝、学成り塾を去て或は今日社会の表面に立つ者も尠なからず。去れば本塾も亦聊か世に益したるものと云うも妨なきことならん。

然るに本塾には最初より些少の資本あることなし。以て二十余年を維持したるは不可思議に似たれども、その実際は第一、塾の教員役員たる者、給料を取ること極て薄く、或は無給の者もありて大に費用を減ず（本塾教員の給料少きは七、八円より多きは三十円にして、五十円なる者は時として有れども甚だ稀なり。この教員が他の諸学校に奉職すれば、必ず月給百五十円以下少なきも二十五円に下らず。普通の人情より論ずれば本塾に教員の留るべき理なしと雖ども、その然らざるものは年来一種義塾の習慣と云うも可なり）。第二、教員役員の数を減じてその働を増し、会計を綿密にして言うべからざる程の節倹を守り、その法外形は甚だ寛にして事実は極て厳に行われ、教場も庶務も一切情実友誼[1]を以て結合す、亦以て費用を省く。第三、社中金力の余計ある者は直接間接に之を捐て丶塾費を助く。以上三箇条は皆法を以てすべからず、情を以て成るものにして、以てこの不可思議の成跡[2]を致したることなり。仮にこの塾を官立のものとして之を維持したらんには、他の実例に照らして毎年費す所少なくも三万円に下らざるべし。即ち二十三年に六十九万円を費すべき筈なるに、嘗て些少の資金を要せざりしは明友結合の力も亦大なりと云うべし。

右の事情を以て今日までは之を維持したりと雖ども、恐るべきは時勢の変遷にして、近来は物価も日に騰貴し塾費の増加するは固より弁を俟たず。去り迚その割合を生徒の謝金に課すべきに非ず。又長き歳月に教員役員の面々も生涯活計[3]の不足に安んじて、遂には人の為に身の負債を重くし或は産を傾るの時を待つべきにも非ず。依て今の計を為しこの塾を永久に維持せんとするには、唯爰に一法あるのみ。即ち同志社中各その家産の厚薄に従い、応分の醵金[4]を為してその費用を助くることとなり。而して現今この塾をこの儘に維持するには、従来の如く生徒より月謝金を集めて、その不足を補うに左の金額を要す。

一　金四百円　毎　月

今の教員役員の給料を増し、世間普通の給料に比較して、之と同等に至らざるも凡そ三分の二若しくは四分の三を給し、又塾舎尋常の修繕費に用るものなり。

一　金千円　毎　年

1 **情実友誼**　人情と友情。　2 **成跡**　事の成り行き。結果。　3 **活計**　生活を維持すること。生計。　4 **醵金**　物事を行うために金銭を出し合うこと。また、その金銭。

塾に属する千坪余の建物を区分して、毎年一部分ずつ大に修繕を加え又は新に建築し、庭園の体裁をも有形に保存する為に用るものなり。

右の計算に従えば毎月四百円と、外に毎年千円にして、即ち一年五千八百円、一月四百八十三円なり。之を集るの法、即今五万八千円の資金あればその一割の利子を以て足るべきなれども、一時にこの大金を得るは難きことならん。依てその時を延ばして亦その金額をも増し、七万円を集るものとして、一時に出金するも随時に出金するも各その人の都合に任して、随時の出金は即今その金額を記し、満五年の中に之を払入るゝものとす。而して二法の中その何れに従うは、都て本人の都合に任すべし。我輩の所見の大概は前上の如し。故に今同社諸君と協力の上、前記所要の金額を醵集し、自今永遠、我慶應義塾維持の方法を定て、以て社中の安心を求めんと欲するなり。依て諸君に於ても我輩と意見を同うせらるゝならば、その同意を表し、各その住所姓名とその出すべき金額とを記して回答あらんことを乞う。

明治十三年十一月廿三日

小幡篤次郎[1]
阿部泰蔵[2]

浜野定四郎[3]
荘田平五郎[4]
松山棟庵[5]
小泉信吉[6]
中上川彦次郎[7]

1 **小幡篤次郎**　一八四二（天保十三）年―一九〇五（明治三十八）年。中津出身。終始福澤を助け、塾内においては福澤に次ぐ長者と仰がれた。明治二十三（一八九〇）年から三十（一八九七）年まで塾長をつとめ、福澤没後は社頭をつとめた。　2 **阿部泰蔵**　一八四九（嘉永二）年―一九二四（大正十三）年。慶應義塾に学び、文部省出仕ののち、日本最初の保険会社、明治生命を創立し社長をつとめた。　3 **浜野定四郎**　一八四五（弘化二）年―一九〇九（明治四十二）年。中津出身。明治十四（一八八一）年から二十（一八八七）年まで塾長をつとめた。　4 **荘田平五郎**　一八四七（弘化四）年―一九二二（大正十一）年。明治五、六（一八七二、七三）年に塾長をつとめた。明治八（一八七五）年、三菱商会に入社。のち、三菱合資会社支配人、三菱造船所支配人を歴任。　5 **松山棟庵**　一八三九（天保十）年―一九一九（大正八）年。慶應義塾医学所校長。有志共立東京病院（のちの慈恵会医科大学、慈恵病院）の創設者。　6 **小泉信吉**　一八四九（嘉永二）年―一八九四（明治二十七）年。大蔵省奏任御用。横浜正金銀行副頭取をつとめたのち、再び大蔵省に入り主税官となる。明治二十年から二十三年まで塾長をつとめた。　7 **中上川彦次郎**　本書二九頁注4参照。

〔膝を屈して無心するより廃塾を〕 浜野定四郎宛書簡

益御清適奉拝賀。陳ば明日は本塾の事に付、小幡氏[1]始社中集会の由、実はこの度塾の事を発言したる者は小生にして、遂に今日諸君を煩わすに至りし事なり。就ては爰に一言いたし置度儀は、既に昨今社中の談話にも、この度は慶應義塾維持法云々とて、必しもこの学塾を維持不致ては不叶ものゝ様に認る者あるが如し。小生の所見とは少しく異なり、元と生の心事は、塾を維持せんとする者にあらず。開塾既に二十余年、一身一生涯の仕事としても沢山なり。加之近来最も馬鹿〳〵しきは、交詢社[2]と云い、何々銀行と云い、何々商会と云い、又或はこの度新築木挽町の会堂[3]と云い、何か為にする所ありて、本塾がその後ろ楯に相成るかと思う者も可有之。尚甚しきは、流行国会論[4]の話もあるに付ては、浮世の馬鹿者は小生を誤認して、政治社会の一人[5]と思う者もあらん。扨々面倒至極、うるさき鄙劣世界哉。是と申も本塾あればこそ斯の如し。今一朝にして之を潰せば、百事洗うが如くして本来の無に帰し、老生は都下の何処(いずこ)かに老して、生来好む読書以(もっ)て残年を終らんのみ。斯(か)く致すにも唯(ただ)今なれば幸(さいわい)にして家に少々の余産あり。生涯他人の世話に為(な)る事もなからん。若(も)し然(しか)らずして、この塾の御守りのみをいたし、心を労し金を費し、その実は却(かえっ)て他のインスリユメン[6]と為り、労して功なく、名利共に損害を蒙(こうむ)るが如きは無智の極度。進退を決するは正(まさ)に今日に在る事と存し、先(ま)ず小幡君に話したるは、凡(およそ)壱ケ月前の事なり。然るに二、三の社友は廃止を悦(よろこ)ばず。何とか工夫もあらんとの事にて、様々内話の末、遂に今日の集会にも及(および)たる次第。又小生が塾を廃すると云うは、塾が俄(にわか)にいやになりて廃すると云うにあらず。心に慊(こころよ)くして立つものならば、固(もと)より之を保存するを好まざるにあらず。唯小生が一身の為に謀(はかり)て、馬鹿らしきが故に之を潰さん〔と〕申す

【前掲の「慶應義塾維持法案」につき社中一同が相談する際に、自分は「膝を屈して他人に金の無心」をするくらいなら廃塾も致し方ないと考えている旨を、当時塾長であった浜野定四郎にあらかじめ書き送ったもの。明治十三（一八八〇）年十月二十四日付の書簡。】

1 **小幡氏** 小幡篤次郎のこと。 2 **交詢社** 明治十三年、福澤が創立した日本で最初の社交クラブ。 3 **木挽町の会堂** 明治会堂のこと。演説を中心とした各種集会のための施設として、福澤の提唱により創設された。明治十三年、着工。翌十四年に落成。 4 **流行国会論** 目下議論のやかましい国会開設論、また自由民権論をさす。 5 **政治社会の一人** 政界に出ようとしている一人。政界人。 6 **インスリユメン** instru-ment（道具）か。

のみ。故に諸君御相談の上にて、之を維持する事が出来〔る〕ならば甚妙なり。唯思召次第に任するのみ。明日の御相談、如何可相成候哉不知候得共、御相談に苟も御遠慮被下間布、廃立共に差支ある事なし。或は諸君が義理の為め、附合の為めに維持法を議し、又随て醵金に無理を犯す抔は、万々御無用被下度、斯く御遠慮被成も、誰に対するの義理にも為らず、何人に接するの附合にも為らず、全く無益の挙動なり。唯社中にても社外にても、真実自問自答、出金して愉快なり、出金すべき筈なり、本意なりと、先ず之を心に得て、之を実に施し度。この性質の金ならば多々益妙なり、本塾は甘じて之を受納すべし。語を易れば、塾に受納するにあらず。塾を挙て諸君の有に帰するものなり。右の次第に付、何等の事情あるも、縁もなく志もなき他人へ向て金を募る抔は以ての事〔外〕なり。仮令或は旧社中の名ある者にても、本塾の精神と相投ぜさる者なれば、之を他人視せざるを得す。決してこの輩に向て求めさるのみならず、彼れより来るも我より之を拒絶すべし。小生の死後ならば格別、苟も生前に膝を屈して他人に金の無心は出来不申。幸にして生来人に屈したることなきこの膝を、この度に限り金の為に屈する事は出来不申。唯今節を屈して人に四、五万円の金を貰うは、塾の所有を売却して四、五万円金を人に配分するの愉快に若かず。甚だ易き策なり。その辺に万々御如才[1]はなき事と存候得共、尚為念穎敏に御勘考被下[2]、集会諸君へも微意の通する様奉願候。尚い才[3]は拝眉万可申上(もうしあぐべく)候。早々頓首。

十月廿四日

福澤諭吉

浜野定四郎 様

尚以(もって)、本文の義は小幡君へと存候得共、横浜の病人旁(かたがた)取込と存し、指扣(さしおき)候義、御序宜布御(おついでよろしくおつ)伝(たえ)奉願候。以上。

1 **如才** 手抜かり。 2 **勘考** よく考えること。思案。 3 **いオ** 普通は「委細」。福澤の書き癖。

漫言　私塾誤り証文之事

八百芸者に代て　板勘兵衛

世の中の或る教育論者か、又は教育商売人か、その人の言に云く、慶應義塾は八百屋学校なり、その教る所、何んと定りたる規則もなく、種々様々の事を教授して千差万別なるは、八百屋の店に八百品の数を排列するが如し、今日は日本も専門専一の世の中なり、苟も専門に非ざるより以外は学問無用なり、斯る目出度き文運を開き初めたる重箱の隅に楊枝も行届き、届かぬものは私学校、何んと、日本国中の私塾を潰すに非ざれば天下太平ならずと、頻りに歯ぎしりをして腹を立つる御方様のある由、成る程慶應義塾には定りたる規則とては無之と申すは、第一天上より規則の天降ることなく、一規一則も手作りのものにて、朝の作を夕に改ることもあり、三年も五年も忘れて改正せざることもあり、又或は政府の針路が何んと変るも向川岸の火事にして、私学校中の私学制に何んとも差響を覚えざれば、成る程久しく御不沙汰にて、遠方より御覧あらば無規則の様に見えることとならんなれども、唯(ただ)御覧ばかりにて蔭ながら窃(ひそか)に御叱りは恐入る次第なり。又八百屋との高評は如何(いか)にも左様、義塾にては種々様々の事を教る故に、種々様々の人を生じ、開塾以来二十五年、何ものが出たか頓(とん)と分らず、開進自由、火の玉の如きものもあらん、守旧苛烈(かれつ)、鉄砲玉の如きものもあらん、又或は開たり守たり、時の景気次第にて取り留めなきことごむ玉の如く、ぐにゃ〳〵然たること蒟蒻玉(こんにゃくだま)の如き者もあらん、昔は同窓同灯の学友が、今は分れて岩永[1]と為り阿古屋(あこや)[2]と為(な)り、尚甚(なおはなはだ)しきは私塾より出でゝ私塾を潰さんなどゝ空念仏(そらねんぶつ)を申す者もあらん、是(こ)れは所謂(いわゆる)大義滅親の洒落(しゃれ)か、そんなに力(りき)む勿(なか)れ、力んだり恐れたり、泣いたり笑ったり、千種万様八百万、八百屋の高評、至極至当なれ共、詰る所慶應義塾の義は純然たる学塾にして、近来流行の政党など申す御掛念(けねん)は毛頭無御坐(ござなく)、御安

【これは、義塾のカリキュラムが雑駁であり、しかも義塾は自由民権論の元凶でもあるという見方に対する皮肉たっぷりの反論である。明治十五（一八八二）年十二月二十五日付『時事新報』に掲載。福澤は『時事新報』に社説のほかに、このような諧謔調の諷刺文を漫言と名付けて書いた。】

1 **岩永** 岩永左衛門。「壇浦兜軍記」三段目・阿古屋琴責の場で、阿古屋を拷問にかけて景清の行方を白状させようとする阿古屋の敵役。 2 **阿古屋** 浄瑠璃・歌舞伎で平景清の愛人とされる清水坂の遊女の名。「出世景清」「壇浦兜軍記」などに登場。「琴責」が有名。

心被下度、唯八百屋と申すは塾務一切読書人にて相勤め、和尚も長老も、納所[1]も小僧も、取次も夜廻りも柏〔拍〕子木打ちも鐘敲きも、一切衆生、悉皆横文読む学者にて相勤候に付、是れは学者の八百芸、八百屋の名、誠に空しからず。或る金沢山無尽蔵院にて、和尚は和尚の法衣を着て突立ち、長老は長老の御役目を勤めて念仏を申し、洋学の御差図はあれど「エビシ」の読方は小僧へ御下命、横文の書は逆に御覧成されてその意味の解釈は末々へ被仰渡、長老は耳と口との働、小僧末々は脳と筆との働と、斯く分業して専門専一なるが如きは、迚も私塾の企て及ぶ所に非ず。八百屋の御叱恐入候に付、誤り証文一筆依而如件。

1　納所　納所坊主。寺院の雑務や会計などを担当する下級僧侶。

〔慶應義塾生徒徴兵免役に関する願書〕

当学塾の儀は安政五年の開基[1]、本年に至る迄二十七ヶ年に相成、最初の程は鉄砲洲旧奥平藩邸中の一小家塾にて、何塾と申す名義さえ無之、唯荷蘭書の読方を教授致居候処、その頃ろ外国仮条約[2]も出来、追々外国人の渡来不少、蘭書のみ読候ても万事不自由の義も有之候に付、塾中の課業一切英学に改め、生徒も次第に相増し塾舎手狭に相成候に付、慶応四年正月（同年九月明治改元）芝新銭座へ転居、少々計り普請等も仕、最早家塾とも難申に付、仮に慶應義塾と唱え、不相替英書教授罷在候処、明治三年十一月、東京府より御呼出にて、

【私学の中で唯一認められていた徴兵免役の特典が明治十二（一八七九）年の徴兵令改正により剥奪された。明治十六年の徴兵令改正を機に、福澤はこの願書をしたため、また山県有朋らに書簡を送って特典付与を求めている。しかし実際に慶應義塾が特典を回復するのは、明治二十九年のことであった。控えの写本による。】

1 **開基**　物事の基礎を開くこと。　2 **外国仮条約**　安政五ヵ国条約のこと。

福澤諭吉

その方儀、近来広く洋書を訳述し、許多[1]の生徒を引立、裨益[2]不少候に付、出格の訳を以て、三田二丁目島原藩上ヶ邸壱万千八百五拾六坪、願の通り拝借の義御許容相成候。

尤相当の地代可相納候。この段申渡候事。

但同所に有之候家作悉皆御払下相成候間、代金七百六十九両弐分一朱可致上納事。

庚午十一月　　東京府　御印

右の通出格の御沙汰を蒙り、翌明治四年春、拝借地へ引移の後も、入社の生徒は日増に多く、寄宿通学の者合して常に三百名、両三年前より尚一層の多人数にて、昨今の現員は凡五百余名も有之、開基以来入社の帳簿に記し候者のみにても、本年一月迄四千三百壱名に相成候。

塾中学則の儀は、私塾の事に候得ば、書籍器械等も甚不自由にて、十分に行届不申、初学の者へは専ら物理学を授け、次第に上達致すに従い、益その学業を練磨して、事物緻密の理を解候様、その力を養うが為には、英米の書籍中より難文の書を択て、その文意を解釈しその事理を会得するの修業為致候。右の次第にて当塾の教場は乍不行届西洋の書を読み西洋の事柄を知る者は随分出来、その課程も余り低からず候哉、明治九年、生徒徴兵免役の義に付東京府へ伺書差出（さしいだし）候処、府庁より陸軍省へ具申の上、当塾へ御指令相成候始末、左の通りに候。

慶應義塾生徒徴兵免役の義に付奉伺（うかがいたてまつり）候

当私塾は専ら英語を教授し、官立の中学校師範学校又は英語学校の体裁に類似し、その学則は予備本科の二様に分ち、毎月末の試験を以て各等の順序を定め、尚一年二度の大試業に由（よっ）て登級退級するの法にて、生徒の才不才に由（よ）り学業の進歩に遅速は有之候得（そうらえ）ども、年来実験を以て平均すれば、三年乃至四年の勉強を積み、始て本科第三等に登級すべき仕組に相成居（あいなりおり）候。右の次第に付、徴兵令参考第二十条に照し候得ば、当塾本科第三等の生徒は官立外国語学校三ヶ年間の教科を卒業したる生徒に相当の者と奉存（ぞんじたてまつり）候に付、向後右の廉（かど）を以て第三等の生徒及び其（それ）以上の者へは徴兵免役の為め証書相渡度、則別紙学則一冊相（あい）添（そえ）この段奉伺候也。

明治九年十一月七日

慶應義塾社頭　福　澤　諭　吉

1 許多　あまた。たくさん。　**2 裨益**　役に立つこと。

東京府知事　楠本正隆[1]　殿

指令

伺の趣、其塾三等以上の生徒にして科目証書相渡したる者は徴兵免役と可相心得事。

明治十年一月八日

東京府知事　楠本正隆

右の次第にて、当塾三等生以上の者は免役の特典を蒙り候義も有之、他に類例無之義と奉存候。然る処今般重て徴兵令御改正に付ては、全国の壮丁一様に兵役を負担可致様相成、公平無偏の御趣意とは窃に奉伺候得共、又一方には文を重ぜらるるの御趣意にて、御改正徴兵令中、第十一条、第十二条、第十八条、第十九条、第二十条の数項は、国中に学問を奨励保護し、少年生徒をして学事に望を抱かしむる為には軽からざる特典と奉存候。然るにこの特典の及ぶ所は唯官立府県立学校とのみ有之、当私塾の如きは固より特典外の者に候得ば、迚も保存の見込は無御坐、一朝にして廃滅可仕は眼前の事に候得共、斯く相成候ては私始教員の者共多年の丹精も水の泡に帰し候儀、残念至極に不堪、仮令い是は一私塾の私情なりと致候も、二十七ヶ年の日月、不行届ながら塾中自然に教育法の習慣も出来、又日本国中に塾の名を聞及び遥々出京入社致候者も日々絶えざる程の仕誼に相成居候ものを、俄に廃滅せしむるは、私共より発言致すは如何敷候得共、虚心平気に考え、天下教育の為惜しむべき様にも奉存候。就ては誠に奉恐入候儀に御坐候得共、前条学問保護の御趣意に被為基候て、当塾をも右特典部内の者として官立府県立学校同様の御取扱を蒙り候様仕度懇願の至に候。尤天下一般の御大法を被為定候には、小節目の差支を顧るに遑あらず、又全国諸私塾には甚しき大小高下ありて、孰を大とし孰を小とすべきやその分界を立るも難き事に候得共、去迚は又際限もなき次第、何れにも行政官の御見込を以て臨時の御処分可相成義に御座候得ば、私共より夫れ是れ可申上筋に無之、唯諸私塾の中に在て当塾を観れば、学科の極て低き者にはあらず、且当塾に限りて特別とも可申箇条を掲候得ば、

一　開基以来二十七ヶ年は全国洋学私塾中に最も旧き者にて、二十七ヶ年一日も中止したることなきは当塾に限り候。

一　二十七ヶ年間に教授したる生徒の数四千三百壱名は、全国私塾中に最数の多き者にて、そ

1　**楠本正隆**　明治十（一八七七）年、東京府知事となる。のち、東京市会議長、衆議院議長などをつとめた。

の生徒成業の上、官員と為り官立、公立、私立学校の教員職員と為り、その他国中社会の表面に立て事を為す者の多きは当塾に限り候。

一　許多の生徒を引立裨益不少の廉を以て地所拝借の特典を蒙りたる者も諸私塾中当塾に限り候。

一　曽て以前の徴兵令御発行中、本科生徒三等以上免役の特典を蒙りたる者も諸私塾中当塾に限り候。

右の次第に候得ば、今度御改正の徴兵令中、学問保護の御趣意に被為基、尚当塾の由緒並に今日現在の塾則学風、教師、生徒等の学力品行等、篤と御取調の上、幾重にも特典の御沙汰奉願候也。

明治十七年一月十一日

芝区三田二丁目二番地　慶應義塾々主　福　澤　諭　吉

東京府知事　芳川顕正[1]殿

1　芳川顕正　明治十五（一八八二）年、東京府知事となる。のち、文部大臣となり、教育勅語の制定に尽力した。

一貫教育体制の確立

慶應義塾紀事

履歴之事

本塾は安政五年の冬、江戸鉄砲洲旧奥平藩邸内に設立したるを始(はじめ)として、明治十六年に至るまで二十五年なり。安政五年より文久二年の終(おわり)に至るまで四ケ年余の間は、生徒の就学する者新陳出入して常に数十名に過ぎず。僅(わずか)に一小家塾にして、事の記すべきものもなく且(かつ)塾の記録さえ詳(つまびらか)ならざれば、一切の紀事は文久三年正月より起て明治十五年十二月に終るものとす。

創立の初(はじめ)は荷蘭(オランダ)書のみを講じたりしが、安政六年、五国条約[1]の事成り、外国人の渡来も漸(ようや)く繁多なるに付ては、蘭書を以(もっ)て時事に当るに足らざるを悟り、専ら英文の読法を研究し、漸く之(これ)を生徒の教授に用いたるは文久二、三年の事なり。是(こ)れより生徒の数も次第に増加して、慶応三年の頃には八十名より百名の数あり。唯(ただ)この時に当て本塾の困難は、攘夷の国論中に囲まれて、苟も洋学者とあれば一身の生命をも安んずるを得ざりしの一事なり（この事は維新の後にも暫時流行したれども文久二、三年の甚しきが如くならず）。翌慶応四年、即ち明治元年戊辰、王政維新の事あり。二百五十余年来の大変にして、在江戸の官立校は無論、大都会中に一私塾の痕跡もなし。恰もこの騒擾の際に、鉄砲洲の奥平邸は外国人の居留地たるべき約束を以て、本塾も邸内に留まるを得ず。之が為に前年冬、芝新銭座に買入れたる地面あるを以て、此に塾舎を新築して、その功を竣りたるは戊辰四月の事にして、その前は塾の名称さえあらざれば、今より何か名を附けんとて、人にも物にも差支なきその時の年号に取りて慶應義塾と名けたり。蓋し明治元年に慶応の文字は不都合なるに似たれども、改元の布告は同年九月のことにして、本塾の竣功は四月なるを以て、未だ明治の名を知らざりし時なればなり（今の芝区新

【福澤直筆の慶應義塾二十五年史である。紀事は事実の歴史的経過を書くこと、またその文章をいう。のち、明治十六（一八八三）年に初版が出され、同二十三（一八九〇）年の資本金募集、同三十（一八九七）年の基本金募集の際にも版を改めて出された。本書では自筆草稿にもとづいたが、初版本以降では末尾に、「慶應義塾入社生徒年表」ならびに「慶應義塾入社生徒国分表」が付けられ、また本巻前掲の「慶應義塾之記」と「中元祝酒之記」も添えられているが、ここでは省略した。ただし、「入社生徒年表」はその明治十六年版を口絵に掲げた。】

1　五国条約　安政五ヵ国条約のこと。

銭座の攻玉塾[1]は旧慶應義塾の処なり）。塾舎既に成りたれども、東西南北、戦争の最中にして、殊に東京は官賊両軍の入り乱れたる場所なれば、読書には最も適当せず、且塾中の生徒なる者は大抵皆諸藩の士族にして、その父兄は無論、本人も国事に関する者多くして、漸く塾を退き、百名に近き生徒が三十名に減じ、その減少の極度は両三日の間僅に十八名のみを存したることあり。都下一般の人事は火の熄えたるが如くにして、市に売買する者なく、酒楼に飲む者なし。物情恟々、唯謂れもなく四方に奔走するのみのことなりしかども、幸にして本塾のみは一日も休業することなく、彼の上野彰義隊の変[2]は五月十五日の事なりしが、その日は塾にて新船来の英書「ウェーランド」氏経済論[3]の開講日に当り、講義中生徒等は折々屋根に登りて上野の兵焔を遠見したることあり。今にして考れば弾丸烟裏の読書甚だ難きが如くなれども、その然らずして安全なりしは、畢竟当時の戦争は軍律正しくして、且軍人一般の気風も市民の私を犯すことなかりしの事実として見るべし。啻に一私塾の幸のみならず、我日本国文明の美事なり。又再考すれば、学問の事と政治の事とは全く縁なきものにして、政事の騒擾中も尚且安んじて学事を修むべし、況して太平無事の日に政治と学問と分離すること甚だ易しとの実を発明する[4]に足るべし。

紀事中の議論は之を閣き、扨維新の風雨も漸く収まるに従て、国人の文思漸く旧に復し又新に発達して、入社する者甚だ多く、明治元年中にも既に百余名の新入社あり。同二年は二百五十余名、同三年は三百余名、次第に生徒の増加するに従て塾務も次第に繁多と為り、差向き新銭座の地所建物にては人を容るゝに足らざるの不自由を覚えたり。

明治三年の冬、三田二丁目島原侯の藩邸上地[5]と為りて、直にその地所幷に附属の町地共、合して凡そ一万三千坪余、拝借の特命を蒙り、在来の建物凡そ八百坪は嶋原侯より時価の低きものを以て譲受け、尚大に新築して、新旧の普請大略成を告げ、乃ち新銭座を去て爰に転じたるは明治四年春の事にして、即ち今の東京芝区三田二丁目二番地慶應義塾、是れなり。転居の後も入学の生徒は日に多くして、学務と俗務と同時に之を理する[6]こと甚だ易からず。就中諸藩の壮年士族が戦場より帰て直に学に就き、その心事挙動の淡泊にして活潑なるは真に愛すべしと

1 **攻玉塾**　文久三（一八六三）年に近藤真琴が開いた蘭学、数学、航海術などを教えた私塾。幕府滅亡とともに閉鎖されたが、明治二（一八六九）年に築地の海軍操練所内で再興して攻玉塾と称し、明治四（一八七一）年に芝新銭座へ移転した。　2 **上野彰義隊の変**　旧幕臣が江戸で結成した彰義隊は、江戸開城後も上野寛永寺にたてこもり、新政府軍に抵抗したが、慶応四年五月十五日（陽暦一八六八年七月四日）に討伐された。　3 **「ウェーランド」氏経済論**　F・ウェーランドの『経済学』（一八三七年）。『西洋事情 二編』巻之一の後半は、福澤によるその抄訳である。　4 **発明する**　はっきりと理解する。　5 **上地**　上知。政府に領地を返納すること。　6 **理する**　うまく取りさばく。

雖ども、旧時の殺気尚未だ去らず、動もすれば粗暴軽躁に走りて、学塾の教場或は小戦場たるべきの恐れ少なからず。学者の沈黙を以て暗に之を化すべからず、理論の深遠を以て直に之を諭すべきものに非ざれば、幹事も教員も共に与に活溌にして、唯簡易軽便の一主義を以て生徒に交り、漸く之に理を説き道を示して遂に以て学者の本色[1]に誘導したることなり。本塾の理事常に難しと雖ども、最も困したるは維新以後三、四年の間に在りとす。

本塾の慣行にて塾中の生徒を大人、中年、童子の三種に分ち、十三、四歳より十五、六歳を童子とし、十六、七より十八、九を中年とし、二十歳以上は則ち大人なり。教場の教授には特に大中小の異同を問わずと雖ども、寄宿所は各その名称に従て区別し、三様相混じて起居するを許さず。蓋し年齢不同の者が雑居すれば、大人は童子の戯謔喧騒の為に妨げられ、童子等は自から年長の風を学て言語挙動早成の弊を免かれず、甚しきは喫烟飲酒の悪習をも容易に視るの恐なきに非ず。故に童子局にも中年局にも常に監督を置て朝夕局中の静動を視察す。その人は則ち教員の中より撰ぶの法なり。

右の如く本塾中に童子局の設あれども、局に在る者は固より起居眠食の事を自から弁ぜざるべからず。或は筆紙墨その他些少の買物等も銭を以て自身に購求することなれば、些少ながら出納の考なきを得ず。然るに十二、三歳以下十歳前後、その最も稚きは六、七歳の小児にても、父母の志厚ければ就学せしめんと欲する者あれども、之を本塾に入れてその保護の責に任ずるは、塾に於て最も難んずる所なり。是に於て邸内に幼稚舎なるものを設立したり。この舎は本塾に近接すれども処を異にし、舎の建物もその教授もその経済も自から独立の姿を成して、幼童中の最も幼なるものゝみを撰て之に入れ、唯学問の教授のみならず、衣服飲食の注意より嗽、手洗、行水、風呂の世話に至るまで、大概皆婦人又は老人の受持と為して、居家の子供を養育すると同一様に取成し、衆稚子[2]をして家を離るゝも奇異の思を為さしめざるを専一とせり。明治七年一月設立以来、同十五年十二月中に至るまで入舎したる幼童の数凡三百名、その漸く長じて本塾に移りたる者も少なからず。良家の父母多事なるが為に家庭教育の暇なき者か、又府下住居にして父母共に遠方の地に寄留する者の如きは、その子を托して体育智育の教を受けしめ、その便益最も多しと云う（現今幼童の数百十七名）。

本塾入社生の数は安政五年より計うべきなれども、前節に記したる如く、当初は塾の記録さえなき有様なれば之を知るべからず。又文久三亥年を初とするも、両三年の間は尚家塾の風を存し、随て入社生の姓名を登録せざるものも少なからずと雖ども、兎に角に帳簿なるものを

1 **本色**　本分。本領。　2 **衆稚子**　多くの少年。

作りたる初年なれば、亥年を第一年として明治十五年の末に至るまで入社簿上明に本人の住所属籍姓名を記したる者の数を挙れば三千九百六十七名とす（本年一月一日より四月二十四日に至るまでの入社百十五名にしてこの数を加れば文久三年より明治十六年四月まで二十年四ケ月間の入社四千八十二名なり）。この入社の事に付き注目すべきは華士族と平民とその数の割合及び時勢に従てその割合の変化したることなり。我国の洋学は元と医家より入りしものにて、嘉永癸丑、亜国人の渡来前に洋書を講ずる者とては唯医書生のみなりしものが、安政の初より尋常の士族にても往々斯道[1]に志を立る者を出したるは、時勢の一変革なりと云うべし。左れども尚士族に限りて、百姓町人は之を知らず。文久三年より明治四年まで本塾入社生の全数千三百二十九名の内に、平民は僅に四十名のみ。翌明治五年には入社三百十七名にして、平民の就学する者漸く増加して全数百分の十二分に当る。即ち士族八十七名に付平民十二名の割合なり。同六年には増して十八分と為り、同七年には二十九分と為り、同八年には三十一分と為り、同九年には三十四分と為り、同十年には四十八分と為り、同十一年は更に減じて三十八分と為り、同十二年には三十二分と為り、同十三年には上て五十二分と為りて平民の数士族に超過し、同十四年には正しく五十分と五十分と相平均し、同十五年は開塾以来入社の数も最も多き年にして、平民は百中五十七分の割合に上りたり。以上二十年間、入社の増減及びその平民と士族と割合の変化に就ては様々原因もあることならんと雖ども、明治十年に限り平民の数多くして士族の少なかりしは、同年西南の戦争に自から士族の心を動揺せしめたるが故ならん。又明治十三年より頓に平民を増したるは、全国農家の富実を致したるが為に自からその文思を発達したるものならん。一私塾の盛衰以て天下全面の形勢を卜す[2]べきに非ざるも、自からその一班〔斑〕を窺うべきもののあるが如し。

学規之事

本塾創立の初に当ては学問の規則とて特に定めたるものなし。唯英文を読てその義を解することを勉め、所用の書籍も僅に一、二冊の会話編又は文典書[3]あるのみにして、他の書類はその名を聞くもその物を見るの方便なし。万延元年[4]に至て亜国開版の原書数部と「ウェブストル」の辞書[5]一冊を得たり（日本国へ英辞書輸入の初ならん）。之を本塾蔵書の初として、その他に当時政府の筋より私に数部の英書を借用し、又一年を隔て文久二年[6]、英国開版の物理書、地理

1 **斯道**　この分野、方面。　2 **卜す**　将来を占う、定める。　3 **文典書**　文法書。　4 **万延元年**　一八六〇年。この年、福澤は咸臨丸で渡米した。　5 **「ウェブストル」の辞書**　ウェブスター英語辞典。　6 **文久二年**　一八六二年。この年、福澤は遺欧使節団員としてヨーロッパを巡歴した。

書、学術韻府[1]等の書に併せて経済書一冊を得たり。即ち「チャンブル」氏教育読本中経済の一小冊子[2]にして、当時は日本国中稀有の珍書なりき。右の如く書籍に乏しくして、生徒の書を読まんとする者は手から原書を謄写して課業の用に供する程の有様なれば、固より塾中に教則を立てんとするもその方便あるべからず。次で五年を経て慶応三年[3]の冬、亜国の原書数百部を得たり。之を本塾一新の機とす。この時には地理、物理、数学の書は無論、従前稀に見たる経済書、歴史の如きも、各その種類に従て数十冊ずつを備え、生徒各科を分て書を講ずること甚だ易く、塾中復た原書を謄写するが如き迂遠の談を聞かず。

翌年は則ち王政維新の春にして、その四月に至り本塾に於ても始て新に規則を作て之を木版に刻したる[4]は、学課の稍や整理したる証として見るべし。今日現行の慶應義塾社中の約束書[5]を見れば、全く当初の規則に異なるが如くなれども、その原稿は則ち明治元年に成りて、爾来年々歳々に増補改正したるものと知るべし。学則は専ら有形の実学[6]を基礎として文学[7]に終るを旨とす。数学の如きは初に在て生徒の最も好まざる所にして、之を奨励するためには頗る困苦したりしが、十余年来、次第に之に慣れて今日は塾中普通の課業と為りて復た故障を見ず。

英書を読みその意味の微細なる所までも之を解して不審を遺さゞるは本塾の最も長ずる所なれども、外国交際の日に繁多にして外人に直接の関係を生ずべき今の時勢に在て、語学の心得なきは又不都合なるを知り、常に外国の英語教師を雇うて読書の傍(かたわら)に語音を学ばしむ。

本塾の学風は一に西洋近時の文明学を旨として和漢古学の主義は素(もと)より取る所なしと雖(いえ)ども、今日の文学を勤めんとして漢字を知らずしては用を便ずるに足らず、依て課業にも読漢書の一科を設けて頻(しき)りに之を奨励す。

本塾の入社就学に年齢を限らざるが故に、往々二十歳以上の学生にして始めて洋書を学ばんとする者あり。この種の生徒は尋常五年の学期を踏むこと能(あた)わず、只管(ひたすら)速成を求ることなれば、之がため本科の外に一科を設け、本則に拘(かか)わらずして教授す。之を科外生と名(なづ)く。蓋(けだ)し我国の洋学は日尚(なお)浅くして、少小の時より教育の順序を経ざる者甚だ少なからず。去迚(さりとて)今日の時勢に於て苟(いやしく)も洋書を知らずしては忽(たちま)ち人事に差支(さしつかえ)を生ず。丁年(ていねん)[8]以上始めて就学するも事情止(や)むを得

1 **学術韻府**　学術百科辞典。　2 **「チャンブル」氏教育読本中経済の一小冊子**　チェンバーズ社教育叢書中の『経済学』。『西洋事情 外編』巻之一は、福澤によるその前半の翻訳である。　3 **慶応三年**　一八六七年。この年、福澤は幕府使節団員として渡米した。　4 **規則を作て之を木版に刻したる**　「慶應義塾之記」のこと。　5 **慶應義塾社中の約束書**　明治四（一八七一）年以降、同三十年頃まで発行されていた学則規程集をさす。　6 **有形の実学**　物理学や地理学など。　7 **文学**　ここでは歴史、経済、修身など無形の諸学をさす。　8 **丁年**　成年。満二十歳。

ざるに出たるものなれば、今後数年の間は科外の科も亦要用なることとならん。

明治七年夏の頃、本塾の教員相会し学術進歩の事を議して謂らく、西洋諸国には「スピーチュ」[1]の法あり（即ち今日の演説なり）、学塾教場の教のみにては未だ以て足れりとすべからず、「スピーチュ」「デベート」[2]（討論）の如き、学術中最も大切なる部分なれば、この法を我国に行われしめては如何との相談にて、衆皆これに同意し、何事にても世に普通ならしめんとするには吾より之を始るに若かず、然らばこの原語を何と訳して妥当ならん、談論、講談、弁説、問答等、様々に文字を案じて遂に「スピーチュ」を演説、「デベート」を討論と訳して、その方法の大概を一小冊子[3]に綴り、社中窃に之を演習したるは明治七年五月より凡そ半年の間なり。この間に方法も稍や整頓したるを以て、翌明治八年春、本塾邸内に始て演説館なるものを新築して、演説討論演習の用に供したり。但しその趣意は演説を以て直に聴衆を益するの目的に非ず、唯この所に公衆を集め又は内の生徒を会して公然所思を演るの法に慣れ、以て他日の用に供せんとするものにして、演説討論を稽古する場所なり。開館以来既に九年、月次公衆を集めて学術上の事を演説す。即ち今の三田演説会、是にして、この公衆演説の外に又或は塾中の生徒が課業の傍に討論会を催うす等の事も多し。

本塾の主義は和漢の古学流[4]に反し、仮令い文を談ずるにも世事を語るにも西洋の実学[5]を根拠とするものなれば、常に学問の虚に走らんことを恐る。依て近日社中の年長その科に達したる者に談じて、人身学、動物学、本草学[6]、化学、電気学等の講談（レクチュール[7]）を設ることに決したり。

身体の運動は特に本塾の注意する所にして、課業の時間は三時間より四時間を過るを許さず。又数年前より邸内に、柔術の道場を設けて専ら体育を励まし、又近日は之に居合を交え、時としては剣術の戯を為さしむ。蓋し塾中に病者の少なきは、塾の地位市中高燥の部分に在ると運動法の然らしむものならん。

二十余年来、学則は次第に変革して、今日にして前後比較すれば殆ど別種のもの丶如くなれども、退て考ればこの間に大改革としては一回も施行したることなし。唯時勢に従い学問の進歩

1 **スピーチュ**　speech（演説、講演）。 2 **デベート**　debate（討議、討論）。 3 **一小冊子**　小幡篤次郎、小泉信吉との連名で刊行された『会議弁』のこと。 4 **和漢の古学流**　古来の伝統を重んずる儒学や国学などのこと。 5 **西洋の実学**　「西洋の」という形容語は、この実学が朱子学をはじめとする儒学流の実学ではないことを示している。さらに「サイヤンス」という振りがなは、ここでいう実学が実証を尊ぶ近代科学にほかならないことを明らかにしている。 6 **本草学**　植物学。薬草学。 7 **レクチュール**　lecture（講義、講演）。

に促がされて、識らず知らずの際に徐々として自から改まりたることならん。今後もこの法に依らんとて社中年長の常に注意する所なり。

会計之事

本塾終始の困難は会計の事、即ち是なり。本来一銭の資本なく又他より補助する者もなくして塾を開き（明治六、七年の間、華族太田資美君[1]より外国語学教師雇入の資として数千円を寄附せられたるは空前絶後の事にして今に至るまで社中の深く感謝する所なり）、初の程は奥平藩の建物を借用し、教師も各自己生活の道ありて、生徒へ教授の如きは唯斯道の為にするの熱心を以て自から労するのみにして、曾て利益の辺に眼を着けたることなし。或は束脩月金[2]など名けて生徒より些少の金を払わしむるの慣行はあれども、固より以て塾舎営繕の費用にも足らず、唯時の事情に従い社中朋友偶ま銭ある者が銭を費すの有様にして、明治元年まで日一日を送りたることなりしが、この年の春より芝新銭座に新築を企て、騒乱の最中、職工の賃銭等も極て低くして、普請は却て手軽に成功したれども、塾の会計より見れば大事業なり。加之この騒乱の為に教員の者も一時自己の生計（多くは諸藩主よりの給与）を失い、復た如何ともすべからず。是に於てか社中大に議を起し、古来日本に於て人に教授する者は所謂儒者にして、この儒者なるものは衣食をその仕る所の藩主に仰ぐか、若くは出入の旦那より扶持米を収領し、或は揮毫[3]して潤筆料[4]を取り、或は講筵に出頭して謝物を受る等、極めて曖昧の間に心身を悩まして人の為に道を教えたることなれども、今や世界中の時勢は斯る曖昧なるものに非ず、教授も亦是れ人の労力なり、労して報酬を取る、何の妨あらんや、断じて旧慣を破て学生より授業金を取るの法を創造すべし、且束脩とは師弟一個人の間に行わるべき礼式なれども、今や衆教員にして、[5]教る者は皆師にして学ぶ者は皆弟子なり、或は塾中今日の弟子にして明日同塾の師たることもあらん、束脩の名義甚だ不適当なれば、改めて之を入社金と名け、その金額を規則に明記して、之を納るに熨斗水引を要せずとて、生徒入社の時には必ず金三円を払わしむること[6]に定めたり。当時世間に例もなきことにして、且三円の金は甚だ多きに似たれども、一は以て軽躁書生の漫に入来するを防ぎ、一は以て塾費に充んとするの趣旨なりき。扨毎月授業料の高を定るに当てその標準と為すべきものなし。依て案ずるに、当時の教員若干名、その一月の

1 **太田資美**　もと掛川藩主。明治四（一八七一）年、入塾。 2 **束脩月金**　授業料のこと。「束脩」は江戸時代の私塾における用語、「月金」は明治初年の慶應義塾でも用いた。 3 **揮毫**　書画をかくこと。 4 **潤筆料**　書画をかいた謝礼。 5 **衆教員にして**　教員も多数であり。 6 **入社の時……三円を払わしむる**　この三円は入学金。

食費雑費を概算すれば、物価下直の時節、一人に付凡そ四円にして足るべき見込を以て、各教員平等に四円ずつを給すべき全額と塾の諸雑費とを共計して、之を学生の数に割付れば、一名より毎月五十銭を収めて過不足なかるべしとて、慶應義塾の授業金半円なりと記したるは、本塾創立以来明に金を取て人に教るの始なり。当初は大に世間の耳目を驚かして或は人情に戻りしことならんと雖ども、漸く習慣を成すに従て又怪しむ者もなく、爾後次第に物価の騰貴、塾費の増加に従て授業金も亦増加し、一円より一円五十銭、遂に二円二十五銭にまでに上り、明治十二年改定して一円七十五銭と為り、今日は則ち改定の法に従うものなり。

右の如く入社金を収め又授業金の法を定めたれども、塾の会計は尚甚だ困難なり。教員の収領する所、平等に四円と定めたるも、固より一時救急の法にして永久すべきに非ず。この際に維新の新政治も漸く行われ、明治三、四年の頃より都鄙に官立の学校漸く起らんとするの勢にして、官には無限の資金を費し教員の給料等も固より豊なるに反して、私塾には一銭の有余なし、唯我社中の熱心協力に由て維持するのみ。その一班〔斑〕を挙れば、在芝新銭座の時に一棟の寄宿寮を増築せんとして資を得ず、依て社中の両三名が急に一部の英書を翻訳し、その開版発兌[1]の利益を以て建築費に充たることあり。その訳書は洋兵明鑑[2]とて当時珍奇の兵書なりしが、今日は既に已に無用のものならん。又本塾の教員たる者は如何に学力に逞しき人物にても、教場の事、庶務の事を兼勤して、その俸給と名くべきものは一月五、六十円より昇るべからず、百円以上の月給は創立以来塾中に聞かざる所なり。故に一旦この教員が国中他の学校に聘せらるゝときは、その月給、本塾に比して二、三倍以上なるを常とす。畢竟その人物が本塾を視ること故郷の如く自家の如くして、その間に利益の情を忘れたるものならん。若しもこの学塾をして官立の学校ならしめ、在校の生徒常に二、三百名（現今の生徒五百余名は近年最も多きものなり）、二十年の間に四千余名を教育せんには、その費用少なくも毎年二、三万円を要して、本年まで費額の共計五、六十万円に下らざることならん。然るに今本来無一銭の私塾にして五、六十万円の事を実行したるは、人の同心協力も亦その効大なるものと云うべし。

人の同心協力その効大なりと云うと雖ども亦無限のものに非ず。在昔村夫子の家塾の如きは、門弟子の次第に増加するに従い、之を門下の繁盛と称して自から些少の実益をも増加したることなれども、本塾の如きは則ち然らず。生徒の多きに準じて費用も亦多く、繁盛は学問の繁盛にして会計は却て困難を加るの実あり。教員の給俸豊ならざるも必ず之を支弁せざるべからず、

1 **発兌** 書物などを刊行すること。 2 **洋兵明鑑** 全五巻。明治二（一八六九）年刊。小幡篤次郎・甚（仁）三郎との共訳。

塾舎の建物美麗ならざるも必ず営繕を加えざるべからず、迚も永久の目途あるべからざれば、寧ろ今にして断然廃校と決して地所建物共に之を売却し二十年来塾の為に尽力したる人々に之を分配せんか、去迚は亦惜しむべし、恰も培養保存の目途なき大木の如く、之を伐ると伐らざると決断し難き折柄、明治十三年冬の頃、又社中の評議にて苟も家産に余ある者は一時又は年々に多少の金を捐てゝ試に之を維持せんとするに決し、旧生徒又旧教員にして現時身を起し家を成したる者、又は本塾に入て就学したるには非ざれども常に塾の事に心を関して之を喜憂する者、即ち塾友とも云うべき人々が、会議を設けて維持の方法を立たり。[1]之を慶應義塾維持社中と称し、今日の塾はこの社中に依て維持せらるゝものにして、爾来又往々捐金[2]して維持社中に加入する者あり。今後本塾の永続すると否とは、単にこの維持の如何に係るのみ。

本塾の邸地〔凡そ〕一万三千坪余、塾に属する建物凡そ千二百坪、塾の会計と邸地の会計とは之を分別し、前記の維持金は塾の教場に属する費用とその建物の営繕費等を補助するに用い、邸地の地税地方税等の諸公費と邸内の道路外囲等の費用は、本邸住居の各戸より毎年屋敷入用なるものを払わしめ、その集金を以て之を支弁す。邸地々券の記名はあれども内実は地主の権を許さず、塾のあらん限りは子孫に相伝せずして之を維持すること恰も寺院の法の如くせんとするの目的なれば、目下地主の名義あるも屋敷入用を払うこと他各戸に異ならず。邸内平等の出金を以て諸入費を弁じたる上に、本塾の敷地とその庭園には屋敷入用を課せざるの慣行にして、目今（もっこん）の処、邸地の会計に負債はなしと雖（いえ）ども、庭園その他に着手すべきものを放却して東京諸邸中に比類少なき本邸の勝景を空うするは遺憾（いかん）に堪えず。又塾の会計も維持金の集りたるものありと雖ども、その利子のみを以て固（もと）より足らず、動（やや）もすれば元金を消費して後日の不安心を抱くもの少なからず。慶應義塾の困難、唯（ただ）会計の一事に在るのみ。

明治十六年四月廿四日

福澤諭吉　草

1　会議を設けて維持の方法を立たり　「慶應義塾維持法案」のこと。

2　捐金　義捐金。寄付金。

〔学事改革の旨を本塾の学生に告ぐ〕

左の一篇は、本月十八日、府下三田の慶應義塾に於て、福澤先生が同塾の学制塾務改革の旨を演説したる大意なり。事、固より一私塾の私なれども、亦以て文明教育の参考に供すべし。依て之を本日の社説に代う。

諸君の暑中休暇帰省の留主に、本塾は学制幷に事務の改革整理を思立ち、当学期より直に着手して事情の許す限り直に実行する筈なり。細目の詳なるは唯今波多野承五郎君[1]の陳べたる通りにて、学事の大体を申せば、慶應義塾の大学部を教育最高の点として、従前の普通部[2]並びに高等科と大学部との聯絡を尚お一層密着せしめ、義塾最終の卒業は大学に在りとの事実を明にすることゝ、幼稚舎[3]の教育を文字の如く真実の幼稚生のみに限り、其以上の生徒は悉皆本塾の普通部に引受くることゝ、この二箇条なり。斯くの如くすれば是れまで高等科を終りて塾の卒業と思いしものが、尚お大学に入らざれば真実の卒業に非ず、左りとは前途遥にして待長しなど云う者もあらんかなれども、文明の進歩は単に有形の事のみに非ず、無形なる人の精神智力も亦共に上進するの約束にして、例えば近来器械の用法大に発達して、昔年曾て日本人の困却して殆んど絶望したる事業も、今日は尋常一様、職工の手に任して容易に功を奏するの事実は人の知る所なり。而してその事の容易なるは何ぞや。器械家の熟練、即ちその精神智力の上進なりと認めざるを得ず。器械の事にして既に斯の如くなれば、教育の事も亦斯の如くならざるを得ず。百余年来、洋学の先人が千辛万苦したるは今更ら云うまでもなく、近くは老生等が少壮の時代に苦しみたる読書推理の法は、今日の洋学社会より見れば誠に易中の易にして、当時吾々が三日三夜眠食を忘れ身体の瘠せる程に考えて尚お要領を得ざりし難問題も、今の学

【明治三十（一八九七）年九月二十一日付『時事新報』に掲載。これは同年九月十八日夕刻の三田演説会における演説であった。なお併せて示された、「慶應義塾学事改良の要領」は『慶應義塾百年史』中巻（前、二〇八―〇九頁）に収録されている。解説参照。】

1 波多野承五郎　一八五八（安政五）年―一九二九（昭和四）年。卒業後、財界で活動。この間、長く義塾評議員をつとめる。**2 普通部**　明治二十三（一八九〇）年の大学部の開設によって、従来の課程は「普通部」と称されるようになっていた。「普通部」は同二十九（一八九六）年の学課改正で普通科五年と高等科三年から構成されることになったが、両者の間、並びに普通部と大学部の間の連関は年齢の重複も生じて複雑であった。**3 幼稚舎**　それまで小学校に相当する小学科の上に本科と称する課程を有していたので、この改革で六年制の純然たる小学校として、普通部（五年制中学）へ進学する前課程と位置づけた。

生は教場五分間の労を以て之を解すること易し。他なし、洋学全般の進歩にして、学者の精神智力、旧に倍して面目を改めたるものなり。故に今日諸君が本塾の大学に志し、その全科を学び終らんとするは左までの苦労に非ざるのみか、今の文明世界に居て是式の学問は、むかしの漢学時代に、少年子弟が四書五経[1]を素読し、漸く成長して左国史漢[2]を講じ、漸く記事論文など起草して、先ず以て漢学者の仲間に入る位のものにして、学者畢生[3]の大事業にも非ざるべし。是即ち老生が大学部に重きを置く所以にして、願くば諸君が自尊自重、自分は日本国中にて如何なる身分の者か、他年一日、社会の表面に頭角を現わして如何なる事に当るべき者か、如何にして一身一家の独立を成し従て間接に一国の独立名誉を助成すべきや云々と、是れを思い彼れを懐うて、果して教育上に智識を研くの大切なるを悟り、身体の強弱、家庭家道の難易等を思案して、事情の許す限り、多少の辛苦を犯しても人生再びすべからざる青年の春を空うする勿らんこと、老生の冀望は唯この一事のみ。

又英語英文を奨励するは本塾本来の本色にして、曾てその主義を変じたることなし。或は世論を聞くに、文明の教育に外国の語を要せず、その学理を彼れに採りて之を講ずるには日本語を以てすべしと云う者あり。自から一説として見るべし。吾々は必ずしも之に対して得失を争わんと欲する者に非ざれども、是れは教育論者の所見に一任して、我慶應義塾は唯本来の方針に向って進むべきのみ。西洋の学術を教授するに翻訳書を以てし口授を以てすると、直に原書を以てし原語を以てすると、その間に相違なき筈(はず)なれども、本塾多年の経験に拠(よ)れば、原書を見ずして日本の文字言語のみに依頼するものは、何分にも真実の意味を伝うるに難(かた)くして隔靴(かくか)の歎を免(まぬ)かれず、俗言以てこの事情を評すれば、日本文日本語の文明教育は身にならぬと云うも可なり。即ち義塾の教育を専ら英書英語にする所以(ゆえん)にして、是れは今日の必要のみに非ず、尚(な)お一歩を進めて世界大勢の赴く所を視察すれば、数百年来世界中の運輸交通、貿易商売の権(けん)柄(べい)[4]は英語に帰したりと云わざるを得ず。或は英語の外(ほか)なる仏人独人等の諸方に往来する者少なからずと雖(いえど)も、東洋南洋南アメリカの諸国に至りても、苟(いやしく)もその国人に交りその人と通信貿易せんとするには、止(や)むを得ず自国の言語文書を棄(す)てゝ英語に依頼せざるを得ざるの事実は人の知る所なり。左れば我日本国は亜細亜(アジア)の東辺に国(くに)し、内は内地を開放して外人を入れ、外は航海を奨励して国民の外出を自由にし、所謂(いわゆる)四海兄弟(しかいけいてい)、五族比隣[5]の活劇を演ずるこの時に際して、

1 **四書五経** 儒教の根本経典とされる四書（大学・中庸・論語・孟子）と五経（易経・書経・詩経・春秋・礼記）の総称。 2 **左国史漢** 中国史書の代表的なもの。春秋左氏伝、国語、史記、漢書。 3 **畢生** 一生涯。終生。 4 **権柄** 権勢。 5 **四海兄弟、五族比隣** 世界中の人々が兄弟のように、また異なる民族であっても隣人のように、親しく交際すべきだということ。

我国人全般の覚悟は如何すべきや。人に交わらんとして最第一の必要は言語文書にして、その言語文書を日本にすると英にするとは自から人の思案する所にして、全世界に普く日本語を用いしむるは固より望ましきことなれども、是れぞ願うべくして行われざるの所望たるべきのみ。詰る所は我れより進で彼に近づき彼を学び、英語を利用して実際の実用を弁ずるの外なし。只に日常の用弁に備うるのみならず、博識博言、固有専門の学科を脩むる者の外は、一切の教育を英語にして、初歩入門より最高等に至るまで英語を以て終始するこそ、東洋国たる我日本国人の利益なれと信じて吾々の躊躇せざる所なり。試に往昔漢学の日本国に侵入したる由来を尋るに、当時の日本と唐土と相対すれば、国の大小、文物の前後、固より同年に語るべからず。是に於てか我有志者は唐土に入り、又彼の文人僧侶等を迎えて専ら漢学の輸入を奨励したりしに、その効空しからずして、千年以来今日に至るまで、漢学は殆ど我文壇を専らにして、独り全盛を極め、凡そ学者と云えば単に漢学者のみに限り、無学文盲とは漢文字を知らざる者の異名同義にして、日本国中学問なし、唯漢学あるのみとまでに至りしこそ自然の勢なれ。畢竟するに日唐相隣りして、彼の文物、彼の勢力に圧倒せられ、却て我れより進んで他に同化したるものに外ならず。今日に於ても日本は支那と同文の国なりと云う。事実に於て争うべからざる所のものなり。然るに四十年来、日本国は交を世界の文明国に開き、相互に交通の利器を利用して往来の便利頻繁なるは、昔年の日唐相隣りしたるの事情に比して、固より比較の限りに非ず。吉備大臣[1]の入唐に何年を費し、安部仲麿[2]は遂に帰来の便を得ざりしなど云うが如き古き物語に反して、今の書生は一年に両三度も欧米に往復する者あり。往復の頻繁自在なること既に斯の如くなれば、その国、就中英語国人、即ちアングロサクソン一流の言語文書も亦、共に大に流行して、その文明学は我文壇を圧倒し、日本国中学問なし、唯英学あるのみと云うが如き、全盛の境遇に達すべきは、吾々の断じて保証して疑わざる所の者なり。故に今日諸君が英語国人に対するは、むかし〳〵吉備大臣、安部仲麿輩が、唐土に出入したるが如き辛苦あるに非ず。加うるに支那の古学流が我開国と共に終を告げて永久無用の長物に属したるは、大勢の命ずる所にして今更ら疑もなき次第なれば、唯勉むべきは英語英文の実学にして、我れより進んで彼れに同化するの外なし。全国到る処諸君の如き英学者にして始めて学者の名を博すべきのみ。

世界の大勢に於て英語英文学の大切なるは凡そ右の如しとして、又学生一身の私に就ても自から利益の大なるものあり。学生の初めて就学するや、おの〳〵志す所の目的あらざるはなし。

1 **吉備大臣**　吉備真備（六九五［持統九］年—七七五［宝亀六］年）。奈良時代の官人、文人。遣唐留学生として入唐。天平七（七三五）年、帰国。 2 **安部仲麿**　六九八（文武二）年—七七〇（宝亀九）年。「阿倍」とも。奈良時代の貴族。遣唐留学生として入唐。在唐五十余年ののち、唐の長安で没。

初年は云々して次年は何を学び、五年、七年、卒業の後は果して何事に当りて平生の伎倆を示さんなど、胸中の想像、画き得て大なるは、敢て他人に向って明言せざるも、丸出しに云えば千百の学生、殆んど符節を合するが如し。然るに人事無常の世の中に居て朝に夕を計るべからず。況んや五年十年の永きをや。或は父母の病あり、或は家道の浮沈あり、千種万様、無限の事情に妨げられて、残念ながら中途に廃学する者こそ多数なれ。扨この時に至りて仮令い学校の全科を卒らざるも、その中途まで学び得たる所のものを以て立身の資に供するは、学生の為め不幸中の幸にして、所謂身を助くるの芸にこそあれば、就学の当初よりその芸の種類如何を窃に胸算[1]の中に加えて万一に備うるは自から至当の覚悟なるべし。然るに今我国の形勢は政事に軍事に商工業に英語の必要を感ずること日にます／＼急にして、仮令い多少の新教育を経て新思想ある者にても、英語を語り英文を解する者に非ざれば物の用に適せずとて之を顧みる者なし。例えば商工諸会社等にて壮年書生を採用せんとするにも、その人物伎倆如何を吟味する第一問は英語にして、苟も英語を語り英文を綴ると云えば他を聞ずして先ず之を試るの風なり。左れば前記の如く、学生の不幸、修業中途にして廃学することあるも、その間に英語英文を勉強して多少の所得あれば立身の道甚だ易くして、芸が身を助くるその芸の中にて英語は屈強最第一の方便なりと云うも可なり。是即ち老生が多年一日の如く本塾に英語を奨励する所以にして、諸君も老生の言を信じて決して欺かるゝことなかるべし。

次ぎに塾務の整理法を語らんに、内外塾、下宿書生の視察監督、塾舎の建築、修繕、掃除、賄方の取締、食物の注意、空気飲料水の流通、清潔法等、経済に衛生に心を用うること肝要にして、都て是等の事務は塾監局役員の任ずる所にして、朝夕油断せざるは勿論、元来無人なる私塾にては、教員とて単に教場の教授のみ担当して足るべきに非ず、教頭を始め衆教員共に塾中全般の秩序に注意して、塾監局員の及ばざる所を助け、塾の内外、苟も不行届の跡あれば些細の事にても決して見遁すべからず。老生も漸く老却して迚もむかしの気力なしとは申しながら、今日に至るまで無病なるこそ幸なれ、時としては塾中を見廻わり、直に学生に接して勧むべきを勧め、止むべきを止むることもあるべし。之を要するに塾の長者たる役員教員等の根気のあらん限り勉むべしと雖も、更らに一歩を進め、塾風全体の振うと振わざるとに関しては更らに大切なる要件こそあれば之を忘るべからず。右の如く役員教員等が何様に苦心勉強しても、塾中の学生に自から身を重んじて自から治むるの独立心なくしては、他人の苦心勉強も遂に無益に帰すべきのみ。卑屈なる少年輩が漫に他人に依頼して自からその身を知らず、人に咎

1 **胸算** 胸算用。心づもり。

められて挙動を改め、人の知らぬ処に窃に卑劣を犯すが如きは、所謂奉公人根性にして共に語るに足らず。我義塾中に斯る卑劣男児は一人もなき筈なれども、新来生などの中には従前の勝手を知らずして方向を誤る者もあらんなれば、同窓先進の輩は勉めて之を導き、学生の自治、以て塾風の美を成して、世間に愧ずる勿らんこと冀望に堪えず。啻に在塾中のみならず、独立自治の気品は人間居家処世[1]の要として終身忘るべからざる所のものなり。

以上陳べたる如く学制を改革し塾務を整理して、本塾の進歩拡張を謀らんとするに必要なるはその資金なり。従前既に遠近の有志者より寄附せられたる金額合して十何万円ありしかども、迚もその利子を以て足るべきに非ず。年々元金を消費して今は残額僅に三万余円に過ぎず。況して今回塾務学務を拡張せんとして既に着手したることなれば、三万の金は一年を出でずして跡なきに至るべしとて、過般以来旧学生中の先輩諸氏が協議して更らに大に学資金募集[2]の事を謀り、今正にその用意最中なれば、或は諸氏の尽力空しからずして効を奏することもあるべし。元来学塾の資金募集とは神社仏閣の寄附同様にして、尋常普通の経済法を以て律すべからず。経済一偏の主義より云えば教育も亦売買の事にして、教育者が家を建築し書籍器械等を用意して人を教うれば、その人は教育相当の代価を払うて差引勘定相済む筈なれども、今の世界中に於て少しく高尚なる学校教育は生徒より納むる授業金を以て校費を償うに足らず。是に於てか世間の富で志ある人々が多少の金を寄附してその不足を補い、以て事の永続を謀るの風なり。この点より観れば生徒は教育の代価として銘々より納むべき金を他人に代納せしめて、恰も割合に安き品物を買取るに異ならず。普通の経済上に不思議なる事相なれども、時に熱界[3]の熱を解脱して銭の数を離れ、少しく気品を高くして思案すれば、自からその由来を知るに難からず。凡そ世の中に事業多しと雖も、人生天賦の智徳をしてその達すべき処に達せしむるの道を講ずるより高尚なるはなし。春の野の草木を見ても無難に花の開かんことを祈る。況んや人間の子に於てをや。子女の漸く成長してその智力の漸く発生せんとする者が、至当の教育を受けて社会一人前の男女となるは、草木の花を開き実を結ぶに等し。誰れか之を観て悦ばざる者あらんや。誰れか之を助けてその無難を祈らざる者あらんや。即ち人間自然の誠心、自発の至情にして、世間亦自から有情の人あるも偶然に非ざるなり。西洋の文明諸国に於て、社会の上流に衣食既に足りて資産尚お豊なる人々が、余財を散して少年教育の事を助成するは殆んど常例なるが如し。世界到る処に鬼なしとは是等の徳心を評したることとなるべし。而してその助成の方法

1 **居家処世**　一家を構え、生計をたてて暮らすこと。 2 **学資金募集**　学事改良に際し、明治三十（一八九七）年秋より基本金設置のための募金を開始した。 3 **熱界**　俗世間。

は大小緩急、固より一様ならず。大富豪家は一時に幾百万円を投じて独力以て大学校を創立し維持する者あり。或は金を愛しむに非ざれども、身躬から学事を視るの暇もなく経験もなき人は、既成学校の意に適するものを択び、恰も之に資金を託して窃に満足する者あり。その他無数の小資本家にてもおの〱分に応じて多少の財物を寄附するは一般の慣行にして、その趣は我国仏法繁昌の時代に寺を建立し寺を維持するの法に異ならず。是即ち彼の国々に私立学校の盛なる所以にして、吾々の夙に欣慕[1]に堪えざる所なり。今回我義塾にて学資を募集するも、その事に当る委員諸氏[2]は必ず欧米諸国の先例に照らして事の必要を説くことならん。又今日我日本の国情を視察し民智進歩の程度を推量しても、諸氏の労空しからずして必ず効を奏することならんと信ずれども、爰に特に満堂の学生諸君に向って一言するの必要こそあれ。前に云う如く学校維持の為めとて天下の有志者が財物を寄附するは、その人々の誠意至情に出でゝ一点の挟むものなし。之を私にしては一身の私徳[3]、これを公にしては社会の利益にして、その人の名誉たると同時に、その功徳に浴する学生輩も亦、身に受る所のものは人生に貴き文明の教育にして、直接に一銭金を恵まるゝに非ず。徳を施す者も施さるゝ者も共に名誉の事を与にして高尚至極なる境遇に在りと雖も、物の数理を細に解剖してその帰する所を明にするは学者の常に忘るべからざる所のものなり。有志者の義捐金を以て維持せらるゝ学校に就学する学生は、仮令い間接にもせよ他をしてその授業費の幾分を代納せしめたるものなれば、その代納者を目して恩人と云わざるを得ず。既に恩人となれば先方の所思如何に拘わらず、之に報ずるは人生の本分なり。誠に簡単至極の道理にして喋々の要なし。故に諸君は今後本塾の学事次第に上進して次第に面目を新にし、教育上に益すること次第に大なるを悟ることあらば、その然る所以は恩人の賜なりとして之を謝するのみならず、成業して塾を去るの後も在塾当時の事情を回想して記憶に存し、陰にも陽にも機会さえあれば旧恩に報ずるの一事を忘るべからず。官立公立の学校にてはその校費都て国費なるが故に、生徒の此に学ぶ者も間接には校費の一部分を出したる姿なれば、特に恩人として認むべき者なきに反して、私立塾の会計は全く之に異なり、之を要するに官公立の学校は国法を以て立ち、私立塾は有志者の私徳に依頼して維持せらる者なり。私徳に報ずるに私徳を以てす[4]、その辺は諸君の一考して容易に了解する所ならんと老生の敢て信ずる所なり。

1 **欣慕**　欽慕。敬い慕うこと。　2 **委員諸氏**　基本金募集のための委員。波多野承五郎ら八名がその常務委員を委嘱された。　3 **私徳**　ここでは、個人の財産。個人による寄付。　4 **私徳に報ずるに私徳を以てす**　私立学校の場合、私人からの義捐金を受けているのだから、業を終えたのちには自ら醵金して後進生に私徳を及ぼしてほしい。

演説事始め

〔演説事始め〕

この集会も昨年から思立たことでござりますが、とかくその規律もたゝずあまり益もないようで、このあいだまでもその当日には人は集ると申すばかりのことでござりましたが、このたびはまたすこし趣を替えて、社中の宅へ順々に席を設ける約束にしまして、則ち今日はこの肥田君[1]の御宅に集たことでござります。

ぜんたい、この集会は初めから西洋風の演説を稽古して見たいと云う趣意であった。ところが何分日本の言葉は、独りで事を述べるに不都合で演説の体裁が出来ずに、これまでも当惑したことでござりました。けれどもよく考えて見れば、日本の言葉とても演述のできぬと申すはないわけ、畢竟昔しから人のなれぬからのことでござりましょう。なれぬと申してすておけば際限もないことで、何事も出来る日はありますまい。いったい学問の趣意はほんを読むばかりではなく、第一がはなし、次にはものごとを見たりきいたり、次には道理を考え、その次に書を読むと云うくらいのことでござりますから、いま日本で人の集たときに、自分の思うことを明らかに大勢の人に向て述ることができぬと申しては、初めから学問のてだてを一つなくして居る姿で、人の耳目鼻口五官の内を一つ欠たようなものではござりませぬか。御同前に五官揃うても人なみにないと平生患いて居る処に、有るその一つのものをつかわずにむだにして置くとは、あまりかんがえのないわけではござりませぬか。

先ず爰に物事があるとして、そのものがいよ〳〵大切だと云うことを知るには、そのものが有て便利、なくて不便利と云うその便利と不便利の箇条をかぞえ上ぐればよくわかります。いま演説の法があるとないとに付てその便利と不便利をかぞえて見ましょう。

第一　原書を読でも飜訳の出来ぬ人があり、またできてもひまのないものもござります。仮

【口語体で綴った演説の草稿で、『福澤全集緒言』中に「明治七年六月七日集会の演説」として収められている。福澤は演説・討論を「知見分布」の有力な方法と考え（次の「三田演説第百回の記」参照）、社中でひそかにその実習を始めた際、「口に弁ずる通りに予め書に綴」ってみたもの。日本語は不完全で、演説には向かないという意見が誤っていることを実証しようとした。】

1　肥田君　肥田昭作（一八四二［天保十三］年―一九二一［大正十］年）。慶応四（一八六八）年、入塾。東京英語学校長、東京外国語学校長をつとめた。

令いそのひまがあるにもせよ、生涯の内に何ほどの飜訳ができましょう。そこに今演説の道が開けましたら、学問の弘まることはこれまでより十倍もはやくなりましょう。

第二　世の中に原書が読めて飜訳のできぬと云う人は、唯むずかしい漢文のような訳文ができぬと云うまでのことで、原文の意味はよく分って居ることだから、その意味を口で云う通りに書くことは誰れにもできましょう。して見ればこの後は世の中の原書よみはそのまゝ飜訳者になられる、そこで世間に飜訳書はふえて、その書は読み易く、何ほどの便利かしれません。飜訳書のおかしいと云うのは、漢文のような文章の中にはなしのことばがまじるからこそおかしけれ、これをまるではなしの文にすればすこしもおかしいわけはありますまい。都て世の中のことは何でも、なれでどうでもなります。御同前に勇気を振て人のさきがけをしようではないか。すこしなまいきなようだけれども、世間にこわいものはないと思うて、我輩から手本を見せるがようございます。

第三　いま日本の誰に逢うても寒暑のあいさつでも、はじめからしまいまであきらかにまんぞくに述べてしまう人はございません。ことに朋友の送別、祝儀、不祝儀、何事によらず大勢の人に向て改まって口上を述べることは絶てできず、唯酒でも飲で騒がしくすれば、それで御祝儀などゝ云うのも、あまり不都合なわけではございませぬか。

第四　演説は我輩のような学者ばかりのする事ではござりません。婦人にも小供にもその心得がなくてはかないません。その証拠には一寸(ちょっと)よその家(うち)に行て、その内の下女に口上を取次(とりつ)がせてごらんなさい。いつでもまちがわぬことなし。畢竟(ひっきょう)この下女などは口上を聞たこともなく、のべたこともないからでござりましょう。

第五　演説の法がないものだから、世間には意見書とか何とか云うものを書てやりとりすることがござりますが、これは唖子が筆談をするようなもので、その書たものを見てその心もちをくみとり、口と耳との縁はなくて、筆と目との取次で、応対をする趣向でござります。それゆえ議院などの席で一度書たものを出だしてこれを読上げた跡では、もはや議論は出来ず、議論があれば内へかえって筆をとらねばならぬことでござりましょう。こんなことでは、とても民選議院も官選議院も出来ますまい。また学問のなかまも追々(おいおい)ふえて盛(さかん)に集会を開くこともありましょう。その時には筆談の集会でなくて、口上の集会にして、その口上を紙に写して本にするようにしたいものでござります。

この外(ほか)にも便利不便利のケ条は沢山あるけれども、今日は先(ま)ずこれを略して、いよ〱演説が大切なと云うがわかれば、この上は銘々の見込をのべたり、又は原書をしらべたりして、規則を定めましょう。（演説終）

三田演説第百回の記

今日は我日本に於て開闢以来最第一着なる当演説会の第一百回に及たるに付き、この会の由来を述て之を聴聞の諸君に披露せんとす。諸君もこの会に心を関すること厚ければこそ、毎会に聴聞を辱うすることなれば、今日披露の演説は特に諸君の意に適することならんと、余輩[1]の敢て信ずる所なり。

演説の発会は明治七年六月二十七日なれども、この会は元と余輩洋学者流の創意に出でしことなれば、先ず我国に洋学の行われたる起原と、我社中が之に従事せし由来と、次で又演説の事に及びしその次第とを述べざるべからず。抑も我日本に洋学の行われし始は概皆医学に限て、旁ら究理、天文、地理、本草学等に及ぶのみ。その始祖先中に就て最も有名なる者は、前野蘭花〔化〕、桂川甫周、杉田鷧斎等の諸先生にして、読む所の書は悉皆蘭書なりしが（事の由来は慶應義塾の旧記[2]にあり近日これを出版するに付爰に略す）嘉永年間「アメリカ」の人渡来して和信貿易の条約[3]を結ぶに及て、有志の士は皆蘭学を以て足れりとせず、専ら英書に由て西洋諸国の事情に通ぜんことを熱心すれども、世上一人の教師なく又一冊の英書なし。一年を過ぎ二年を経て、安政六年の頃、横浜に二、三の外国商館を開きたるに由り、この外人より僅に英蘭対訳の会話書等を得て苦学する者ありき。福澤諭吉も安政五年、大阪緒方先生の門より始て江戸に来り、横浜にて英蘭対訳の一小冊子を買い、辞書に由て之を研究したり。その苦心は今に至て自から忘るゝこと能わず。万延元年、諭吉は旧幕府の軍艦奉行某氏[4]の従僕と為り、「アメリカ」の「サンフランシスコ」に航して在留二、三箇月の間、英語を学び且数冊の書を携えて帰国したり。この時に同航、中浜万次

【前掲の「演説事始め」から三週間後、福澤は慶應義塾の社中と三田演説会をつくり、例会（隔週土曜の夕方）を重ねてきたが、その第百回目を記念する演説である（明治十〔一八七七〕年四月二十八日、『福澤文集二編』に収録）。また明治八（一八七五）年五月、福澤は慶應義塾構内に私財を投じて演説・討論のホールとして演説館を建てた。口絵参照。】

1 余輩　ここでは、われら、われわれの意。 **2 慶應義塾の旧記**　「慶應義塾之記」のこと。 **3 和信貿易の条約**　日米和親条約のこと。 **4 軍艦奉行某氏**　木村喜毅（芥舟）のこと。一八三〇（天保元）年—一九〇一（明治三十四）年。安政七（一八六〇）年、咸臨丸の提督として太平洋を横断。

郎[1]と諭吉と、各「ウエブストル」の大辞書[2]一冊ずつを買い、その悦は天地間無上の宝を得たるが如し。即ち日本に「ウエブストル」輸入の始ならん。

二年を経て文久二年、諭吉は又旧幕府の使節に従て欧羅巴諸国を巡回し、この時にも英国及び荷蘭にて書籍を買い、帰国の後は稍や読書に不自由なく、且英学の力も次第に上達して、慶応二年には英蘭の諸書を抄訳し、傍に欧行中聞見する所を記して、西洋事情の初編[3]を編輯したり。之を日本国中英書翻訳の始とす。

其以前より幕府にも開成学校を設けて洋学を開きたれども、所読の書は多くは物理、本草学等に過ぎず。世間に学者と称する者も、医師に非ざれば所謂砲術家の類にして、歴史なぞ読む者は甚だ少なかりき。

四年を経て慶応三年の春、諭吉は又「アメリカ」に航し、この度は前に比すれば資本も豊にして、多分に英書を買入れ、一私塾生徒の用に供して不自由なき程のものを携帰たり。即ちその書類は辞書の外、英氏の経済論[4]、「クワツケンボス」の窮理書[5]、文典、米国史[6]、「パーレー」及び「グードリチ」の万国史[7]、英国史等、何れも皆古今未だ曾て目撃せざる所の珍書にして、就中その経済論の如き、初は之を読むこと頗る困難なりしかども、再三再四復読して漸くその義を解すに及び、毎章毎句、耳目に新ならざる者なく、絶妙の文法、新奇の議論、心魂を驚破して食を忘るゝに至れり。同時に又英氏の修身論[8]を得て之を研究し、始て仁義五常[9]の外に又道徳の教あるを知り、この時に諭吉は正に「チャンブル」氏「ヱコノミー」[10]西洋事情外篇原書の翻訳に従事し、社中小幡君兄弟[11]を始めとして数名の同志、夜となく日となく、此を談じ彼を話して余念あることなし。抑余輩の身分を尋れば、生来士族の家に育せられて世界の何物たるを知らず、所読の書は四書五経、所聞の家訓は忠孝武勇、仏を信ぜず神を崇めず、以て成年に及び、

1 **中浜万次郎** 一八二七（文政十）年―九八（明治三十一）年。通称、John Mung（ジョン万次郎）。天保十二（一八四一）年、出漁中に漂流、アメリカ捕鯨船に救われアメリカで教育を受け、嘉永四（一八五一）年、帰国。土佐藩、ついで幕府に仕え、翻訳・航海・測量・英語の教授に当たる。のち、開成学校教授。 2 **「ウエブストル」の大辞書** ウェブスター英語大辞典。中辞典であったという説もある。 3 **西洋事情の初編** 全三巻。慶応二（一八六六）年刊。 4 **英氏の経済論** F・ウエーランドの『経済学』のこと。 5 **「クワツケンボス」の窮理書** カッケンボスの『自然科学』（一八六六年）のこと。 6 **米国史** カッケンボスの『合衆国史』、またはその「小本」か。明治二（一八六九）年に会読に使われている。 7 **「パーレー」及び「グードリチ」の万国史** S・G・グッドリッチの『ピーター・パーレーの万国史』のこと。パーレーはグッドリッチの筆名。 8 **英氏の修身論** F・ウエーランドの『修身論』（一八三四年）のこと。 9 **仁義五常** 儒教において人の守るべき五つの道、仁・義・礼・智・信のこと。 10 **「チャンブル」氏「ヱコノミー」** チェンバーズ社教育叢書『経済学』のこと。 11 **小幡君兄弟** 小幡篤次郎、仁三郎兄弟。仁三郎については後出の「小幡仁三郎記念碑誌稿」に詳しい。

去て洋学に従事して少しく蘭英の物理書を学び、兼て又彼の国の事情を目撃して益（ますます）洋学の真実無妄なるを知り、既（すで）に之（これ）に心酔して尚（なお）その奥を探り、人事の議論に達せんとするの念慮は内に充満すと雖（いえ）ども、未（いま）だ明（あきらか）に緒（いとぐち）の由（よ）るべきものを得ず。旧の疑うべきを知て既（すで）に之を疑い、新の信ずべきを知て未だその信ずべきものを見ず。その状恰（あたか）も花木の芽を含（ふくん）で未だ春雨を得ざるもの丶如（ごと）し。故に当時その心魂の所在を尋れば、未だ以（もっ）て田舎武士の全套（ぜんとう）[1]を脱したる者と云（い）うべからず。この田舎武士の魂を以て、偶然に西洋諸国出板の史類を読み、その治国、経済、修身の議論に遭（あ）いしことなれば、一時脳中に大騒乱を起したるも亦（また）由縁なきに非（あら）ざるなり。

翌明治元年は王制維新の騒乱、世事紊（みだ）れて麻の如くなれども、我社中は心事の騒乱、正（まさ）に甚（はなはだ）しくして他を顧るに遑（いとま）あらず、兵乱の如きは恰も之を小児の戯（たわむれ）と視做（みな）して度外に置きしことなり。

兵乱漸（ようや）く治らんとするに従て、世の文化は益（ますます）進み、西哲[2]の新説は日に開き、舶来の新書は月に多く、多々益新奇にして高尚ならざるはなし。蓋（けだ）し余輩の心事も之がため自（おのず）から高尚に進（すすみ）たることならん。この時に当て社友小幡篤次郎（おばたとくじろう）、小泉信吉（のぶきち）、その他の諸君は、恰（あたか）も世事を脱却して心を読書に潜（ひそ）め、世情紛紜（ふんうん）の際に一身の所得最も多き者と云うべし。この地位に居て顧て前年の田舎魂を驚破したる英氏の経済脩身論等を取て之を見れば、此（これ）は是（こ）れ彼の国学校生徒の読本にして、「パーレー」の歴史類は童児の為(ため)に出板したるもの丶みなれども、当初余輩のためには之を許〔評〕して新芽の発生を助けたる春雨と云わざるを得ざるなり。

世の文学俄(にわか)に進歩して、公私の学校その数を知るべからず。維新後日ならずして、彼の歴史経済書の如きは、我国に於(おい)ても諸学校の読本たるに至り、知見分布[3]の速(すみやか)なる、真に祝すべしと雖ども、我社中は未だ以(もっ)て之に満足すること能(あた)わず、又演説会の企(くわだて)を起したり。

明治七年、社友小幡、小泉その他諸君の発意にて討論演説の会を起し、読書翻訳の外(ほか)に又知見分布の一路を開かんとて、屢々(しばしば)私宅に会してその事を謀(はか)り、諭吉は之が為(た)め「アメリカ」出版の小冊子を意訳して[4]略(ほぼ)その趣(おもむき)を得たるに付き、乃(すなわ)ち同年七月〔六〕二十七夜を卜(ぼく)して発会と定め、同夜、席に会したる社員[5]は、小幡篤次郎、中上川(なかみがわ)彦次郎(ひこじろう)、森下岩楠(がんなん)、小泉信吉(のぶきち)、和田義郎(よしろう)、福澤諭吉、松山棟庵(とうあん)、甲斐織衛(かいおりえ)、小川駒橘(こまきつ)、須田辰次郎、海老名晋(えびなすすむ)、猪飼麻次郎(いかいあさじろう)、小杉俊次郎、安岡雄吉の十四名なり。

1 **全套**　すべて、ことごとく。　2 **西哲**　西洋の賢人。西洋の哲学者。　3 **知見分布**　知識が広まること。

4 **「アメリカ」出版の小冊子を意訳して**　『会議弁』のことか。ただし、これは会議のマニュアルで、演説法の教本ではない。　5 **席に会したる社員**　以下の人名はいずれも三田演説会の会員。福澤を含む会員名簿は『復刻版 慶應義塾入社帳 V』一一七—一二一頁にある。総数一二三名。

討論演説の事たるや、固より古今にその先例を見ず。唯西洋諸国に行われて、社会進歩のために最も有力なる方便たるを知るのみ。或は又世の論者の言に、日本の語は不規則にして演説に適せず、之を行わんとするには先ず我語法を改革せざるべからずと云う者も有て、当初は甚だ困難なるに似たりしかども、我社中の考は則ち然らず、苟も一国に言語ありて国人互に意を通ずるを得るの事実あれば、之を演説に用ゆべからざるの理なしとて、決意勇進、人の言を恐れず、社中自からその不体裁を笑わず、その不都合を憚らず、毎週必ず集会して次第に改革を加え、一月を過ぎ半年を経るに至て漸くその慣習を成し、嘗て不都合を覚えざるに至れり。

明治八年の初までは社中を限り、私に席を開くのみにして、公に聴聞を許したることなかりしが、同年特に演説集会所[1]を築き、聴聞の座を設けて衆人の来聴を自由にし、同五月一日新集会所の開業、爾後毎月二度、席を開て以て今に至り、今日は即ち明治七年六月二十七日より計て第一百次の集会なり。

近日に至ては世上にも往々演説の会を設る者多く、演る者も聴く者も共に之に慣れて嘗て怪しむ者なきは、社会のため知見分布の一新路を開きたるものと云うべし。啻に学問上の智見に関するのみならず、早晩我全国に民会議事の開くべきは必然の勢、この時に当て何物か最も必要なるべきや。事を議するの会を開て之を議するの演説法なくば、民会も亦画餅[2]に属せんのみ。

学問の為にも、商工の為にも、又政治の為にも、演説勉めざるべからざるなり。

1　演説集会所　慶應義塾構内の演説館。

2　画餅　絵にかいた餅。実際の役に立たないもののたとえ。

教育の基本方針

物理学之要用

物理学とは、天然の原則に基き、物の性質を明にし、その働を察し、之を採て以て人事の用に供するの学にして、自から他の学問に異なる所のものあり。例えば今経済学と云い、商売学と云い、等しく学の名あれども、今日の有様にては、経済商売の如き、未だ全く天然の原則に依るものに非ず。如何となれば経済商売に、自由の主義あり、保護の主義あり、[1]その基く所同じからずして、英国の学者が自由を以て理なりと云えば、亜国の人は保護を以て道なりと云い、之を聞けば双方共に道理あるが如し。左れば経済商売の道理は英亜両国に於てその趣を異にするものと云わざるを得ず。物理は則ち然らず。開闢の初より今日に至るまで世界古今正しく同一様にして変違あることなし。神代の水も華氏の寒暖計二百十二度[2]の熱に逢うて沸騰し、明治年間の水も亦これに同じ。西洋の蒸気も東洋の蒸気もその膨脹の力は異ならず。亜米利加の人が「モルヒネ」を多量に服して死すれば、日本人も亦これを服して死すべし。之を物理の原則と云い、この原則を究めて利用する、之を物理学と云う。人間万事この理に洩るゝものあるべからず。若し或は然らざるに似たる者は未だ究理の不行届なるものと知るべし。抑もこの物理学の敵にしてその発達を妨るものは人民の惑溺[3]にして、例えば陰陽五行論[4]の如き是なれども、幸にして我国の上等社会にはその惑溺甚だ少なし。拙著時事小言[5]の第四編に云く、

前略。畢竟支那人がその国の広大なるを自負して他を蔑視し、且数千年来陰陽五行の妄説に惑溺して事物の真理原則を求るの鍵を放擲[6]したるの罪なり。天文を窺て吉凶を卜し、星宿

【冒頭に物理学が天然自然の法則を明らかにするものであることを記し、末文では慶應義塾においては「初学を導くに専ら物理学を以てして、恰も諸課の予備と為す」と述べている。明治十五（一八八二）年三月二十二日付『時事新報』に掲載。次の「経世の学亦講究すべし」に先立つ演説筆記。】

1 自由の主義あり、保護の主義あり　国際貿易において自由貿易を許すか、国内産業を保護するか、容易に決しがたい。自由貿易は先進国を利するが、発展途上国には不利であるから、保護貿易に傾く。**2 二百十二度**　摂氏一〇〇度に当たる。**3 惑溺**　一つのことに心がうばわれて正しい判断力を失うこと。迷って本質を見失い、思いこむこと。『文明論之概略』、特に第三章で福澤が多用している語彙。**4 陰陽五行論**　陰陽説と五行説によって様々な現象を説き明かす、古代中国で成立した理論。**5 時事小言**　全六編。明治十四（一八八一）年刊。**6 放擲**　手放すこと。

の変[1]を観て禍福を憂喜し、竜と云い麒麟と云い鳳鳥[2]、河図[3]、幽鬼、神霊[4]の説は、現に今日も彼の上等社会中に行われて、之を疑う者甚だ稀なるが如し。何れも皆真理原則の敵にして、この勁敵[5]のあらん限りは改進文明の元素はこの国に入るべからざるなり。我日本にもこの敵なきに非ざりしかども、偶然の事情に由て大に趣を異にする所あり。我国に於て鬼神幽冥[6]の妄説は、多くは仏者の預る所と為りて、専ら社会に流行したることなれども、三百年来儒者の道漸く盛にして仏者に抗し、之に抗するの余りに頻りに幽冥の説を駁して、遂には自家固有の陰陽五行論を喋々するを忌むに至れり。例えば儒者が易経を講ずれども、唯その論理を講ずるのみにして卜筮[7]を弄ぶを恥るが如し。その仏を駁撃するは恰も儒者流の私なれども、この私論の結果を以て惑溺を脱したるは偶然の幸と云うべし。支那の儒者も孔孟の道を尊び、日本の儒者も孔孟の書を読み、双方共にその教の源を同うして、その社会に分布したる結果に於て全く相反するは、偶然に非ずして何ぞや。蓋し支那の儒教は敵なきが故にその惑溺を逞うし、日本の儒教は勁敵に敵して自から警めたるものなり。且我儒者は大概皆武人の家に生れたる者にして、文采風流[8]の中に自から快活の精神を存し、よく子弟を教育してその気風を養い、全国士族以上の者は皆これに靡かざるはなし。改進の用意十分に熟したるものと云うべし。云々。

右の如く我国上等社会の人は無稽[9]の幽冥説に惑溺すること甚だ少なしと雖ども、そのこれに惑溺せざるは唯一時仏者に敵するの熱心に乗じたるものにして、天然の真理原則を推究したる知識の働に非ざるが故に、幽冥説に向て淡白なる程に物理に於ても亦自から漠然たるの情あるが如し。儒者が地獄極楽の仏説を証拠なきものなりとて排撃しながら、自家に於ては数百年のその間降雨の一理をだに推究したる者なし。雨は天より降ると云い、或は雲凝りて雨と為ると云うのみにして、蒸発の理と数とに至ては嘗てその証拠を求るを知らざりしなり。朝夕水を用いてその剛軟を論じながら、その水は何物の集りて形を成したるものか、その水中に何物を混じ何物を除けば剛水[10]と為り又軟水と為るかの証拠を求めず、重炭酸加爾幾[11]は水に混合してその性を剛ならしめ、鉄瓶等の裏面に附着する水垢と称するものは大抵皆此の加爾幾なりとの理は、之を度外に置て推究したる者あるを聞かず。今日に在ても儒者の教に養育しられたる者は、是

1 **星宿の変**　星座の変化。　2 **鳳鳥**　めでたい鳥。鳳凰。　3 **河図**　中国古代、伏羲の時、黄河に現れた竜馬の背中の旋毛の形を写したという図。易の八卦はこれから作られたといわれる。　4 **幽鬼、神霊**　死者の霊魂や精霊。　5 **勁敵**　強敵。　6 **幽冥**　死者の世界。冥土。　7 **卜筮**　うらない。「卜」は亀の甲羅を焼き、「筮」は筮竹を用いる。　8 **文采風流**　「文采」は模様、いろどりのこと。人の様子。風采。　9 **無稽**　根拠のないこと。　10 **剛水**　硬水。　11 **重炭酸加爾幾**　「加爾幾」は石灰のこと。炭酸カルシウム。

等の談を聴て瑣末の事なりと思うべけれども、決して然らず、欧州近時の文明は皆この物理学より出でざるはなし。彼の発明の蒸汽船車なり、鉄砲軍器なり、又電信瓦斯なり、働の成跡は大なりと雖ども、その初は錙銖[1]の理を推究分離して遂に以て人事に施したる者のみ。その大を見て驚く勿れ、その小を見て等閑に附する勿れ。大小の物、皆偶然に非ざるなり。人にして物理に暗く唯文明の物を用いてその物の性質を知らざるは、彼の馬が飼料を喰うてその品の性質を知らず唯その口に旨きものは之を取て然らざるものは之を捨るに異ならず。然りと雖ども馬は尚その物の毒性なるか良性なるかを弁ずるの能力を有す。然るに今の世の不学の徒は、汽車に乗て汽の理[2]を知らず、電信を用いて電気の性質を知らず、甚しきは自身の何物たるを知らずして摂生の法を誤る者あり。尚甚しきは医は意なりと公言して、医術は臆測に出るものかと誤り認め、無稽の漢薬を服して自得[3]する者あり、その愚の極度に至ては売薬を嘗めて万病を医せんと欲する者あり。上等社会にしてその知識の卑しきこと実に驚くに堪えたり。畢竟物理を度外視するの罪にして、或は人にして馬に若かずと評せらるゝも之に答るの辞なかるべし。我慶應義塾に於て初学を導くに専ら物理学を以てして、恰も諸課の予備と為すも、蓋し之が為なり。尚おその教則の事に就ては他日陳述する所のものあるべし。

1 **鎦朱**　鎦銖。きわめてわずかなこと。

2 **汽の理**　蒸気の原理。

3 **自得**　自ら満足すること。

経世の学亦講究すべし

或人云く、慶應義塾の学則を一見しその学風を伝聞しても、初学の輩は専ら物理学を教るとのこと、我輩の最も賛誉する[1]所なれども、学生の年漸く長じてその上級に達する者へは、哲学法学の大意又は政治経済の書をも研究せしむると云う。抑も義塾の生徒、その年長ずると云うも二十歳前後にして二十五歳以上の者は稀なるべし。概して之を弱冠の年齢と云わざるを得ず。仮令い天稟の才あるも社会人事の経験に乏しきは無論にして、云わば無勘弁[2]の少年と評するも不当に非ざるべし。この少年をして政治経済の書を読ましむるは危険に非ずや。政治経済、固よりその学を非なりと云うに非ざれども、之を読て世の安寧を助ると之を妨るとはその人に存するのみ。余輩の所見にては、弱冠の生徒にして是等の学に就くは尚早しと云わざるを得ず。その危険は小児をして利刀を弄せしむるに異ならざるべし。況や近来は世上に政談流行して物論甚だ喧しき時節なるに於てをや。人の子を教るの学塾にして却て之を傷うの憂なきを期すべからず云々と。我輩この忠告の言を案ずるに、或人の所見に於て、到底政治経済学の有用なるは明なれども、之を学て世を害すると否とはその人に存す、弱冠の書生は多くは無勘弁にしてその人に非ずと云うことならん。この言誠に是なり。事物に就き是非判断の勘弁なくして之を取扱うときは、必ず益なくして害を致すべきや明なり。馬を撰ばずして妄に乗れば落ることあり、食物を撰ばずして妄に食えば毒に中ることあり。判断の明、誠に大切なることなれども、唯これを大切なりと云うのみにては未だ以て議論の尽きたるものに非ず。故に今この問題に付ては人にしてこの明識を有すると有せざるとの原因は如何ん、之を養うの方法は如何にして可ならんとて、その原因を尋ねその方法を求めて始めて議論の局を結ぶ[3]べきなり。凡そ物の有害無害を知らんとするには先ずその性質を知ること緊要なり。その性質を知らんとするには先ずその物を見ること緊要なり。熱国[4]の人民は氷を見たることなし。故にその性質を知らず。之を知

【慶應義塾で上級生徒とはいえ二十歳前後の「少年」に政治経済の書を読ませているのは適切ではないとする世評に反論した演説筆記。前掲の「物理学之要用」の続き。明治十五（一八八二）年三月二十三日付『時事新報』に掲載。】

1 **賛誉** ほめたたえること。 2 **無勘弁** 分別のないこと。 3 **局を結ぶ** 物事が終了する。 4 **熱国** 熱帯の国。

らざるが故にその働の有害なるか無害なるかを知らざるなり。又人の天然に於て奇異を好むはその性なり。山国の人は海を見て悦び、海辺の人は山を見て楽む。生来その耳目に慣れずして奇異なればなり。而してそのこれを悦び之を楽むの情は、その慣れざるの甚しきに従て益切にして、往々判断の明識を失う者多し。仏蘭西の南部は葡萄の名所にして酒に富む。而してその本部の人民には甚しき酒客を見ざれども、酒に乏しき北都の人が南部に遊び又これに移住するときは、葡萄の美酒に惑溺して自から之を禁ずるを知らず、遂にその財産生命をも併せて失う者ありと云う。又日本にては貧家の子が菓子屋に奉公したる初には、甘を嘗めて自から禁ずるを知らず、唯これを随意に任して其の飽くを待つの外に術なしと云う。又東京にて花柳に戯れ遊冶に耽り[1]放蕩無頼の極に達する者は、古来東京に生れたる者に少なくして必ず田舎漢に多し。然も田舎にて昔なれば藩士の律儀なる者か、今なれば豪家の秘蔵息子にして、生来浮世の空気に触るゝこと少なき者に限るが如し。是等の例を計うれば枚挙に遑あらず、普ねく人の知る所にして、何れも皆人生奇異を好て明識を失うの事実を証するに足るべし。故に子女の養育に注意する人は、その漸く長ずるに従て次第に世間の人事に当らしむるの要用なるを知り、或は飲酒と云い演劇と云い、謹慎着実なる父母の目には面白からぬ事ながら、到底これを禁ずべきに非ざれば、その好む所に任して酒をも飲ましめ演劇の見物をも許して、唯これを節するの緊要なるを知らしむるのみ。或る西人の説に、子女漸く長じたらば酒を飲むも演劇を見物するも初は先ず父母と共にして次第に独歩の自由を許すべしと云う者あり。この説甚だ当るが如し。右に述る事実果して違うことなくば、或人の憂慮する少年書生の無勘弁なる者を導て、之に勘弁の力を附与しその判断の識を明ならしむるの法如何して可ならん。身を終るまで之を束縛して政治経済等の書を見ることなからしめんか、少年は終身の少年に非ず、三、五年を過れば屈強の大人たるを如何せん。政治経済は有用の学なり、大人にして之を知らざるは不都合ならん。今一歩を譲り、人生は徳義を第一として之に兼るに物理の知識を以てすれば以て社会の良民たるに恥じず。経世の学[2]は必しも之を学問として学ばざるも、自ら社会の実際に当て之を得ること容易なり。例えば今の日本政府にて云えば、大蔵の官吏必ずしも経済学を執行したる者に非ず、文部の官吏必ずしも教育論を研究したるに非ざるも、その実際に事の挙るは今日の如し。畢竟経世は活学[3]にして、当局者が局に当て後の練磨なり、決して学校より生ずるものに非ずとして安心せんと欲するも、爰に安心すべからざるものあり。即ち人生奇異を好むの性情に

1 **花柳に戯れ遊冶に耽り** 芸者遊びをし、酒色にふけり。 2 **経世の学** 経済学、政治学。 3 **活学** 実務についてから学んでいく学問。

して、仮令い少年を徳学[1]に養い理学[2]に育して、恰も之を筐中[3]に秘蔵するが如くせんとするも、天下、人を蔵るの筐なし、一旦の機に逢うて忽ち破裂すべきを如何せん。而してその破裂の勢は、之を蔵るの愈堅固にして時日の愈久しきその割合に従て愈劇烈なるべし。例えば今こゝに一種の学校を設けて、全く経世の学を禁じ、政治経済の書を禁じ、又歴史をも禁じて、生徒を養うこと数年の後は必ず成業に至らん。その時に於て生徒の所得は理学徳学にして純然たる良民たる者ならん。然るにこの良民が家に在て一部の経世書を読むか、又は外に出でゝ一夜の政談演説を聴き、然かもその書その演説は頗る詭激[4]奇抜の民権論にして人を驚かすに足るものとせん。是に於て彼の良民は如何の感を為すべきや。聾盲頓に耳目を開て声色に逢うが如く、一時は心事を顚覆するや必せり。心事顚覆したり、復た判断の明識あるべからず。斯の如きは則ち辛苦数年順良の生徒を養育して一夜の演説以てその所得を一掃したるものと云うべし。啻に之を一掃するのみならず、順良の極度より詭激の極度に移るその有様は、彼の仏蘭西北部の人が葡萄酒に酔い、菓子屋の丁稚が甘に耽るが如く、底止する所を知らざるに至るべし。人を順良にせんとするの方便は適ま之を詭激に導くの助を為し、目的の齟齬する之より甚しきはなし。畢竟社会は活世界にして、学校に教る者も活物なれば、学ぶ者も亦活物なり。この活物の運動は親子の間柄にても尚且自由ならざるものあり。況や他人の子を教るに於てをや。決して意の如くなるべからざるなり。

学校の教育は決して教者の意の如くなるべきものに非ず。既に不如意なるを知らばその不如意に処するの法を案ずるこそ緊要なれ。前に云える如く少年輩が動もすれば経世の議論を吐き或は流行の政談に奔走して無益に心身を労し、甚しきは国安妨害の弊に陥るが如きは、元とその輩の無勘弁なるが為なり。その無勘弁の原因は何ぞや。真成[5]の経世論を知らざるが為なり。詭激の経世論固より厭うべしと雖ども、その論者は之を知るが故に論ずるに非ず、知らざるが故に之を論ずるのみ。故に我慶應義塾に於ては、上等の生徒に哲学法学或は政治経済の書を禁ぜざるは、之を禁ぜずしてその真成の理を解せしめ、是非判断の識を明ならしめんが為なり。多年の実験に拠て之を案ずるに、書を読むこと愈深き者は愈沈黙するが如し。而してその黙するや、之を言うを忘れたるに非ず、時有て言うときはその言も亦適切にして忌憚する所なきが故に、時としては俗耳を驚かすことなきに非ざれども、是れは唯聴者不学の罪のみ。その適例は近きに在り。近来世上に民権の議論頻りに喧しくして外国にも先例なきが如きその由縁は何

1 **徳学** 道徳学。 2 **理学** 哲学。 3 **筐中** 箱の中。 4 **詭激** 言行が度を越えて激しいこと。矯激。
5 **真成** 真実に同じ。

ぞや。今の民権論者は近来初て是等の論旨を聞き得てその奇異に驚き、之に驚き之に動揺して恰も聾盲の耳目を開たるが如きものなればなり。固よりその論者中には多年の苦学勉強を以て内に知識を蔵め広く世上の形勢を察して大に奮発する者なきに非ず。我輩その人を知らざるに非ずと雖ども、概して之を評すれば今の民権論の特に喧しきは特に不学者流[1]の多きが故なりと云わざるを得ず。実際には行われ難き事なれども、若しも諸方に行わるゝ政談演説を聴て、その論勢の寛猛[2]粗密を統計表に作て見るべきものならば、その愈粗暴にして言論の無稽なる割合に従てその演説者も愈不学なりとの事実を発明することあるべし。他なし、経世の事を論じて判断の明に乏しければなり。故に我義塾に於ては、生徒の卒業に至るまでは唯学識を育して判断の明を研くの一方に力を尽し、業成り塾を去るの後は行く所に任して嘗てその言行に干渉するなしと雖ども、常にその軽卒〔率〕ならざるを祈り、論ずるときは大に論じ黙するときは大に黙する者を以て真に我社友と認るのみ。唯漫然たる江湖[3]に於て、論者も不学、聴者も不学、互に不学無勘弁の下界に戦う者は、捨て之を論ぜざるなり。

1 **不学者流**　勉強をしない者たち。　2 **寛猛**　ゆるやかなことときびしいこと。　3 **江湖**　世間。世の中。

〔教育の目的は実業者を作るに在り〕

左の一編は去月廿三日、府下芝区三田慶應義塾邸内演説館に於て、同塾生褒賞試文披露の節、福澤先生の演説を筆記したるものなり。

余曾て云えることあり。養蚕の目的は蚕卵紙[1]を作るに在らずして糸を作るに在り、教育の目的は教師を作るに在らずして実業者を作るに在りと。今この意味を拡めて申さんに、抑も我開国の初より維新後に至るまで、天下の人心皆西洋の文明を悦びて之に移らんとするに急なれば、人を求ることも亦急にして、苟も横文字読む人とあれば、その学芸の種類を問わずその人物の

【原題は「慶應義塾学生諸君に告ぐ」であり、演説館における訓話であるが、慶應義塾の教育が「実業者」（必ずしも実業家ではない）の養成を目的にしていることを力説。明治十九（一八八六）年二月二日付『時事新報』に掲載。】

1 **蚕卵紙** 種紙とも。養蚕家に卸すため蚕の卵を産みつけた和紙。

如何に拘らず之れを用いたれども、限なきの用に供するに限あるの人を以てす、固より引足るべきにあらず、且その時の学者なるものは何学を学びたる何学士と申す訳にもあらずして、実際に臨みて知らざる事も多ければ、是れにては行くすえ頼母しからずとて、是に於てか教育の説起り、新に学者を作り出さんことに熱心して、朝野共に人を教るに忙わしく、維新以来十数年の間、曾て少しも怠ることなし。

当初の考には我日本国の不文不明[1]なるは教育の普ねからざるがためのみ、教育さえ行届けば文明富強は日を期して致すべしとの胸算にてありしが、扨今日に至りて実際の模様を見るに、教育は中々能く行届きて字を知る者も多く、一芸一能に達したる専門の学者も少なからずして、先ず以て前年の所望は稍や達したる姿なれども、之がために国の文明富強を致したるの証拠とては甚だ少なきが如し。その事情を語るには言長ければ手近く一例を挙げて示さんに、一国の富は一個人の富の集まりたるものなりとの事は争うべからざるものならん。左れば彼の文明富強の根本たる教育を受けたる者が、国を富ますためには先ず以て自身の富を致すの必要なるは申すまでもなきことなるに、世間の実際は之に反し、凡そ我国の学者として大に資産を作り出したるものを見ず。如何なる専門の一芸一能を手に入れたる人物にても、一事一業を起して富を致したるの談を聞かず。或いは偶々豊に生活して多少の余財ある者もあるべしと雖ども、その財は本人が教育上に授けられたる芸能を天下の殖産社会に活用して得たる財にはあらずして、幸に官途に用いられ、差したる用もなけれども定まりの俸給に衣食して、少々ずつその余りを積み貯えたるものより外ならず。その有様は心身に働なき孤児寡婦が遺産の公債証書に衣食して、毎年少々ずつの金を余ますものに等し。天下の先覚、憂世の士君子と称し、然かもその身に抜群の芸能を得たる男子が、その生活は如何と問われて、孤児寡婦の謀[2]を学ぶとは驚入たる次第にして、文明活溌の眼を以て評すれば唯憐むべきのみ。

試に西洋諸国の工商社会を見れば、某は何々の工事を企て丶何十万円を得たり、某は何々の商売に何百万の産を成したりと云うその人の身は必ず学校より出たる者にして、少小教育の所得を成年の後、殖産の実地に施し、以て一身一家の富を致したる者にして、世に名声も香しきことなれども、少壮の時より政府の官に就き、月給を蓄積して富豪の名を成したる者あるを聞かず。若しもこれあれば所謂守銭奴として世に齢[3]せられざることならん。左れば今日我日本国の教育を蒙りたる学者は、到底殖産の社会に適用すべき者にあらず。殖産に不適当なる人物なれば、如何なる卓識の先生も、如何なる専門芸能の学士も、碁客、将棋師に等しくして、迚も

1 **不文不明** 文明化されていないこと。 2 **謀** 思案。計画。工夫。 3 **齢す** 仲間として交際する。

一家の富を起すに足らず。一家富まざれば一国富むの日あるべからず。教育の目的齟齬したるものと云うべし。

日本の教育が何故に斯くも齟齬したるやと尋るに、教育さえ行届けば文明の進歩、一切万事、意の如くならざるはなしと信じて、却てその教育を人間世界に用るの工風を忘れたるの罪なりと答えざるを得ず。人間世界は存外に広くして存外に俗なるものなり。文明の頂上と称する国々に於ても尚且然り。況して日本の如き、その文明の実価は兎も角も、西洋流の文明に就ては都て不案内なるこの人民に向い、高尚なる学校教場の知見を丸出しにして実地の用に適せしめんとするも、浮世の様に行わるべからざるは明白なる時勢とも心付かずして、我国人は教育の熱心自から禁ずること能わず、次第〳〵に高きを勉めて止まるを知らず、俗世界は依然として卑く、教育法はます〳〵高く、学校は恰も塵俗外の仙境にして、この境内に閉居就学すること幾年なれば、その年月の長きほどにます〳〵人間世界の事を忘却して、窃に之を軽蔑するが故に、浮世の人も亦学者と共に語るを厭い、工業にも商売にも之と共に事を与にせんとするものとては一人もなく、唯学者と聞けば例の仙人なりと認めて、唯外面に之を尊敬するの風を装い、敬して之を遠ざくるのみなれば、学者も亦之に近づくを屑とせず、左りとて俗を破りて独立の事業を企るの気力もなく、先ずその身に慣れたる学校世界に引籠りて人を教うる業に就く、即ち学校の教育に由り学校の教員を生ずること多き所以にして、随て教えられて随て教員[1]となり際限あることなし。

畢竟するに数年来世の教育家なる者が、学問を尊び俗世界を賤しむこと両様共に甚だしきに過ぎ、高尚至極なる学問の型の中に無理に凡俗を包羅して新奇の形を鋳冶[2]せんとして、却てその凡俗を容るゝことは出来ずして、大切なる教育を孤立せしめ、自から偏窟に陥りたるものと云わざるを得ず。自今以後とても教育家がこの辺に心付かずして唯教育法の高尚なるを求め、国民の智徳の高さと文明の学理の高さと略相当らしむべきの要を知らずして、今の儘の方向に進みたらんには、国中ます〳〵教師を生ずるのみにして実業に就く者なく、初に云える如く蚕を養うて蚕卵を生じ、その卵を孵化して又卵を生じ、遂に養蚕の目的たる糸を見ざるに等しきの奇観を呈することあるべし。

我慶應義塾の教育法は学生諸氏も既に知る如く、創立のその時より実学を勉め、西洋文明の学問を主としてその真理原則を重ずること甚だしく、この点に於ては一毫の猶予を仮さず[3]、無

1 **随て……随て**　……する側から……する。　2 **鋳冶**　陶器や鋳物を作ること。転じて、人を育成すること。　3 **仮す**　ゆるす。

理無則[1]、是れ我敵なりとて、恰も天下の公衆を相手に取りて憚る所なく、古学主義の生存する処を許さゞるほどに戦う者なりと雖ども、又一方より見れば学問教育を軽蔑することも亦甚だし。蓋しそのこれを軽蔑するとは、学理を妄談なりとして侮るに非ず、唯これを手軽に見做して、如何なる俗世界の些末事に関しても学理の入るべからざる処はあるべからずとの旨を主張し、内に在ては人生の一身一家の世帯より、外に出ては人間の交際、工商の事業に至るまで、事の大少〔小〕遠近の別なく、一切万事、我学問の領分中に包羅して、学事と俗事と連絡を容易にするの意なり。語を易えて云えば、学問を神聖に取扱ずして通俗の便宜に利用するの義なり。故に本塾の教育は先ず文学を主として、日本の文字文章を奨励し、字を知るためには漢書をも用い、学問の本体は則ち英学にして、英字、英語、英文を教え、物理学の普通より数学、地理、歴史、簿記法、商法律[2]、経済学等に終り、尚英書の難文を読むの修業として、時としては高尚至極の原書を講ずることもあり。又道徳の課に至りては特別に何主義を限らず、唯教師朋友相互の責善談話[3]を以て根本と為し、その読む所の書は人々の随意に任じ、嘉言善行[4]の実をして自から塾窓の中に盛ならしむるを勉るのみ。斯の如くして多年の成跡を見るに、幾百の生徒中、時に或は不行状の者なきに非ずと雖ども、他の公私諸学校の生徒に比して、我慶應義塾の生徒は徳義の薄き者に非ず、否なその品行の方正謹直にして、世事に政談に最も着実の名を博し、塾中常に静謐なるは、或は他に比類を見ること稀なるべし。

明治十九の歳華[5]既に改まりて、慶應義塾の教育法は大に改まるに非ずと雖ども、一陽来復[6]と共に此の旧教育法に新鮮の生気を与うるは亦自から要用なるべし。その生気とは何ぞや。本塾の実学をしてます〳〵実ならしめ、細大洩らさず都て実際の知見を奨励し、満塾の学生をして即身実業の人と為らしめ、彼の養蚕の卵より卵を生ずるに等しく、本塾に卒業したる者が唯僅に学校の教師となるか又は役人となりて、孤児寡婦の生計を学ぶなど云う無気無腸[7]の譏を免かれ、独立男子の名に愧ることなからしむるの工風なり。従来本塾出身の学士が善く人事に処して迂闊ならずとのことは、常に世に称せらるゝ所なれ共、吾〳〵は尚これに安んずるを得ず。依て本月初旬より内外の社員教員相共に談じたることもあれば、自今都合次第に従い、教場又教則に少しく趣を変ずることもあるべし。学生諸氏は決して之を怪しむ勿れ。吾〳〵は諸氏の自尊自重を助成する者なり。本塾に入りて勤学数年、卒業すれば、銭なき者は即日より工商社会の書記、手代、番頭と為るべく、或は政府が人を採るに漸く実用を重ずるの風を成したらば、

1 **無理無則**　真理原則がないこと。 2 **商法律**　商法。 3 **責善談話**　よい行いをするよう説きすすめること。 4 **嘉言**　戒めとなるすぐれた言葉。 5 **歳華**　年月。歳月。 6 **一陽来復**　冬が去り春が来ること。 7 **無気無腸**　無気力で、物事に動じやすいこと。

官途の営業も亦容易なるべく、幸にして資本ある者は、新に一事業を起して独立活動を試むべく、或は地方の故郷に帰りて直に父兄を助け又は家を相続して、慥に遺産を保護し又増殖するの知見と胆力とを得せしめんと欲する者なり。本来無き家産を新に起すは固より難しと雖ども、既に有る家産を守るも亦甚だ易からずして、その難易は孰れとも明言し難きほどのものなれば、貧富ともに勉むべきは学問にして、唯その教場をして仙境ならしめざること吾〳〵の常に注意して怠らざる所なれば、学生諸氏もおの〳〵自から心してこの注意を空うせしむる勿れ。

疑心と惑溺と

有形物理の事より無形心理の働に至るまで、毎物に疑を起し毎事に不審を抱くは、人間進歩の大本にして、如何なる尊き物にても如何なる古き事にても、更にその尊きを恐れずその古きに驚かずして、静かに先ずその事物の性質を吟味し、次でその物の効用を詮索し、その物果して有用なれば之を貴重し、若し果して無用の物なればその物の正体を摘発して以て世の迷夢を攪破[1]すべし。古来の口碑[2]と世の流説とを妄信して、その際更に疑を生ずるの念なき時は、自から惑溺[3]なるものに陥りて、世は停滞不流の姿となり、止まるを知て進むことあるを知らず、人智発達の為めには最も憂うべきの障碍なり。之を古習の惑溺と云う。惑溺と疑心とは恰も水火

【明治二十二（一八八九）年五月十四日付『時事新報』に掲載。】

1 攪破　かき乱し破ること。 **2 口碑**　いい伝え。伝説。 **3 惑溺**　一つのことに心がうばわれて正しい判断力を失うこと。迷って本質を見失い、思いこむこと。

の如きものにして、疑心盛なれば惑溺に陥らず、惑溺盛なれば疑心起らず、両者互に両立すべからざるものと知るべし。路傍に石の地蔵あり、その鼻常に欠け、その頭多くは落つ。然れども愚人の之に礼拝し之に祈念して、香花の毎に絶えざるは何ぞや。一度疑心を起してその地蔵の何者たるを吟味せば、百年の迷夢忽ちに醒め、自分ながらもその所業のあさましきを覚え、曾て之に向てその腰を屈したるを以て面目なきことに思うことならんと雖ども、その未だ疑念の起らざるや、この地蔵を以て天上天下の独尊となし、一身の禍福は勿論、世の豊凶より風雨水火の禍害に至るまで、苟も人力の及ばざるものは悉く之を地蔵の所業に帰し敢て他を顧ざるは、今日に至るも尚お凡俗一般の情態なり。誠に疑心と惑溺との間の微妙なるは毫髪分厘[1]の差にして、祖先以来の惑溺も一朝偶然の疑心に依てその迷夢を攪破せし例は古今に少なからず。古人は疑の心を以て人間悪徳の一個条に数え込みたれども、今日の文明は全く天地間の事物に疑を容れたるに依て達し得たるものなれば、疑の心決して之を人間の悪徳と云うべからず。若し強て之を悪徳とせば、今日の文明は悪徳の結果なりと云わざるべからず。甚だ不都合の事なり。若し人間に疑の心あらざれば千万年の後に至るも曾て惑溺の境界を脱すること能わず。却て年代を経るに随い、惑溺の数、年々に増加し、世は益々暗黒の時代となるべき筈なりと雖ども、今の世の実際、年代を経過するに随い、人智益々発達して人間の幸福愈々大なるは、之を疑心の賜と云わざるを得ず。然るに我国は古来儒仏の教を以て社会の全体を組織し、中等以下無智の愚人は偏に仏教に帰服して禍福吉凶を祈り、中等以上少く見識ある者は儒教に心酔して忠孝両道の外更に余念なく、その之を祈り之を守るの際、曾て条理の有無に就て一片の疑心を抱くことなく、世の為めに制せられ、世と共に遷り、祖先の習慣、遂に第二の天性となり、内心窃に之に疑を抱く者あるも、公然之を明言するの勇気ある者なく、世は遂に惑溺安眠の姿に陥りたり。

然るに今を距る三十年、西洋日進の文明、我社会に浸染[2]して、漸く惑溺の安眠を破りしより、古来貴重なるものとして尊崇せしものも案外にその貴重ならざるを悟り、日輪[3]は毎朝我国の東方より出でゝ我国は日の本なりと思の外、地は円体にして西より東に廻転し、世界中日の本ならざるはなく、化学の定則を発明[4]して五穀豊熟の祈禱廃たれ、湿気上騰の理を究てより以来雨乞の古歌もその功を奏せず、昔日厚徳の主君は今日の華族となりてその君徳の薄きを悟る抔、事々物々案外に出でざる者なし。此に於て始て我人心に疑の心を生じ、孔孟[5]の教も妄信し難く、況んや石地蔵の功徳をや。人心の騒乱、社会の混雑、已に此の如し。この乱雑の際、或は疑う

1 **毫髪分厘**　ごくわずかであること。 2 **浸染**　浸透して感化すること。 3 **日輪**　太陽。 4 **発明**　物事の道理を明らかにすること。 5 **孔孟**　孔子と孟子。

べからざるものを疑い、或は疑うべきものを疑わざるが如き、前後不都合の始末もあるべく、又は抱腹絶倒[1]に堪えざる珍事もあるべく、例えば我国新年の吉礼の如き、往古よりの習慣にして、先ずその三箇日の間に必ず親族、朋友又は平生知己の人々に廻礼して、互に旧を送り新を迎うるの慶賀を述ぶるの礼なりしも、近頃に至ては故らにこの礼を欠くを以て却て達人の如くに思う者ありて、昨日の失礼は今日の失礼ならず、人心の混雑推して知るべし。畢竟この種の混雑は旧を脱して新に就くの際に免るべからざる混雑なれば、決して咎むべきにあらず。啻に咎むべからざるのみならず、我輩はその疑心の益々強くして、苟も世人が古来の習俗に依て妄信したる物は、その物の何たるを問わず、一々疑心の明察を以て物の性質の微を照し、条理ある者は暫く之れを許し、苟も条理なき物は勇進憤撃[2]その不条理を明言公論して遺す所あるべからざるなり。然りと雖ども浮世の実際に於て何程不条理なる物にても、已に古来の信仰堅固なる時は容易に動かすべからざるものありて、若しも前後の勘弁なく急に之に当る時は、却て益々他の信仰を堅固ならしめ、啻に我目的を達せざるのみならず、徒に他の感情を痛ましむるのみに止まることあり。譬えば無智の老媼が涕を垂れて一心不乱に祈願する地蔵の前に至り、之に尿してその地蔵の無力なるを示すが如きは、徒に他の感情に触るゝのみにして、更にその詮なかるべし。若し地蔵の無益なることを知らしめんと欲せば、静に之に道理を語り、自然に之を悟らしむるの一法あるのみ。

兎に角に我日本は今将さに疑心と惑溺と争の最中にして、その到底疑心推理の力に全勝を占めて惑溺の遂に消滅するは万々疑なき事なれども、惑溺も亦尚飢えたる虎狼の如く、その勢決して軽ずべからず。早晩倒るゝの日は期すべしと雖ども、その未だ生息の通ずるや、搏噬〔齧〕[3]或は人を傷り世を害することもあるべく、或は一時天下に横行して人を悩ますこともあるべし。この時に当て匹夫の勇[4]を振い、赤手[5]之に当らんとするは策の得たる者にあらず。之を撃つ法に就ては自から他に妙案あるべし。

1　抱腹絶倒　腹をかかえてひっくり返るほど大笑いすること。　2　勇進憤撃　積極的に攻撃すること。　3　搏噬　つかみとらえてくらうこと。はくげつ。　4　匹夫の勇　思慮分別なく、血気にはやるだけの勇気。　5　赤手　素手。手に何も持たないこと。

〔学問に凝る勿れ〕

左の一編は本月二十七日、府下三田慶應義塾大学部の始業式に福澤先生の演説したるものなれば、その大意を筆記して以て今日の社説に代う。

我慶應義塾は方今日本国にある官立私立諸学校の中、最も旧きものにして、創立以来三十余年、曾て一日も業を廃せず。維新兵乱の際にも幸に動揺の災を免かれ、乱後の新日本に文明学の方針を示して次第に文運の隆盛を致したるは、偶然の時勢に由りて然りと雖も、亦以て本塾の名誉とすれば、他に争う者あるべからず。既にその始あれば亦その終を善くして、益教育の進歩を謀り、世の後進生をして向う所を知らしめ、以て文明の利益幸福を空うせざるは、蓋し吾々同学同志の義務なるべし。即ち今回大学部設置の要用を告る所以にして、世間有志者の協力に依り、経済の計も次第に緒に就き、又ミストル・ナップ[1]の周旋を煩わして新に三名の良教師を米国に聘し、文学科にはプロフェッサ・リスカム[2]、理財科にはプロフェッサ・ドロッパ[3]、法学科にはプロフェッサ・ウヰグモル[4]を教頭に仰ぎ、羅甸語の教授は則ち多年本塾の為めに最も尽力せられて最も深切なるミストル・ロイド[5]の司どる所と為り、又塾務全体の監督は小幡篤次郎[6]君の引受にて、之れを助るに浜野定四郎[7]、門野幾之進[8]、益田英次[9]の諸君を以てし、又日本

【明治二十三（一八九〇）年一月二十七日、慶應義塾大学部の開設式における福澤の演説。同年同月三十日付『時事新報』に掲載。】

1 ミストル・ナップ Arthur May Knapp（1841–1921）アメリカのユニテリアン宣教師。 **2 プロフェッサ・リスカム** William S. Liscomb ブラウン大学出身。明治二十二（一八八九）年、文学科主任教師として慶應義塾に着任。 **3 プロフェッサ・ドロッパ** Garrett Droppers（1860–1927）ハーバード大学出身。明治二十二年、理財科主任教師として慶應義塾に着任。 **4 プロフェッサ・ウヰグモル** John Henry Wigmore（1863–1943）ハーバード大学出身。明治二十二年、法律科主任教師として慶應義塾に着任。 **5 ミストル・ロイド** Arthur Lloyd（1852–1911）英国国教会宣教師。明治十七（一八八四）年来日。翌年より慶應義塾英語教員。のちに二代目の文学科主任教師をつとめ、英文学、ラテン語等を講じた。 **6 小幡篤次郎** 本書三七頁注1参照。 **7 浜野定四郎** 本書三七頁注3参照。 **8 門野幾之進** 一八五六（安政三）年―一九三八（昭和十三）年。明治二（一八六九）年、入塾。明治十六（一八八三）年、慶應義塾教頭。同三十四（一九〇一）年、副社頭。のち、実業界に転じ、千代田生命保険相互会社、千代田火災保険などを創立し、社長となる。 **9 益田英次** 一八五六（安政三）―一九〇八（明治四十一）年。旧姓、石津。明治十九（一八八六）年より塾監。同二十三（一八九〇）年、および二十八（一八九五）年から三十三（一九〇〇）年まで、会計主任を兼任。

法律の教授には元田肇[1]、沢田俊三[2]、二君の好意を辱うする等、百事既に整頓して今日の始業式に遭うは、老生の深く喜ぶ所なり。

元来老生は学を好むこと甚だしく、畢生の快楽は唯学問に在るのみなれども、之を好むと同時に学問に対して重きを置かず、唯人生の一芸として視るのみ。学を学んで人事を知らざるは碁客、詩人の流に異ならず、技芸の人に相違なしと雖も人生の完全なるものに非ずとて、物に触れ事に当りて常に極言せざるはなし。幸に我同学中には俗に云う変人奇物を生ずること少なくして、変通活溌[3]の人物に富み、今の社会の表面に頭角を現わして学問上の所得を人事の実際に適用する者多きは、老生の特に満足する所なれども、又一方より見れば凡そ人間社会の不幸は不学無識より甚だしきものなし。上は政治上の長者、富豪、大家の主人より下は賤民、職工、又は小吏の輩に至るまでも、学問の所得又その思想なきが為めに、一身の不利のみか天下不幸の媒介を為すもの挙げて計うべからず。口に天下国家の事を談じ、商機[4]の掛引き巨万の利害を論じながら、家人の病に医を択ぶを知らずして、時に或は売薬の妙を語り、又或は窃に神仏の利益を信じ、空しく父母妻子を喪うて唯悲しむ者あり。是れは一身一家の私事とするも、その不学を拡めて公に及ぼし、法学を知らずして法を議し、経済学を学ばずして会計を司どり、身に教育なくして他人の教育を論じ、商法に暗くして商業を営むが如き、仮令えその熟練に依りて能く事を成すと云うも、その事の成るや僥倖の偶中[5]に過ぎず、社会の為めに危険なるは、彼の生理病理の原則を知らずして、売薬神仏に生命を托するに等しく、不安心も亦甚だしと云うべし。啻に上流の不学のみ危険なるに非ず、賤民等が無根の妄説を妄信して殖産の利益を空うし、周易[6]、売卜[7]、方位、呪の命令に従て家事を誤り、大工、左官、職工の輩が物理器械の思想なくして益なき事に労するのみならず、時としては構造の法を誤て建物を倒し、熱力の働を知らずして家を焼くことさえなきに非ず。例えば近くこの室にあるストーヴのこの煙管[8]を取附るにも、之を監視せずして不案内なる職工の手に任せたらば、筒より木の柱に熱を伝えて遂に塾舎を焼くの禍も計るべからず。啻に塾の失火に止まらず、若しも南風劇しき夜半にてもあらんには、東京市中に延焼して如何なる惨状を呈すべきや計り難し。斯の如きは則ち無辜[9]の一夫、能く大都会を灰燼に附するものと云うも可なり。都て是れ不学無術に坐する人間社会の大不幸

1 **元田肇**　弁護士。明治二十（一八八七）年より交詢社員。時事新報社、福澤の顧問弁護士。のち、衆議院議員。2 **沢田俊三**　明治十五（一八八二）年、時事新報社が売薬問題で訴えられた際の弁護士をつとめた。3 **変通活潑**　臨機応変に事を処し、活気があること。4 **商機**　商業上のよい機会。5 **偶中**　思いがけなくであう。6 **周易**　易経のこと。7 **売卜**　報酬を得て、うらないをすること。8 **煙管**　煙出し。煙突。9 **無辜**　罪のないこと。

にして、之れを救うの手段は唯教育の一法あるのみ。左れば老生が常に云う学問に重きを置くべからずとは、之を無益なりと云うに非ず、否な、人生の必要、大切至極の事なれども、之を唯一無二の人事と思い、他を顧みずして一に凝り固る勿れとの微意のみ。

今回大学部の入学生凡そ六十名、孰れも身体屈強にして才に乏しからず、数年の後に卒業してその所得を実地に利用し、一身の為めにして自から天下公共の裨益を致し、諸氏就学の家郷たる本塾の名声を発揚するのみならず、その家郷の客たらずして終身主人を以て自ら居らんこと老生の切望する所なり。又この六十名の中にも、才不才、固より等しかるべきにあらず、又或は就学中図らざる差支を生じて一時休学する者もあらんなれども、唯身体の屈強なるあれば仔々勉強して終に事を成すべきなれば、諸氏はその才の短なるを憂るよりも寧ろ体力の発達に注意し、常に学理に照して身の摂生を誤るなからんことこそ願わしけれ。又学問に凝る勿れの一義は、この大学部に於ても老生の宿説を渝えず。大学の学問も亦是れ一芸なれば、之を脩めて業を卒りたらば、深く之を内に蔵めて、外は活潑に世務に当り、天下無数の俗物と雑居して俗事を行い、互に相触れ相磨擦するの際に、自然にその俗をして正に帰せしめ、以て我学問の区域を拡むる事を謀るべし。古の英雄と称する人は、兵力を用いて政治上の征服を事としたる者なれども、吾々同学の士人は文を以て人を導き、文域を広くして共に文明の幸福を与にせんとする者なれば、今後の多事推して知るべし。老生は諸氏が心身の活溌強壮を以て能く之に当り、百難屈するなきを冀望する者なり。

1 **仔々** 孜孜に同じ。精を出してつとめ励むさま。

社中への呼びかけ

〔教職員、編集局員への年頭の挨拶〕

明治十一年一月十五日、福澤諭吉君より慶應義塾の教員及び民間雑誌編輯[1]の面々へ当て、左の案内状を順達したり。

各位益御清安奉拝賀。陳ば新年の甫、寛と御目に掛り、序ながら当年中、塾の事務並に雑誌編輯等の事に付ても御相談致度、旁以て粗末の食事用意いたし候に付、明後十七日午後四時拙宅へ御来集被下度、何も差上候品は無御坐候得共、唯一席の歓を共にするまでの事に候。何卒御繰合御出奉願候。この段乍略儀御連名に当て御案内申候。頓首。

一月十五日　　福澤諭吉

教員並に編輯課当連名

十七日案内の時刻に来集する者凡四十余名、現在塾中の教授及び編輯の事に関する人員のみ。座既に定りて福澤君左の文を読て演説せり。

明治十一年一月十七日　　　福澤諭吉

当塾も創立以来二十一年、慶應義塾と名を改めてより既に十一年を経たり。この二十一の星霜は古来日本国の歴史に於て最も騒々しき時間にして、その際には外国の交際を開き、内国の政治を変革し、議論の喧しきものあり、戦争の劇しきものあり、世事の紛乱、人心の動揺、振古無比[2]の一大劇場と云うべし。

抑も人の生は生れて死に至るまで眠食の数のみを以て計るべからず。一日に三度の食を喰い、一夜に一度び寝に就き、この食とこの寝との数を以てすれば人生の長短は計るべしと雖ども、

【四〇名余りの関係者を私邸に招いた際の演説草稿。『福澤文集 二編』所収。】

1 **民間雑誌**　明治七（一八七四）年二月、福澤により慶應義塾から創刊。当初は不定期刊行で、翌八年六月に第十二編で終刊。のち、明治十（一八七七）年四月から再度刊行されるようになり、週間雑誌、日刊新聞と刊行形態をかえながら、翌明治十一年、第一八九号をもって廃刊した。　2 **振古無比**　太古の昔から他にくらべるものがないほど。

その生の大小軽重は以て計るべからず。余輩の生に於て目的とする所は、蓋しその長短に在ずして大小軽重に在り。之を譬えば船の如し。船を造て水に浮れば、船は則船なれども、未だ以て船とするに足らず。よく風浪を冒して大海を渡り、海面に浪を破りたる痕跡を遺して、始て船の船たるを見るべきなり。之を要するに、人生の目的も唯この社会にその生の痕跡を遺すに在るのみ。彼の蠢爾[1]たる匹夫匹婦[2]が、蠢爾として五十年の眠食を計え、之を計え了して寺の土に帰するが如き、固より論ずるに足らざるのみならず、或は一層の高尚に上て、所謂隠君子[3]の隠然たる者と雖ども、尚これと共に語るに足らず。身、多少の智徳を懐き、之を懐いて人に示さず、生前に功なく、死後に名なし。捕鼠の猫よくその爪を匿す[4]と云うと雖ども、之を匿して鼠を捕ざれば、亦是れ実に無爪の猫のみ。無爪の猫を学ぶは余輩の取らざる所なり。

生の長短を算せずしてその軽重を計り、所得を内に包蔵せずして外に発露し、生々の痕跡を現在に示して未来に遺さんとするは、余輩の目的にして、然もこの事を行うに空前絶後の好機会とは、特に今の時を然りとす。人心動かざれば説を容るべからず、世態動かざれば事を為すべからず。然るに二十年以来、世態人心の動揺、今日に至て毫も鎮静したるに非ず。物として用いざるものなし、事として行われざるものなし。異説争論、未だ曾て勝敗を決してその止まる所を定めたるものあるを聞かず。恰も黒白幷び行われ水火居を同うする[5]の世の中と云うも可なり。この事勢に当り、苟も身に所得ある者にして、漠然無心、以て世間を傍観すべきや。須らく我説を説き我論を論じ、我物を用い我事を行い、天下の人心を籠絡して共に一国の勢力を張り、敢為進取、[6]以て海外の諸国と文明の鋒を争うべし。豈人生の一大快事ならずや。諭吉は特にこの一事に於て諸君と方向を共にせんことを欲するなり。

進取の方向、既に定りたり。又その方法なかるべからず。之を為んこと如何ん。曰く、細より大に至り、大を勉めて細を怠らざることなり。先ず塾中学問の事を論ぜん。我社中教員生徒、洋書を読み洋算[7]を研き、稍や高尚の域に進たる者、甚だ尠なからず。今日四十余名の客、一名として学者ならざるはなし。内客にして既に四十名、在外の社中を計れば枚挙に遑あらず。我社決して学者に乏しからずと雖ども、その学問なるもの、或は大を勉めて大を成し、唯その大に止て却て細を忘るゝの弊はなかるべきや。諭吉の深く恐るゝ所なり。世態の動揺とは世事の繁多なることなり、世事の箇条の増加したることなり。世事増加して繁多なれば、之に応ずる

1 **蠢爾** 小虫のうごめくさま。転じて、無知な者のさわぐさま。 2 **匹夫匹婦** 無知な男女。 3 **隠君子** 世俗を離れて暮らす高徳の人物。 4 **補鼠の猫よくその爪を匿す** ことわざ。すぐれた人物はその能力をひけらかしたりしないことのたとえ。 5 **黒白幷び行われ水火居を同うする** 相反するものが同じ場で行われること。 6 **敢為進取** 積極的に物事をおしすすめること。 7 **洋算** 西洋式の計算法。

の方便も亦繁多ならざるを得ず。然り而して滔々たる世の中の事は、悉皆高尚なるものに非ず。之を要するに唯一場の俗世界のみ。この高尚ならざる俗世界に接するに、我高尚なる学問のみを以てせんとするは、銘刀を以て厨下[1]の用に供せんとする者の如し。銘刀の鋭、固より尊ぶべし、之を擯斥するに非ず、益礪磨[2]を願うと雖ども、その刀の形を庖丁の風に装い、以て厨下に適せんこと、一大緊要たり。之を今日処世の要訣と云う。譬えば二十年前の学者なれば、唯難渋なる横文を読み、之を読てその義を解し、以て学者の名に恥じざりしことなれども、今や則ち然らず。読書を学び技芸を知り、兼て翻訳作文の術を勉めざるべからず。雅文を作るも尚俗に通じ難し。書翰の文体をも学ばざるべからず。手跡の巧拙、写本の醜美、是れ亦等閑にすべからず。雅文俗文自在なるも尚未だ足らず、演説の稽古、亦甚だ大切なり。啻に演説のみならず、応対進退、顔色容貌、書き物の読みよう、対話の語気、語音の正否に至るまで、一切これを些末として軽々看過すべき者なし。譬えば爰に二名の人物あり。その品行、学芸、文才、弁舌、正しく同一様にして釐毫[3]の優劣なしと雖ども、一名はその容貌野鄙にして怒るが如く、或は軟弱にして佞する[4]が如くに見え、一名は温雅秀麗にして士君子の風致に乏しからず、若くば簡易流暢して脱々落々の趣を存することあらば、凡そ世の中の人として、この二名の孰れを悦び、孰れに近づき、孰れの説を信じて、孰れと方向を与にすべきや。智者を俟たずして判断すべし。唯是れ外見の容貌風致なれども、その影響の事実に及ぶ所は甚だ容易ならず。交際法の穎敏緻密にして処世の大切なること、以て知るべし。二十年前に行われたる読書の一流は、以て今日の社会を貫くに足らざるなり。

著書新聞紙も、我所見を人に告げて之と方向を共にせんとするの趣意なれば、人間交際の一法たるに過ぎず。既に之を交際の法として視るときは、その交らんと欲する所の人品を察すること甚だ緊要なりとす。即ち読者の心事如何を測量し、正しくその適度に応じて、漸次に之を高尚に誘導することとなり。故に著書紙中の事柄は毫も著書に益する所あるに非ず、只管読者の便利を謀て斟酌する[5]所なかるべからず。編者の要訣は唯この一点に在るのみ。世上の著者記者、或はこの旨を誤り、殊更に難題を論じ難文を綴りて、社会の黒きものを白くせんとし、その短きものを無理に長くせんとして、之に従わざれば随て軽侮罵詈[6]する者なきに非ず。その趣は客を招待して門前に番兵を置き、却て之を叱咤するに異ならず。交際の法に非ざるなり。但し新聞紙編輯の事に就ては、頃日小幡氏並に劣姪中上川彦次郎、竜動より帰て種々見込もあること

1 **厨下** 台所。 2 **礪磨** みがかれること。 3 **釐毫** ごくわずかなこと。 4 **佞する** へつらう。おもねる。 5 **斟酌する** 相手の気持ちをくみとる。 6 **罵詈** 相手をののしって悪くいうこと。

なれば爰に詳論せず。又当春夏の際には津田純一氏[1]も亜国より帰り、次で小泉信吉氏[2]も英より帰るべし。編輯の諸君と与に商議[3]して、尚発兌の改革ありたきことなり。

右の如く塾中の学問も新聞紙編輯も、専ら世上の勢と背馳[4]せざらんことを勉め、之に背馳せざるの際に兼て又これを誘導し、遂に之と方向を与にして一国の勢力を振興維持すること、我社中の大快楽事、即ち人生を重大にしてその痕跡を著しくしたる者と云うべし。故に云く、事々物々、細より大に至り、大を勉めて細を怠るべからざるなり。云々。

1 **津田純一**　一八五〇（嘉永三）年—一九二四（大正十三）年。小幡仁三郎の没後それにかわって渡米し、明治十一（一八七八）年六月に帰国した。帰国後、兵庫県師範学校長、神戸中学校長を歴任。のち、中津高等女学校設立に尽力し、初代校長となった。　2 **小泉信吉**　本書三七頁注6参照。明治七（一八七四）年から明治十一年七月までイギリスに留学。　3 **商議**　相談すること。協議。　4 **背馳**　反すること。

明治十二年一月廿五日　慶應義塾新年発会之記

温故知新[1]、人間の快楽、何ものか之に若かん。本日新年の発会に付、聊か当塾の履歴を述べて、以て諸君の聴聞に供せんとす。蓋し衆客の内には本塾の起立[2]を知らざる者もあらん。加之その起立の時には未だこの世に生れざる者もあらん。既往を回想すれば事跡故しと云うべし。

抑も本塾の起立は今を去ること二十二年、安政五年午十月、旧中津藩の福澤諭吉なる者、大阪より東下して、江戸鉄炮洲の中津藩邸内に於て数名の学生を教えたるものに係る。この時には日本の洋学は唯和蘭書のみにて、英書を読む者とては全国中二、三名あるか、迚も指を屈す

【この年の新年会における演説の筆記である。この時、義塾は高進中のインフレーションによる財政難に苦しめられていた。『福澤文集 二編』所収。】

1 **温故知新**　古きをたずねて新しきを知る。昔の物事に習熟して、新しい知識を得る。 2 **起立**　新たにおこすこと。創立。

るの数はなかりき。同年は亜米利加を始五ヶ国と条約を取結び、外国人の渡来する者も次第に多く、之が為め世上一般学者の考にも、英書を読むことの必要なるを悟りて之に従事する者少なからず。本塾に於ても首として蘭学を廃して専ら英書を講じ、二年を過ぎ三年を経るの間に、稍やその文をも解するの場合に至りし処へ、爰に一の困難事は、世上一般に攘夷の議論沸騰して、洋学者の名有者は、その人物の良否を論ぜず、その思想の如何を問わず、概して之を目して尊王攘夷の敵と視傚し、甚しきは洋学者にしてその生命を安んずること能わざる程の勢なりしかども、之を敵視する者あれば又随て之を友視する者もありて、塾の学生は次第に増加し、鉄炮洲藩邸の塾舎にて内外常に百余名の学生あり。

百余名の学生は固より世上の輿論[1]に敵視せらるゝ者なれども、此方にては敢て輿論に敵するの意もなく、唯艱難を忍んで学業を勉め、以て自から期する所を期し、英文を講ずることも次第に上達の勢なりしが、又爰に一大事変は、慶応の末、明治の初、王制維新の騒乱、社会の機関、一時に破れて、人心、適する所を失い、天下、武を知て文を知らず、旧幕府の開成校も土崩瓦解、況や他の私塾をや。大都会中、復た一所の学校を見ず、一名の学者に逢わず。本塾百余名の学生も次第に分散して僅に数十名を残すのみなりしかども、尚その所期を変ずる能わず。社中商議して慶応三年卯十二月鉄炮洲を去り、芝の新銭座に地を卜して新に学塾を営み、土木功を竣めたるは実に明治元年四月某の日にして、東征の官軍正に箱根を越え、船橋市川に脱走兵の戦うあり、上野に彰義隊の屯すありて、東京城市、風雨腥きの時[2]なり。蓋しこの新築の塾を慶應義塾と名けたるは、当時未だ明治改元の布令なきを以てなり。

この時に当て旧幕府の旧物は既に廃して、新政府の新令は未だ行われず、大学未だ立たず、文部未だ設けず、恰も文物暗黒の世なりしが、我社中は誓て日本文学の命脈をして一日も断絶せしむるなからんを期し、凡そ騒乱の初より明治元年偃武の時[3]に至るまで、塾則定式の休暇に非ざれば嘗て休業したることなし。現に〔五〕四月十五日、上野の彰義隊を撃つの日にも、本塾の講堂にては偶ま「ウェーランド」氏の経済論[4]を輪講するの定日に当り、砲声を聞き烟焰を見ながら講席を終りたることあり。当時在塾の社中は必ず之を記憶に存し忘るゝこと能わざるべし。

兵乱既に平らぎ、新政府の基礎は益堅固にして、百事一時に挙り、世の文運も亦随て盛隆を致し、千里笈を担うて入社する者、年々百を以て計え、新銭座の旧塾も狭くして入社生の需に応ずるに足らず、依て明治四年、官より特別の保護を以て当三田の地面を貸渡たされ、次

1 **輿論**　世間の人々の意見。世論。　2 **風雨腥きの時**　世の中が殺伐としている時。　3 **偃武の時**　戦争終結の時。　4 **「ウェーランド」氏の経済論**　F・ウェーランドの『経済学』のこと。

て又低価を以て払下げと為り、社中の尽力にて建物を営み書籍等を備え、常に三百余の学生を教えて、今年に至るまで全八年を経たり。即ち今日の会は開塾以来第二十二年、慶應義塾改名より第十二新年の発会なり。新に逢うて旧を想う。人間の快楽これに過るもののあるべからず。諭吉も亦幸に健康無事にして、諸君と共にこの快楽を与にするその中心の喜悦は、口に云うべからず、筆に記すべからず。唯衆客の忖度[1]を待つのみ。

末文に尚一言することあり。抑も我慶應義塾の今日に至りし由縁は、時運の然らしむるものとは雖ども、之を要するに社中の協力と云わざるを得ず。その協力とは何ぞや。相助ることなり。創立以来の沿革を見るに、社中恰も骨肉の兄弟の如くにして、互に義塾の名を保護し、或は労力を以て助るあり、或は金を以て助るあり、或は時間を以て助け、或は注意を以て助け、命令する者なくして全体の挙動を一にし、奨励する者なくして衆員の喜憂を共にし、一種特別の気風あればこそ今日までを維持したることなれ。今や前後入社生の散じて日本国中に在る者四千名に近し。その中には往々社会上流の地位に居て事を執る人物も亦少なしとせず。実に我社中の如きは天下到る処同窓の兄弟あらざるの地なしと云うも可ならん。人間無上の幸福と云うべし。我輩既[2]にこの幸を得たり。豈偶然ならんや。されば今後とてもこの兄弟なるもの、益相親み益相助けて、互にその善を成し、互にその悪を警しめ、世に阿ることなく、世を恐るゝことなく、独立して孤立せず、以て大に為すあらんこと、諸君と共に願う所なり。既往を悦ぶの余り兼て又将来の企望を記し、以て本日の演説を終う。

1 **忖度**　推察。他人の心中を推測すること。

2 **我輩**　ここでは、われわれ、われらの意。

〔気品の泉源、智徳の模範〕

左の一編は十一月一日、慶應義塾先進の故老生が懐旧会とて芝紅葉館[1]に集会のとき、福澤先生の演説したるものなり。

老生の演(の)べんとする所は、慶應義塾の由来に就(つ)き、言(げん)少しく自負に似て俗に云(い)う手前味噌(てまえみそ)の嫌(きらい)なきに非(あら)ざれども、事実は座中諸君の記憶に存する通り聊(いささか)も違(たが)うことなく、且(か)つ今夕は内輪の会合にして他に憚(はばか)る所もあらざれば、過ぎし昔の物語も吾々には自(おのず)から一入(ひとしお)の興味あるべし。抑(そもそ)も人間世界は苦中楽あり。今を去ること三十年、我党の士が府下鉄砲洲(てっぽうず)の奥平藩邸を去て芝新銭座(しんせんざ)に移り、匆々(そうそう)一小塾舎を経営して洋学に従事したるその時は、王政維新の戦争最中、天下復(ま)た文を語る者なし。況(いわ)んや洋学に於(おい)てをや。時論は攘夷(じょうい)の頂上に達し、洋学者の如(ごと)きは所謂(いわゆる)悪魔外道の一種にして、世間に容(い)れられざるのみか、又随(したがっ)てその悪(にく)む所と為(な)り、時としては身辺の危険さえ恐ろしき程の次第なりしかども、人生の性質は至極(しごく)剛情なるものにて、世人が概して自分等を敵視すれば、その敵意の盛なる程に此方も亦窃に之に敵するの心を生じて、公然力を以てするは固より叶わざる所なれども、心の底には他の無識無謀を冷笑すると共に、故さらに勉めてその言わざる所を言い、その好まざる所を行い、一切の言行を世論の反対に差向けて意気劇烈、些少も仮す所なく、満天下を敵にするの覚悟を以て自から居たるこそ一時の奇なれ。蓋し我党は夙に西洋文明の真実無妄なるを知り、人間の居家処世より立国の大事に至るまで、文明の大義を捨てゝ他に拠るべきもののなきを信じて、世の俗論、古論、保守論を悦ばざることとなれども、その文明論の極端を公言して人心を激したるは、亦是れ人生の獣勇[2]、闘争を好むの情に出たることならんと、今より回想して自から悟る所なり。然りと雖もこの獣勇、決して無益ならず。当時我党の士は天下の俗論古論者に敵すると同時に、一方には彼等を網羅して之を諭し、その古来徹骨の蒙を啓て[3]我主義に同化せしめんとの本願なれば、四面暗黒の世

【慶應義塾旧友会における演説。明治二十九（一八九六）年十一月三日付『時事新報』に掲載。タイトルとした文中の語句は、今日でも塾生・塾員のモットーとしてよく口にされている。】

1 紅葉館　明治十四（一八八一）年に開業した純日本風高級社交場。芝の紅葉山（現在の東京タワー付近）にあった。**2 獣勇**　獣のような荒々しい気性。**3 徹骨の蒙を啓て**　骨身にしみわたった無知をひらき、教え導いて。

の中に独り文明の炬火[1]を点じて方向を示し、百難を冒して唯前進するのみ。兵馬騒擾の前後に、旧幕府の洋学校は無論、他の私塾家塾も疾く既に廃して跡を留めず、新政府の学事も容易に興るべきに非ず、苟も洋学と云えば日本国中唯一処の慶應義塾、即ち東京の新銭座塾あるのみ。世人は之を目して孤立と云うも、我れは自負して独立と称し、在昔欧洲にてナポレオンの大変乱に荷蘭国の滅亡したるとき、日本長崎の出嶋には尚おその国旗を飜して一日も地に下したることなきゆえ、荷蘭は日本の庇蔭[2]に依り、建国以来曾て国脈を断絶したることなしとて、今に至るまで蘭人の記憶に存すとの談あり。同志の士は是等の故事を物語りして、我慶應義塾は荷蘭の国旗を飜したる出嶋に異ならず、日本の学脈を維持するものなりと、敢て自からその任に当りて、ます〳〵新知識の輸入に怠らざる中にも、従前徳川時代の洋学は医術を始めとして、化学、窮理、砲術等、多くは物理器械学の辺を専らにしたるものを、慶應義塾は一歩を進めて世界の地理、歴史、法律、政治、人事の組織より経済、脩身、哲学等の書を求めてその講読に着手し、現に英語に云うポリチカル・エコノミー[3]を経済と訳し、モラル・サイヤンス[4]を訳して脩身学の名を下したるも慶應義塾の立案なり。その他英語のスピーチュ[5]に演説の訳字を下して会議演説の趣意を説き、あらゆる反対論を排して今日世間に普通なる彼の演説法を教えたるも義塾にして、スチーム[6]を汽と訳し、コピライト[7]を版権と訳したるも義塾の発意なり。凡そ是等を計れば枚挙に遑あらず。同志結合、力のあらん限りを尽して文明の一方に向い、一切万事その旧を棄てゝ新是れ謀り、以て日本全社会の根底より面目を改めんと試みたるその企望は、実際に於て固より微力の及ぶべき限りに非ず、唯是れ一時の空想に似たりしかども、爰に驚くべきは我日本国民の資質剛毅にして頑ならず、常にその固有の気力を保つと同時に、慧眼[8]能く利害の在る所を察して、王政の一新と共に民心も亦一新し、文明の進歩駸々として我党の空想を実にしたるのみか、却てその空想者の思い到らざる所にまで達して、遂に明治の新日本を出現したるこそ不思議の変化なれ、望外の仕合なれ。前後の事情を回想すれば感極まりて唯涙あるのみ。畢竟時運の然らしむる所なりと云うも、素因なくして結果はあるべからず。吾々は今日に居て只管先人の余徳その遺伝の賜を拝する者なり。左れば我党の士が旧幕府の時代、即ち彼の鉄砲洲の塾より新銭座の塾に又今の三田に移りし後に至るまでも、勉強辛苦は誠に辛苦なりしかども、首を回らして世上を窺い、文明の風光次第に明にして次第に佳境に入るを見る

1 **炬火** たいまつ。かがり火。 2 **庇陰** かばい助けること。お蔭。 3 **ポリチカル・エコノミー** political economy（経済学）。 4 **モラル・サイヤンス** moral science（修身学）。 5 **スピーチュ** speech（演説、講演）。 6 **スチーム** steam（蒸気）。 7 **コピライト** copy right（著作権、版権）。 8 **慧眼** 物事をよく見通す、すぐれた眼力。鋭い洞察力。

は、畢生の大快楽事にして譬えんに物なし。苦中楽ありとは即是れなり。然りと雖も人生の多情多慾なる、殆んど飽くことを知らず。今日の慶應義塾を見るに、その学事は凡そ資金の許す限りに勉めざるはなし。否な、世間普通の官私諸学校に比すれば資力以外の事にまで着手して見るべきものありと雖も、天下の時勢、尚お未だ独立の学校事業に可ならずして、経済の不如意と共に学事も亦不如意の歎を免かれず。又教場の学事は殆んど器械的の仕事にして、僅に銭あれば以て意の如くすべしと雖も、我党の士に於て特に重んずる所は人生の気品に在り。抑も気品とは英語にあるカラクトル[1]の意味にして、人の気品の如何は尋常一様の徳論に喋々する善悪邪正など云う簡単なる標準を以て律すべからず。況んや法律の如きに於てをや。固よりその制裁の及ぶべき限りに非ず。恰も孟子の云いし浩然の気[2]に等しく、之を説明すること甚だ難しと雖も、人にして苟もその気風品格の高尚なるものあるに非ざれば、才智伎倆の如何に拘わらず、君子として世に立つべからざるの事実は、社会一般の首肯[3]する所なり。幸にして我慶應義塾はこの辺に於て聊か他に異なる所のものを存して、鉄砲洲以来今日に至るまで固有の気品を維持して、凡俗卑屈の譏を免かれたることなれども、元来無形の談にして、口以て言うべからず、指以て示すべからず、仏者の語を借用すれば以心伝心の微妙、義塾を一団体とすればその団体中に充満する空気とも称すべきものにして、畢竟するに先進後進相接して無形の間に伝播する感化に外ならず。然るに今老生は申すまでもなく、座中の諸君も頭髪漸く白し。況んや老少不常[4]にして、先年既に小幡仁三郎、藤野善蔵、蘆野巻蔵、村尾真一、小谷忍、馬場辰猪等の諸氏を喪い、又近年に至りては藤田茂吉、藤本寿吉、和田義郎、小泉信吉、野本貞次郎、中村貞吉、吉川泰次郎氏等[5]の不幸を見たり。蓋し人の死するは薪の尽るが如く、その死後の余徳は火の尽きざるが如しと云うと雖も、薪と火と共に消滅するの虞なきに非ず。従前既に幾多の名士を喪い、今又老生と諸君と共に老却[6]したり。自然の約束に従て次第に世を去りたらば、跡に遺る壮年輩を如何すべきや。壮年の活潑、能く吾々長老の遺志を継ぐべしと信ずれども、全体の気品を維持して固有の面目を全うせしむるの一事は、特に吾々先輩の責任にして、死に至るまで之を勤るも尚お足らざるを恐るゝ所のものなり。吾々の生前果して能くこの責任を尽し了りて、第二世の長老を見るべきや否や。之を思えば今日進歩の快楽中、亦自から無限の苦

1 カラクトル character（品性）。 **2 浩然の気** 正しい心によって養われた、広く豊かな気。『孟子』公孫丑篇上に見える言葉。 **3 首肯** 承知すること。 **4 老少不常** 老少不定。人間の寿命は老年と少年とに関わらず、誰が先に死ぬか、全くわからない。人生の無常をいう。 **5 小幡仁三郎……吉川泰次郎氏等** いずれも早世した塾員。この内、小幡、馬場、和田、小泉については本書一八五―二〇五頁を参照。 **6 老却** 年をとること。

痛あり。老生の本意はこの慶應義塾を単に一処の学塾として甘んずるを得ず。その目的は我日本国中に於ける気品の泉源、智徳の模範たらんことを期し、之を実際にしては居家、処世、立国の本旨を明にして、之を口に言うのみに非ず、躬行実践、[1]以て全社会の先導者たらんことを期する者なれば、今日この席の好機会に恰も遺言の如くにして之を諸君に嘱托するものなり。[2]

この一巻は明治二十九年十一月一日、慶應義塾の老書生の懐旧会に於て、福澤先生の演説せられたる手書の原稿なり。この会は旧鉄炮〔砲〕[3]洲以来新銭座[4]に至るまで在塾せる老書生の会合にて、当日の席次は長幼[5]の別に依らず、入社帳記入の前後にて定むるなど、宛然[6]当時の塾生時代を見るの概あり。余もその席末を汚せしが、先生演説の末項、老生の本意はこの慶應義塾を単に一処の学塾として甘んずるを得ず。その目的は我日本国中に於ける気品の泉源、智徳の模範たらんことを期し、之を実際にしては居家、処世、〔立国〕の本旨を明にして、之を口に言うのみに非ず、躬行実践、以て全社会の先導者たらんことを期する者なれば、今日この席の好機会に恰も遺言の如く〔に〕して之を諸君に嘱托するものなりの一段に至りては、感極まりて為めに落涙する者あり。余深く感激してその原稿を先生に乞い、家に珍蔵[7]せり。懐旧会もその後開会の機会なき中に先生の長逝せられて、この演説は先生の実に遺言と為れり。依て之を一家に珍蔵せんより社中と共に長く紀念とするの至当なるを思い、今回慶應義塾図書館の落成に際し、その次第を略記して之を寄贈すと言う。

明治四十五年三月　日

社末　岡本貞烋[8]記

1 躬行実践　自分で実際に行動すること。実践躬行。**2 慶應義塾を単に一処の……嘱託するものなり**　今日「慶應義塾の目的」と呼ばれている福澤の書幅は、この演説の結びをほぼそのままにしたためたものである。口絵参照。**3 鉄炮洲**　現在の東京都中央区湊町、明石町付近。江戸時代、幕府の鉄砲方が大砲の演習をした地。安政五（一八五八）年、福澤がここにあった中津藩中屋敷内に蘭学塾を開いた。**4 新銭座**　現在の東京都港区浜松町付近。慶応四（一八六八）年、福澤はこの地に英学塾を移転して、「慶應義塾」と名付けた。**5 長幼**　年上の者と年下の者。**6 宛然**　あたかも。まさにそのままであるさま。**7 珍蔵**　珍しいものとして大切にしまっておくこと。**8 岡本貞烋**　一八五三（嘉永六）年―一九一四（大正三）年。実業家。小田原藩公費生として慶應義塾に入学。福澤から交詢社創設事務の担当を委嘱され、事務局の中心となった。また『時事新報』では印刷長となった。帝国海上火災、鐘淵紡績、台湾製糖、千代田生命保険、東洋印刷、豊国銀行、台南製糖などの取締役、監査役、相談役他を歴任した。

〔故緒方洪庵先生懐旧集の文〕

毎年六月十日、十一月十日は故緒方洪庵先生の懐旧集とて、在東京の旧門人、駿河台の緒方家に集会するの例あり。去る十日はその定日にて、福澤諭吉君も出席せり。その席にて同君の認めたる懐旧集の文を左に記す。

読書生の性は蝦蟇に異なり。前年余輩[1]が大坂の適塾（緒方洪庵先生の学塾）に居てぎゃあ〳〵書を読みしは、おたま杓子が小溝に群鳴するに異ならず。既に塾を飛出してその行く所を知らず、物換り星移りて一時は全く跡を絶ちしが如くなりし者も、今日偶然此処に会すれば座中幾多の先生を出現して又昔日の青書生[2]に非ず。官員の如き者あり、大将の如き者あり、医者の如きあり、町人の如きあり、此は学校の教師なり、彼は会社の支配人なり。種類不同、千態万状[3]にして恰も同一の塾窓より醸し出したる品物とは思われず。之を彼の、おたま杓子が何様に離散集合するも到底一色の蝦蟇たるに比すれば、その趣万々[4]同日の論に非ず。[5]読書生の性とその成行きは蝦蟇に同じからざるなり。然(しか)りと雖(いえ)ども今日のこの席は、余輩が今日の有様を以(もつ)て会するに非ず。必〔畢〕竟前年の適塾に群鳴したる、おたま杓子の集会なれば、座客互(たが)いに相(あい)先生視することなく、又役人視すること勿(なか)らんを欲するのみ。

旧適塾の食客生6　福　澤　諭　吉　記

【『家庭叢談』明治九（一八七六）年十一月十三日、第二十一号に掲載。】

1 **余輩**　ここでは、われら、われわれの意。 2 **青書生**　学問の未熟な書生。青二才。 3 **千態万状**　種々さまざまの状態。千状万態。 4 **万々**　決して。 5 **同日の論に非ず**　まったく違っていて同じ扱いはできない。 6 **食客生**　他人の家に住み込み、衣食の世話を受ける者。

〔旧同窓の学友相会するの楽み〕

凡そ人間に快楽多しと雖も旧同窓の学友相会するの楽みに若くものなし。相会して互に相見れば復た呉下の阿蒙[1]に非ず。座中、教師あり、商人あり、政治家あり、実業家あり、目下の境遇甚だ同じからずと雖も、旧を語れば則ち君と僕にして、春風花下の遊、冬夜炉辺の談、その情の濃なる他人の得て知る所にあらず。恰も是れ学生専有の一大楽事と云うも可なり。

滔々[2]たる俗界の人は斯る事実を知らざるのみならず、目下この学生等の職業相同しからざるを見て漫に品評を下だし、是れは学者なり、其れは商人なり、又工業家なりとて之を区別し、然かもその区別の中に所謂学者をして上座を占めしむるもの丶如し。

【時事新報社原稿用紙にしたためられた自筆墨書の未完草稿。】

1 呉下の阿蒙　昔のままで進歩しない人のこと。　2 滔々　広大なさま。

塾生に対する訓話

〔塾政の自治〕

左記の文は本月十一日、慶應義塾の演説館に於て、福澤先生が同塾の学生に演説したる大意の筆記なり。

近来政治上に自治と云うことあり。自治とは他人の厄介に為らずして自から自分を支配するの義にして、この一義は啻に政治上に行わるべきのみならず、我慶應義塾に於ては特に必要を感ずるものなり。人智の未だ進まざる間は国民の自治難しと雖も、文明漸進の今日に至れば、各地方にてもおの〳〵議会など設けて自から公共の事を始末せんとするの時節に当り、徳義も智識も国中の最上を以て自から任ずる学塾に、自治の要用にして且その事の行われ易きは論を俟たずして明なるべし。例えば本塾の如きも一家塾の次第に発達したるものにして、今日と為りては最早や一家の主人にて支配すべきに非ず、又実際に於て支配の行届くべきにもあらざれば、近年漸く組織を改め、[1]塾員全体の議に由りて支配することゝ為し、評議員会を以て重要の塾務を議定し、又一方には学資募集の事[2]を始めて永年維持の法を謀る等、次第に私家の姿を変じて公共の体裁を成さんとするに至りしは、之を名けて塾政の自治と云わざるを得ず。即ち本塾は一個人の私有にあらず、塾員維持員の意に任せて処分することとなれば、塾に関する公共の人々が塾と名くる公共の事を自分に支配するものなりと云うも可なり。

左れば今満堂の学生諸君は、今日こそ塾門に入学して教場の教を受け塾則の支配に属すと雖も、学成り塾を去るときは終身塾員と為り又維持員と為るべきは無論、生誕の故郷は何れの国何れの地にあるも、学育の故郷は東京三田の慶應義塾に在り、学問研究の辛苦も義塾にあり、親友談笑の快楽も義塾にあり、失策も義塾にあり、得意も義塾にあり、一苦一楽、一談一笑、終身の記念は塾に在るの日に多くして、終に忘るべからざるものなれば、この学育の故郷たる

【原題はない。冒頭に記されている日付から、明治二十三（一八九〇）年十月十一日の三田演説会における演説の大意であろうと思われる（『三田演説会資料』慶應義塾福澤研究センター資料4による。以下の推定もすべてこの資料による）。三田演説会での表題をタイトルとした。同年同月十六日付『時事新報』に掲載。】

1　近年漸く組織を改め　明治二十二年八月に慶應義塾規約を制定したことをさす。この規約にもとづき選出された評議員による第一回の評議員会が、同年十月十日に開かれた。**2　学資募集の事**　明治二十三年発足の大学部設置に当たって募集した慶應義塾資本金のこと。

本塾の気風をして美ならしむると醜ならしむると、その利害の帰する所は、他にあらず、唯諸君の自身に在るのみ。慶應義塾の塾風腐敗して、懶惰[1]なり、粗野なり、無智なり、不徳なりと云わんには、諸君も斯る腐敗塾に居るを快とせざるや疑なしと雖も、そのこれをして腐敗せしむる者は誰ぞや、塾生を計え尽せば塾を見ず、腐敗の責の帰する所、明に知るべし。老生は唯諸君の身の利害に訴え、その自から重んじて君子の風を存し、以て本塾を君子にせんことを祈るものなり。或は大勢の学生中に二、三の粗暴者、醜行者あるも、衆目を瞞着[2]して通過すべしとの計算は、全く無益の沙汰にして、之を喩えば百円一束の紙幣中に二、三片の贋札を加えて通用を祈るに異ならず。世間の衆目穎敏にして一枚の贋札を許さゞるのみならず、その一枚の不良なるが為めに他の九十九枚までも疑念を被るを常とす。故に本塾の学生中不幸にしてその言行の鄙劣なる者あらば、その譏は本人の一身に止まらずして学生全体の栄誉に関し、取りも直さず学育の故郷を汚すものなれば、同学の義務として相互に之を責めざるを得ず。

抑も老生が学生に向て求る所は多にして酷なるが如くなれども、任ずること重ければ責も亦大ならざるを得ず。老生を始めとして教員役員の人々が学生を視ること死物の如くし、その心身を束縛して自由を許さず、之を鞭撻して進退左右せしめんとすれば、必ずしもその心事の如何を問わず、唯表面の塾法に従て温順なれば以て満足すべし。学生も亦この塾を視て仮の宿と認め却て安気なるべしと雖も、左りとは貴重なる日月を費して学塾に居ながら卑屈の習慣を養うに異ならず、学者の本意に背くものと云うべし。故に老生は諸君に向て在学中塾法に従うは勿論、啻に之に従うのみならず、更に一歩を進め塾の一部分は銘々の私有なり、之を集れば共有なりと覚悟して、苟も自治の旨を忘るゝなからんことを勧告する者なり。諸君を責ること酷に似たるは畢竟これを重んずるが故なり。呉々も自から軽んじて身を汚し、随て学育の故郷を辱しむる勿れ。

1 **懶惰** 「らいだ」とも。不精。怠けること。 2 **瞞着して** あざむいて。

〔人の権利は厘毫の軽重あるべからず〕

前会には学者の健康など申して少々理論がましき事を陳べたれども、今夕は論緒を転じて通俗の平易談に及ぶべし。扨学生諸君が本塾に在るは十五歳以上二十五歳以下にして、三十歳なる者は甚だ稀なり。在塾凡そ三、四年乃至五、六年、百般の思想発生の時にして、後年の悪習慣に流るゝも良習慣を成すも正にこの時に在ることなれば、在塾の日月は生涯の中にも最も大切なる日月として常に注意する所なかるべからず。例えば爰にその二、三を挙げて言わんに、塾の規則に金銭の貸借を禁ずとあり。即ち学生は家の父兄より入用丈けの学費を給与せられて勤学する者なれば、他人に金を借用するにも及ばず、又他人に金を貸すの義務もなし。況んや学生相互の間に於てをや。一切貸借の要用あらざれば、塾則に之を禁じたることなり。蓋し目的もなく漫に金を借用してその返済に困り、遂には之が為めに借主貸主の間に苦情を生じて事を破り、甚だしき〔は〕双方の友情をも害するが如きは人生に珍らしからぬことなれば、一時の便利の為めに一寸他人の金を借用するの悪風俗は、在塾の中より之を避けて生涯の習慣を成さゞるよう注意ありたきことなり。

又長者を敬するは人生の徳義に欠くべからざる所なれども、その敬礼にも自から際限なかるべからず。苟も至当の礼儀を失わずして交際の法に背かざる限りは夫れにて事足るべし。塾中にて云えば、久しく塾に居る学生は長者にして、新来生は少者の如くなれども、その人の権利は厘毫[1]の軽重あるべからず。学識の浅深は唯学問上の問題にして、人権の軽重に縁なし。在昔漢学の塾などにては、学生等が入学の前後を以て恰もその身の地位を殊にし、新来生の難渋せしもの少なからず。長者を敬するの余弊[2]と云うの外なし。本塾にては多年の習慣にて斯る醜聞は聞かざる所なれども、毎月新来生も多きことなれば、塾風不案内の為めに或は不愉快を感ずる者もあらんかと老生の心配する所なり。苟も他人の権利自由を妨げずして交際上の敬礼を失わざる限りは、自家の権利自由は人に仮すべからず。この一義も亦啻に在塾中の心得のみならず、諸君生涯の行路に、人に接して貧富貴賤、強弱大小の差異あるべきその社会に立て、守る

【原題は「(明治二十三年)十一月八日慶應義塾演説筆記」。これは同日の三田演説会における演説であろう。同(一八九〇)年同月十七日付『時事新報』に掲載。】

1 **厘毫** わずか。ほんのすこし。 2 **余弊** ある物事に伴って生じた弊害。

べきは自家の権利自由なるが故に、在塾の時より之を重んずるの習慣を養い、身を慎み礼儀を貴ぶと同時に、独立不羈[1]の気象に餒る勿らんこと、老生の冀望する所なり。

又学生の学費は凡そ一箇月七、八円、一年にして百円内外なるべし。その出納とても簡単至極なれども、尚おこの際に経済の思想はなかるべからず。一帖の紙、一本の筆も、之を買うにはその価の高低を考えざるべからず。物を買うに漫に価の外に銭を貪らるゝは愚なれども、買者の脳裡に物価の思想なくして漫に低価を命じ、百と云えば五十にねぎり、五十と云えば二十五にねぎるが如き、之を評して田舎漢の愚と云わざるを得ず。世人は大抵皆商人と為りて物を売るの難きを言えども、何ぞ料らん、之を買うの難きは之を売るの難きに異ならざるものあり。左れば学生諸君が些少の銭を以て些少の物を買うにも、至当の価を払うて愚を免かるゝは、生涯の居家処世に容易ならざる利益を与うることなれば、一箇月に八円を出納するは政府が八千万円の歳計を理するに異ならずと思い、塾に居ながら経済実地の脩業肝要なるべし。

又本塾には稀なる場合なれども、学問脩業の身にして銭を軽んじ、動もすれば修業金を浪費して身を誤る者なきに非ず。今その然る所以を案ずるに、種々様々の原因ありと雖も、老生が少年学生たりし時より今日に至るまでの経験を以てするに、当人の志大ならざるが故なりと断定せざるを得ず。その理由如何と云うに、学生が脩業中に金を浪費したりと云うも、その高何程なるべきや。今日にて申せば一年の学費百円なるべきものが、二百円を費し三百円を散じたりと云うまでにして、五百円の金は迚も一書生の分にあらず。要するに余計の金を失うこと百円か二百円にして、家郷の心労は容易ならず、父母泣き、親戚相談し、態々人を東京に遣わして愛児の挙動を察し、又これを譴責[2]するなど、中々の混雑なり。蓋し家郷にては敢てその金を愛しむにはあらざれども、児の散財に就てその心事の如何を心配するのみ。斯くまでに父母親戚を悩ましたる散財にて、当人の身に如何なる快楽あるやと尋れば、云く、流行の衣服一揃を新調したり、云く、蝙蝠傘の上等を携え、ゴム靴一足を注文し、表付の下駄一足を調えたり、云く、西洋料理店にてビールの代を多く払うたり、銀側の時計を求めたり、二人引の人力車に乗て芝居見物に行きたり云々に過ぎず。唯一箇月に十円か二十円の臨時費に、既に学生たるの性質を破壊して終身を誤り、世間の信用を失うとは笑止千万ならずや。若しもこの書生〔に〕して平生の口吻に言うが如き志あらんには、一月七、八円の送金少なしと雖も、之を費して業を修るその間にも、他年一日八千円を散財し、八万円を処分し、八十万円の貸借は如何すべきや云々と、無限の空想を画いて、又古今先人の事蹟を案じ、その空想を実ならしめんとして精

1　**独立不覊**　「不覊」は束縛されないこと。独立自尊に同じ。　2　**譴責**　良くない行いや非をとがめること。

神上無限の快楽を催おし、彼の一箇月一、二十円の銭を費すが如(ごと)きは、之(これ)を思うて自(みず)から赤面すべき筈(はず)なるに、その然(しか)らずして浮世の小散財に齷齪(あくせく)するは、畢竟(ひっきょう)その志の小なる者と云(い)わざるを得ず。老生常に云えることあり、人生は須(すべか)らく一文おしみの百知らず[1]なるべしと。一文の銭は謹んで之を大切にして苟(いやしく)も棄(す)つべからざれども、之を積んで家を成したる上は時として大に財を散ずるの覚悟なかるべからず。世上無数の風流才子、身辺僅(わずか)に一、二百円のものを装い飾りてその美悪に心を労し、万円以上の金の談あれば取るにも失うにも相談の出来難きもの、比々[2]皆是(こ)れなり。一文に勇にして百に怯なる者[3]と云うべし。学生諸君に於ても在学のその時よりこの辺に勇怯を区別して志の大ならんことを老生の呉々(くれぐれ)も祈る所なり。

1　**一文おしみの百知らず**　ことわざ。わずかな銭を惜しんで、後で大損をすることに気づかぬ愚をいう。
2　**比々**　あれもこれも。
3　**一文に勇にして百に怯なる者**　わずかな金額には大胆だが、金額が高くなると臆病になる者。

〔郷里への文通を勧告す〕

老生は敢て学生諸君に向て二十四孝[1]流の孝行を勧るものに非ず。都て古人の教には、俗に云う掛直[2]の多きものにして、後世の人がいよいよその教の通りに身に行わんとするも、迚も実際に叶わざるのみか、強いて之を勉めんとすれば、生きたる甲斐もなき程の苦痛を感ずるに至るべし。畢竟無理なる注文にして、彼の二十四孝の如きもその注文の一例として視ざるを得ず。老生は既に老人にして孝行すべき父母とてはなく、唯子供に向て孝行を促がすべきのみなれば、専ら孝行論を論ずることこそ利益なる割合なれども、求めて得ざることは言うも無益なりとして之

【原題は「〔明治二十三年〕十一月二十二日慶應義塾演説」。これは同日の三田演説会における演説であろう。同（一八九〇）年十二月一日付『時事新報』に掲載。】

1 二十四孝　中国で孝行者として名高かった二四人の伝記を集め記した説話集。中世以降、日本でも広く読まれ、諸書に引かれた。**2 掛直**　掛値。物事を大げさにいうこと。

を見合せ、今の人間世界の実際に行わるべき孝道を説くべし。扨諸君が遠く故郷を離れて東京に遊学すれば、家に在る両親又は両親同様の親戚兄弟朋友は如何の思いを為すべきや。学問脩業とあればその成学を祈るは勿論、唯学業の勤怠のみならず、身体の安否も甚だ関心にして片時も忘るべからず。尚お一歩を進めれば東京の繁華、日本国中に比類なく、文明開化盛なりと雖も、一方より見れば日本第一悪風俗の源泉にして、殊に少年の徳義を破壊するに最も適当の屠場なりとの報告も少なからず。此れを思い彼れを懐えば、寧ろ修業を止めて膝下に呼返さんかと一度は決したれども、左りとては今の世界に最愛の子を無学にして生涯立身の道を断絶するも亦憐むべし。遠方に手放すは不安心なり、之を呼返すは当人の為めに不利なり、一進一退、心緒乱れて麻の如くなるは、老生の推察して違わざる所ならん。左ればこの時に当り遊学生たる者は如何して父母の心を安んずべきや。第一に身体の健康を維持して学業の辛苦に堪るの法を案じ、日々の運動怠るべからず。身体既に屈強にして学事に勉強すれば、その勉強中自ら無限の快楽ありて、東京の繁華亦酔うに足らず、身は東京に居ながら眼中東京なきに至るべし。是即ち家郷の父母に対する孝行の捷道にして、且その事の容易なる、彼の二十四孝と同日の論にあらず。尚おその上にも老生が特に諸君に勧告するは、家郷へ文通を頻繁にするの一事なり。学生が在学中、身体健康なり、学業勉強なり、品行壊れず、運動怠らずと云うも、家郷の父母は昨日これを聞いて又明日を掛念し、その心配は日々に生じて又日々に生ずるものなれば、今の郵便法こそ幸なれ、一箇月中に五度も八度も手紙を出し、如何なる細事情をも報知して父母の心を慰むべし。余り毎度の事にして書くべき要用もなきときは、要用なしと報じて可なり。此方より音信すれば家郷よりも返書の到来するは勿論のことにして、斯く互に文通するその中に、父母はいよ〳〵子を思い、子はます〳〵故郷を忘れず、異郷に居ながら家に在るが如く、相互いの情を断絶することなく、他年学成り家に帰りたるときも依然たる吾が家にして、相変わるものとて更にあることなく、家族団欒、談笑旧の如し。即ち一家最上の幸福にして、父母の心安ければ自から亦最上の孝行と云うべし。

老生の実験[1]を以て申さんに、先年悴共両人[2]を米国に留学せしめたるとき、在留六年の間に凡そ毎週日の文通、時としては両人を連名にし、時としては別々にし、老生が自ら筆を執り、老妻が之を一読して誤文落字等を注意し（妻も亦文通の次第を知る為め）、即ち郵便に投ずるの例にして、六箇年間凡そ三百何十度の文通に、夫婦共随分面倒なる次第なりしかども、両親より文通すれば悴共よりも同様にして、双方の間に気脈の絶えたることなし。扨彼等が帰来し

1 **実験** 実際の経験。 2 **悴共両人** 福澤の長男・一太郎と次男・捨次郎。

て見れば是れと申す奇相[1]もなく、平々凡々たる尋常の親子にして他に異ならずと雖も、若しも相互の文通を忘て情実不通[2]のこともありしならんには、或は別に図らざる不幸も生じたることなるべしと仮定して、老生夫婦幷に悴共も先年の文通を徒労とは思わざることなり。又事柄は別なれども、本塾の学生が故郷へ文通を以て奇効[3]を得たる一例あり。先年江州[4]辺の一少年が入学中、家父より毎度書を贈りて帰郷を促がし、困却の余りには拙宅へ来りて毎度相談すれども、父の命とあれば傍より彼是と喙を容るべきにもあらず、唯当惑の折柄、或日老生がその父の職業を尋るに生糸商なりと云う。その人は新聞紙を読むやと問えば、相場付の処は屹度読むと云う。その他家道の様子などを聞くに、決して貧家にあらず、学費等に差支は万々なけれども、唯商人の子に学問は無益なり、一子を学者にして家を亡さんよりも、寧ろ早く呼返して家業に慣れしめんとの情なるが如し。依て老生は一策を案じ、君は徒に家郷に向て留学を懇願するよりも、この塾に居ながら身躬から恰も生糸商人たるの心得を以てその商況に注意し、外国の報告電信は勿論、内国の新聞紙にも、凡そ生糸に関する記事は一切洩らすことなく之を読み又之を写し、又或はその向きの商人に就て様々の事情を聞合せ、毎月幾度となく大人[5]の許に文通せらるべし、大人はその手紙を見て或は商売上に利することもあらん、仮令え事実に利益なきも、悴の心掛けの迂闊ならざるを悟りて大に安心せらるゝこともあるべしとて、乃ちその策に従い、生糸商況の文通怠らざりしに、果して予期に違わず、呼戻しの沙汰も立消と為り、右の学生は遂に卒業まで塾に居て首尾能く帰郷したることあり。この事たるや、計略を以て父を弄びたるに非ず、又欺きたるに非ず。本来糸商人の子が自家の商売の事よりして父子の間の情実を通じたるまでのことにして、公明正大、毫も愧る所なくして、その成跡を見れば、子は学問脩業の目的を達して、父は子の心掛けを嘉して[6]安心したり。畢竟文書往復、情実通達の効力に外ならず。今満堂の諸君は人の子なり、孫なり、又兄弟なり。身を終るまで家族団欒の情を破るなからんとするは最第一の志願にして、即ち孝行の易行道[7]なれば、老生は敢て二十四孝の難行苦行を促がすにあらず、先ずその易行中の最も易き郷里への文通を勧告する者なり。

1 **奇相** 変わった様子。 2 **情実不通** 気持ちが通じないこと。 3 **奇効** 思いがけない効果。 4 **江州** 近江国（現在の滋賀県）。 5 **大人** ここでは、父親のこと。 6 **嘉す** ほめる。めでたたえる。 7 **易行道** 自力の修行によってではなく、阿弥陀如来の誓願の力によって極楽に往生するとする仏教の教え。ここでは、簡単な方法ということ。

〔独立の大義〕

今朝諸君の卒業は誠に目出度き次第にして、自今学塾を去れば自から人事に当りて居家処世の務に忙しきことならん。依て送別として一言を餞せんに、老生は塾生に向て毎度経済の要を説きたること[1]とあれども、経済論の言は動もすれば銭の事に亘りて学者の耳に面白からざるのみか、不幸にしてその意味を誤解するときは却て大に方向を誤ることもあるべければ、今日は経済を後にし心術[2]の議論より始めて遂に経済の談に入るべし。凡そ人生に大切なるは独立の一義にして、人の人たる所以は唯この一義に在るのみ。栄辱の分るゝ所も、君子小人の異なる所も、畢竟その人の独立如何に存することにして、一人一家より一国に至るまで、苟も独立せざるものは、人にして人に非ず、家にして家に非ずと云うも可なり。この道理は諸君に於ても既に承知のことなれば今更喋々するにも及ばずとして、扨独立の一義の至大至重なること斯の如くなれば、之を身に行うは人生至難の業なりと思うべけれども、実際に於ては決して然らず。

手近く今日の人事に就(つい)てその要を説かんに、第一、知見を広くする事要用なり。限りある人智なれば、他人に諮詢(しじゅん)[3]して利益を求るは当然の事なり、又人間相互の務なれども、人生の行路万般の事に当り、常に思案に窮して人に依頼し、自身は有れども無きに等しく、唯他人の言うがまゝに任せて身を進退するは無学者流の事にして、その趣(おもむき)は家に一銭の貯えなくして他の恵与に食う者に異ならず。故に独立の義を全(まっと)うせんとするには、人間普通の知識見聞を要することにして、今諸君は多年本塾に居り、今後戸外の人事に当りても、不慣(ふなれ)なる事柄に就て人に諮詢するは固(もと)より当然なれども、徹頭徹尾思案にあぐんで、他人の智恵のみを借用するの要用なきは、老生の信じて疑わざる所なれば、独立の要素、既に備わる者と云うべし。

第二は有形の物に就て他人の助力を仰がざることなり。人間に貧富の幸不幸あり。隣家の富有に引替えて我家の貧なるあり。誠に堪え難き次第なれども、是(こ)れは文明社会組織の不完全なるが為めに運不運の分れたることにして、俄(にわか)に人力を以(もっ)て医(い)すべきにあらず。況(いわ)んやその隣人

【原題は「明治二十四年七月二十三日慶應義塾の卒業生に告ぐ」。同（一八九一）年八月二日付『時事新報』に掲載。】

1 **毎度経済の要を説きたること**　七月十一日の三田演説会で経済の独立を説いている。　2 **心術**　心構え。
3 **諮詢して**　相談して。

を羨むに於てをや。全く無益の沙汰なれば、我れは我が道を行き、額に汗して自力に食み、貧なれば貧に居り、幸にして富を致せば又その富に処し、道理外の財物は一毫も与えず一毫も取らずして身を終るべきのみ。錯雑極まる社会の中には、節を屈して利を取るの道もなきにあらずと雖ども、その節を屈するとは自身を無きものにして他人に依頼するの意味なれば、我一身を人非人の地に下だして利を求むる者なり。之を形容すれば一塊の黄金と我身体とを両々相並べ、身を殺して黄金を取るもの丶如し。如何となれば精神の独立を失うて人非人の位に堕落したる者は、生きて動物的の活動を演ずるも、人生の霊は既に断絶したる者なればなり。左れば諸君は久しく本塾の気風に養われて独立の義を知る者なれば、如何なる急に迫るも節を屈して自から利するの事を為さゞるは無論、苟も他人の熱に依ることはなかるべし。平易に云えば返済の目的なき金を借用せず、謂れなく人に助力を求めず、窮して哀を乞わず、迷うて私に陥らず、況んや一身の快楽を貪らんが為めに他人を煩わすが如きに於てをや。老生は飽くまでもその絶無を保証して自から安心するものなり。

独立の義は至大至重なれども、之を平易に解釈すればその事は甚だ難からずして、諸君の身には既に所得の要素[1]あり。左れば今後実業社会に入るとして、近来は学者の数も次第に増殖して世に珍らしからざれば、地位を得るは極めて難きこと丶予期せざるべからず。後進生の行路艱難なりと雖も、又一方より見れば世に為すべき事業は甚だ少なからずして、実業家は常に無人に苦しみ、眼前に利益の見込みある事にても、その事に当らしむべき人物なきが為めに、看す〳〵利を空うするの談は毎度吾々の聞く所にして、実業社会の一難事とも云うべき程の次第なれば、苟も諸君にして人生の艱難を知ると共に、平生所得の知見を実地に施して活潑に働き、他人の耳目の達せざる処に深切を尽すときは、立身の道、綽々[2]として余地あり。古人の言に、陰徳必ず陽報あり[3]と云う。人の知らざる処に労して深切なるは即ち陰の働なれば、必ず亦陽報なきを得ず。職業の種類を問う勿れ、報酬の厚薄を論ずる勿れ、苟も我身に叶う仕事なれば進取一方と決断して、左右を顧ざるその中に唯一点の要は、如何なる賤業を執るも独立の大義を忘れずして君子の風を存し、大切なる場合に臨んで節を屈せざるに在るのみ。即ち学者士人の凡俗に異にして、随て人に恃まれて立身の容易なる所以なり。老生が常に云う、今の後進生にして立身の意あらば、その心術を元禄武士にして、その働を小役人素町人にすべしとは、即ちこの辺の意味なり。満堂の諸君、世の中に好地位なきを憂る勿れ。

1 **所得の要素**　身につけた才能、知識。　2 **綽々**　ゆったりと落ち着いたさま。　3 **陰徳必ず陽報あり**　人知れず善行を行った者には、はっきりとわかるよい報いがある。『淮南子』人間訓に見える言葉。

〔独立自由の主義〕

今の後進生が口を開けば即ち実業云々を唱えざるはなし。今度学校を卒業したれば向後は実業の一方に勉むべしと云い、久しく政府に奉職したれども之を辞して更に実業に志すと云い、政党を脱して実業を求め、新聞記者を止めて実業に就くと云うが如き、誠に珍らしからぬ談にして、老生の常に賛成する所なり。蓋し実とは虚に対したる文字にして、彼の学問の修業なり、政府の勤務なり、又は政党の奔走、新聞の記事論説の如き、何れも直に実物を生ずるものにあらざれば、之に対して実業と云えば商売工業等、有形の事業を指して虚実を区別したることなるべし。実業の心掛け甚だ妙なりと雖も、今老生が諸君に向て言わんとする所は、学生の実業、必ずしも卒業の後を待たず、就学中その業を実にすべきもの甚だ多きの一事なり。諸君は慶應義塾に居て既に何事を学んで今方に何事を学ぶや。思うにその学ぶ所のもの一として身を処するの法に適切ならざるものなかるべし。数学を学べば物の数を知る。物の数を知れば他を損して自から益するの非を知るべし。既にその非を知れば学友相互に金を貸借するは非なり。況んや之を借りて返さゞるに於てをや。況んや品物を買うて代価を払わざるに於てをや。その非なるは人に聞かずして自から発明せざるを得ず。生理学を学べば人身の構造、その諸機関の働を知るべし。之を知れば飲食の用法、身体の運動法にも心付き、自から注意して自から為めにするの実益なきを得ず。凡そ是等を計うれば枚挙に遑あらず。即ち就学中の実業と云うべきものなり。就中独立自由の一義は、君等が読書中にもその義を解し、先輩の言を聞ても之を悟り、都て塾中の空気に呼吸して自然に心に得たる所のものあるべし。是れ亦学生の勤学中にも日夜実行すべき事にして、必ずしも後年を待つを要せず。

抑も独立自由とは、他人の厄介にならず又他人に依頼せずして一身を処し、我思うまゝにこの世を渡るの意なれば、学塾に居て修業するその間にも、言行共に自から事の宜しきを考えて人に交り、我心に思わぬことならば如何に他人に誘導勧告せらるゝも枉げて之に雷同することなく、その要は自分の本心に背かざるに在るのみ。例えば学生の常に云う彼の附合云々の如き、

【原題は「明治二十四年十月十日慶應義塾演説筆記」。これは同日の三田演説会における演説であろう。同（一八九一）年同月二十日付『時事新報』に掲載。】

朋友相共に何か遊戯快楽を共にすることならば附合も然るべし、その附合の間に自から友情を和し智見を交換して利する所あるべしと雖も、学生の身分にあるまじき事を企て丶同盟などを謀る者あれば、心にその事の非を知りながら是れも同学の交際なればとて強いて之に従うの場合なきにあらず。尚お甚だしきは都下悪書生の風を学んで、惰弱鄙劣[1]の戯を戯れながら附合の為め止むを得ずと称して罪を遁れんとするが如き、無気力も亦甚だしきものにして、独立自由なる我慶應義塾中に、斯る賤丈夫[2]は一人もなかるべしと、老生の敢て自から信ずる所なり。

左れば独立自由の主義は諸君が就学中に実行の機会あるのみならず、日々夜々その機会ならざるはなし。故に老生は先ず之を賛成奨励して、尚お塾を去りたる後の心掛けを云わんに、今の世間の普通に独立自由の文字を解釈すれば、他を妨げずして独り身を立て、他を妨げずして自から思う所を行うの義にして、畢竟するに、人は人たり、我れは我れたり、苟も他の妨害を為さゞれば我事足ると云うもの丶如し。一通りは是れにても差支なきが如くなれども、老生の見る所を以てすれば尚お之に満足するを得ず。凡そこの社会に生々する人民を三等に分ち、智恵もなく財産もなくして自力に生活すること能わず、常に人に依頼して人の厄介と為る者を第一として、第二等には人物左まで愚なるに非ず、家も亦赤貧に非ず、能く自から自身を支えて一家を保つと雖も、唯自力自立に止まりて人の為めに益することなき者あり。第三は既に自立の境界を超えて、その人の智恵も財産も居家の要用に余るが故に、その余力を以て人の為めにし、愚者には智恵を貸し、貧者には財を貸し、又時としては身を労して人の為めに働き、財を散じて人を恵み、以て人間社会の禍根(かこん)たる貧富賢愚の不平均を、力の及ぶ丈(だ)けに和(やわ)らげて、次第に幸福の区域を広くする者、これを最上等の種族とす。即(すなわ)ち我身独りの独立自由を以て足れりとせず、他人を助けて独立自由の領分に入らしめんことを勉(つとむ)る者なり。例えば己(おの)れに知ることあれば懇(ねんごろ)に人に教えてその精神の発達を導き、家に余財ありて事業を起し又は直に金を貸せばとて、自利々他[3]の主義に基き、他人を利して自分も共に利するの方針を取るが如き、都(すべ)て上流種族の義務と云(い)うも可なり。如何(いかん)となれば世界は単に智者富者の専有に非ずして、智愚貧富、雑居共同の世界なればなり。以上の立言(りつげん)果して道理に違(たが)わずとして、満堂の学生諸君は日本国中に於(おい)て如何(いか)なる種族に属する者と自(みず)から品評するや。全国の人口四千万中の下等なるか中等なるか将(はたま)た上等なるか、老生の鑑定にてはその上等中の最上等なりと断じて、諸君も必ず自(みず)から許すこととならん。既に最上等の種族とあれば、自(おのず)から之に伴う所の義務あるも亦言わずして

1 **惰弱鄙劣**　いくじがなく、品性・行為などがいやしく下劣なこと。 2 **賤丈夫**　根性のいやしい者。 3 **自利々他**　本来は、他人に仏法の利益を得させることが、自らの悟りにつながるとする仏教の教えの一つ。

明なるべし。老生が独立自由の字義を解すること大凡そ斯の如し。尚おこの義に就ては追〱諸君と共に語ることあるべし。

〔学問も亦唯人生百戯中の一〕

生ある者は必ず死せざるを得ず、人生朝露の如し[1]とあれば、浮世の栄枯盛衰、禍福吉凶は唯是れ一時の夢にして、論ずるに足るものなしと雖も、既に現世に生れたる上はその死に至るまで心身を労して経営する所なかるべからず。是亦人情世界に在る一生涯の義務なり。爰に老生が奇語を用れば人間万事小児の戯と云うも不可なきが如し。戯と知りながらその戯を本気に勉め、戯の間に喜怒哀楽して死するのみ。深き意味あるに非ず。今日生きて眠食するも戯にして、明日病んで死するも戯なれば、死生も意に介するに足らざれども、尚おその生を欲して死を悪むは人情の本来にして、夢の如き戯を本気に勉る者と云うべし。左れば戯ながらも既に之を本

【原題は「明治二十五年十一月十二日慶應義塾演説筆記」。これは同日の三田演説会における演説であろう。同（一八九二）年同月二十四日付『時事新報』に掲載。】

1　**人生朝露の如し**　人の一生は朝の露のようにはかないものである。

気に勉めて真面目に経営すべしとあれば、戯にして戯に非ず、字面穏ならざるが如くなれども、心を潜めて深く思案し、真にその戯たるを知るにあらざれば、大事に臨んで方向を誤り、由なきことに狼狽して人品を卑くし、万物の霊[1]たる位を失うことあるべし。例えば近火の時に力を尽して防禦するは自然の人情、又家人の義務なれども、既に焼失したる上にて考れば、火に逢うて家の焼けるは当然の事のみならず、仮令い今度焼けざるも、永き歳月の間には自然に腐朽して倒るゝことあるべし。焼失したりとて唯家を失うに遅速あるのみ、詰り戯に出来たる家が戯に無くなりたるまでのことなりと安心すれば、左まで悲しむにも足らず。又これよりも大切なるは父母妻子の病気にその全快を祈り、医薬の手当怠りなく、苟もこの病苦を救うて全快の道ありと聞けば、百事を抛ち身を苦しめて之を求めざる者なし。人間の至情にして、自から禁ずること能わざる所なれども、扨いよ〳〵医薬効なくして病死したりとせんに、之を自然の命数として諦むるの外あるべからず。生れたる者の死するはその生れたるときの約束にして、今更遽に狼狽するに及ばず、心を静にして生者必死の実相を観るべきのみ。然るに今この道理を会心せずして、唯眼前の苦楽のみを苦楽し、苦んでは不平を鳴らし、楽んでは法外に逸し、万物の霊たる人生の品位にあるまじき醜体狂体を呈するは、畢竟軽重の別を弁えざるものにして、識者の取らざる所なり。彼の小丈夫[2]が家を焼て発狂し、愛子を喪うて悲哀の極、遂に自から病を醸すが如き、その事例として見るべし。家の将さに類焼せんとするときは畢生の勇を鼓して消防すべし。家人の将さに病死せんとするときは寝食を忘れて看護すべし。即ち戯の沙汰に非ず、一生懸命の時節なれども、その果して焼失し死亡したる上は、心事を一転して我身も共に是れ戯中の人たるを思い、更に苦痛を感ずることなかるべし。

右の立言は少しく高尚にして仏者の説に似たり。宗教に不案内なる老生の口よりするは不似合なれども、仏者の意に適うも適わざるもその辺は別問題として、啻に火事病気の時のみならず、人間万事を随時の戯としながら、本気に之を勉強苦辛するの一事は、諸君が今日本塾に居て学業を脩め、成業の後、世に出でゝ家事世事に処するにも欠くべからざる要訣なりと知るべし。学問は人生に必要なり。学問の嗜みなくしては文明の世間に伍を為すべからず。畢生の力を尽して本気に勉強すべしと雖も、字を読み理を講ずるのみを以て人生の能事[3]終れりとすべからず。学問も亦唯人生百戯中の一なれば、その勉強の間にも種々様々に思を馳せて事物の軽重を視察し、知字推理の外に更に大切なる心術の修行処世の工風なかるべからず。老生が常に云う学問を軽く看るとはこの辺の意味にして、彼の学問にのみ凝り固まりて己が信ずる所に偏し、

1 **万物の霊**　万物の霊長。人類のこと。　2 **小丈夫**　器量の狭い人物。小人物。　3 **能事**　なすべき事。

曾て他の説を容るゝこと能わずして、動もすれば人と争い、遂に極端の非を犯して自から悟らざるが如き、学を勉めて本気に過ぎたるものなり。唯学問の事のみに非ず。政治家が権力を争い、青雲の士が立身出世の前後を争い、之を争うて目的を達するときは意気揚々として無上の愉快を覚ゆるその反対に、不幸にして失敗すれば忽ち落胆して身躬から慰るの道なく、鬱憂煩悶して醜体を示すの事例は世間に珍らしからず。又商売人の利を得て喜ぶ者に限りて非運のときに憂ること甚だしく、一成一敗の間に喜憂自から禁ずる能わずして成敗共にその身に禍するもの少なからず。何れも皆局量[1]狭き小丈夫の事にして、その平生の伎倆如何に拘わらず、共に士君子の社会に歯すべからざる者なり。畢竟その然る由縁を尋れば、政治家が政治を重んじ、商人が利益を重んじ、そのこれを重んずること実を過ぎて、遂に人生の尊き品位に傷けたる者と云うの外なし。人間万事戯と申しながら、その局に当れば之に熱心して辛苦勉強すべきは当然の義務にして、事と品とに由りては生命を犠牲にすることさえありと雖も、その熱情の往来する間に、時として心事を一転して人生に常なきの原則を思出し、吾身も正に是れ浮世の百戯中に居て、人と共に一時の戯を戯るゝ者なりとのことを悟り得たらんには、その熱するも唯熱に止まりて狂するに至らず、名利の心をして法外に逸せしむることなきのみならず、仮令い事情に迫りて家を亡ぼし、身を殺すに至るも自から安んずる所あるべし。之を名けて人間安心の法[2]と云う。諸君年尚お少し。或は以上の談を聞き、是れは堪え難き事共なり、人間万事を戯と思えば、初めより勉強するにも及ばずとて、直に論破することもあるべし。無理ならぬ思想の順序なれども、前に云える火事の例を以て云わんに、自家の類焼消防のとき人に倍して力を尽したる主人が、焼失の後に至り人に倍して平気なるものあるは何ぞや。即ちこの主人は家を重んずること甚だしきその間にも、一念また之を軽んじてその烏有に帰する[3]を愛まざるものなり。軽重の念一時に往来して相妨げざる所は、唯諸君が心術の脩業如何に在るのみ。

1 **局量**　度量。 2 **人間安心の法**　「人間万事小児の戯」とみなす「安心の法」は、『福翁百話』『福翁百余話』でたびたび述べられている。 3 **烏有に帰する**　全くなくなること。特に火災で何もなくなった時にいう。

門下の早世を悼む

故社員の一言今尚精神

慶應義塾　某

明治元年正月、伏見の変乱[1]、前将軍慶喜公[2]は軍艦に乗て東帰、次で諸方の官軍は問罪として東海東山の諸道より江戸に入り、関東の物論沸くが如く、怒て官兵に抗せんとする者あり、恐れて四方に遁逃する者あり。江戸広しと雖ども、市に売る者なし、家に織る者なし。学者書生の如きもその行く所を知らず、大都会中復た一所の学校を見ず、一名の学士に逢わず。独り我慶應義塾の社中は、偶然の発意[3]にして断じて世事に関せず、都下の東南芝新銭座の塾舎に相集りて眠食常に異ならず、弾丸雨飛の下、咿唔の声を絶たざること殆ど半年、社中自称して戦場中の一小桃源と云いしは蓋しこの時なりき。

この際に当て府下百万の人民は一時に方向を失い、固より官軍の何ものたるを知らず、仮令い東征の名義云々は伝聞するも、その官軍なるものが江戸に入たる上は何等の挙動あるべきや、之を測量すること甚だ易からず。数百年来未だ曾て見ざる所の軍事なれば、軍人とあれば必ず乱暴なるものならん、乱暴人は之を避くるに若かずとて、下等社会の群民は無論、上流の士人にても或は俄に家を挙げて藩地に帰る者あり、或は近郷に故旧あれば暫時これに身を寄する者あり。その中に就て独り西洋学者の流は深謀遠慮[4]にして、窃に謂らく、官軍或は暴ならん、仮令い暴なりと雖ども西洋人に害を及ぼすことは彼輩の能する所に非ざるべし、左れば我輩の拠て以て頼む所は横浜にある外国人居留地の安全なるに若くものなしとて、該地に居を移す者日に多く、府民も亦この例に倣うて皆横浜に走り、浜の市中既に充満して、その東南なる北方村、

【故社員とは小幡仁（甚）三郎のこと。戊辰戦争当時、倒幕軍の江戸来攻に際して身の安全を守るため某国外交官の保護を頼んではどうかという意見に反対した小幡の独立の気概を讃える。明治十五（一八八二）年三月二十七日付『時事新報』に掲載。小幡仁三郎は小幡篤次郎の弟。その人となり、また留学中の夭折については次に掲げる記念碑誌稿を参照。】

1 **伏見の変乱**　鳥羽伏見の戦い。慶応四（一八六八）年一月に起こった、旧幕府軍と薩長軍との内戦。旧幕府軍が大敗し、戊辰戦争の発端となった。　2 **前将軍慶喜公**　徳川慶喜（一八三七〔天保八〕年—一九一三〔大正二〕年）。徳川第十五代将軍。慶応二（一八六六）年、将軍職を継いだが、幕末の内憂外患に直面して、翌年、ついに大政を奉還、江戸城を明け渡して水戸に退き、のち駿府に隠棲した。　3 **発意**　思い立つこと。新たな事を起こすこと。発起。　4 **深謀遠慮**　遠い将来を見通し、深く考えた計略。

本牧村[1]等に及ぼし、一時はその地方にて家賃宿料の騰貴するに至れり。今日在東京の紳士学者にして既往を回想したらば自から之を記臆〔憶〕する輩も多からん、又或はその当局者もあらん。

斯る世上の有様なれば、在江戸の人にして苟も横浜在留の西洋人に知る者あれば、西洋人も亦私に之を保護せんとするの情を抱き、或は仮に某国の籍に入れと云う者あり、或はその印鑑を与えて万一危急のときはこの印鑑を官軍に示して一時を免かれよと云う者あり。何れも皆深切の情に出ることにして、敢て奸策[2]とは云うべからず。我義塾の如きも固より外人に知る者多ければその顧る所と為りて、或る日某氏より態と印鑑を贈り来りしは、全くその友情に出たるものより外ならざるなり。

時に本塾の教員小幡仁三郎（小幡篤次郎の実弟。明治四年亜米利加に遊学中不幸にして同六年彼地に物故。）この事を聞き、走て塾の広間に出て、顔色を変じ目を瞋らして同窓の諸友に告て曰く、諸君は今日の形勢を見て如何の観を為すや、東軍西軍相戦うならんと雖ども、畢竟日本国内の戦争にして唯是れ内乱なるぞ、我輩は文を事としてその戦争に関するなしと雖ども、内外の分は未だ之を忘れず、西軍或は暴ならん、東軍或は無法ならん、来て我輩に害を加えんとする者あらば、我亦男児なり、よく之を防がん、之を防て力足らざるときは唯一死あるのみ、堂々たる日本国人にして報国の大義を忘れ、外人の庇護の下に苟も免かれんより、寧ろ同国人の刃に死せんのみ、我輩が共にこの義塾を創立して共に苦学するその目的は何処に在るや、日本人にして外国の書を読み、一身の独立を謀てその趣旨を一国に及ぼし、以て我国権を皇張するの一点に在るのみ、然るを今にしてこの大義を顧みざるが如きは初より目的を誤るものと云うべし、我義塾の命脈を絶つものと云うべし、彼の印鑑の如きは速に之を火に投じて可なりとて、その語気凛々、決する所あるが如し。聞く者悚然として復た一言を発せず。之より社中の気風益固結して曾て動変することなく、爾後王政維新の太平に逢い又無数の事変をも目撃したれども、報国致死は我社中の精神にして、今日我輩が専ら国権の議論を主唱するも、その由来一朝一夕に非ず、蓋し社中全体の気風なりとは雖ども、仁三郎君の一言亦重しと云うべし。往事回顧すれば十五年、社中君を喪うてより又十年、今の学友或は之を知らざる者もあらん。記して以て君の言行の一班〔斑〕を知らしめ、兼て天下国権論者の警に供す。

1 **北方村、本牧村** 現在の横浜市中区本牧町付近。 2 **奸策** 悪いたくらみ。 3 **国権** 民権の対語。国際社会における一国の主権。 4 **皇張する** 積極的に強く主張する。 5 **報国致死** 死ぬことをもおそれず、国家のために力を尽くすこと。

〔小幡仁三郎君記念碑誌稿〕

小幡仁三郎君は旧中津藩の士、小幡篤蔵君の二男、母は同藩士奥平直記君の二女、弘化二年十二月五日豊前中津殿町に生れ、年八歳篤蔵君死して後ち母に養はれ、兄篤次郎君と共に同藩の学校にて士族普通の教育を受けたり。常に他国へ遊学の志あれども、時勢に故障多く家も亦貧にしてその志を遂げず。同藩の少年、学校に出入りして君と共に書を読む者は多けれども、君の親友として交る所の者は甚だ稀なり。共に志を談じ事を謀る者は独兄の篤次郎君あるのみ。この時に至るまでは同郷の人も君の人物を知る者なく、親戚朋友唯君を目して謹慎なる一少年と視做すのみ。今その時の有様を按ずるに、啻に世人の君を知らざるのみならず、君も亦自からその才力あるを知らざりしことなるべし、蓋し無事[1]の地に生れ無為[2]の人に交り、古書を読み古風に慣れ、才力を試みるの地なければその才の見はれざるも亦怪むに足らず。所謂錐の嚢中に在らざる者[3]なり。

文久四年春、福澤諭吉中津に帰省して江戸に返るとき、篤次郎君及び同藩の少年七、八名と共に洋学執行のため同行を謀りしに、君も亦兄と共に行(ゆか)んことを欲し、親戚これを止むる者多けれども、その志願益(ますます)切にして止(や)まず。出立の前日に至り、遂に叔父竹下郁蔵君の周旋を以(もっ)て事を決し、兄弟共に江戸に遊学するを得たり。

同年六月初て江戸に来り、鉄砲洲(てっぽうず)旧奥平藩邸の内福澤諭吉の私塾にて英言を読みしに、君の文才果して非凡、未(いま)だ二年ならずして独(ひと)りよく英文を解し、塾中その右に出る者はなし。この時には塾中の生徒五、六十名、未だ塾則なるものもなく、教授の法も明(あきらか)に定らずして、唯有志の輩相集り同窓団坐[4]共に書を読むのみにて、その景況恰(あたか)も古(いにしえ)の漢学塾に異ならざれば、青年の書生、或(あるい)は遊惰放蕩に流るべきの恐(おそれ)なきに非(あ)らず。塾中既(すで)にこの悪風の行われんとせしこともありしかども、君の気力と正実とに由(よ)り、この混雑の中にも尚(なお)よく塾の教風を正(た)だし、少年

【この記念碑の建造は実現しなかった。またこの誌稿は、薄葉半紙の片側十二行青刷罫紙二枚に記されたもので、のちに福澤家の「総勘定」の表紙裏袋貼りのなかから見出された。】

1 **無事**　何事もなく、平穏なこと。　2 **無為**　平凡で取りえのないこと。　3 **錐の嚢中に在らざる者**　錐は袋の中（嚢中）にあってもその先が外に突き出るように、才能の秀でている者は、必ずその才能を世に示す機会が訪れることのたとえ。　4 **団坐**　多人数が円形にすわること。車座。

の輩を遊治に救い[1]しこと少なからず。

慶応四年春、天下騒乱の際、鉄砲洲の塾を芝新銭座に移し、始て慶應義塾の社を結び、次で明治四年の春新銭座より三田に転じ、次第に塾の教則をも定めて今日の有様に至りしその間に、塾中固より資本の財なければ、外見を恐れずして節倹を主とし、社中互に同心協力せしは論を俟たずと雖ども、数百の生徒のために便利を謀り、塾舎を建て書籍を買い、居を転じ席を定る等、その事頗る煩しくその費も亦大なり。この時に当て君の力を尽せしこと最も尠なからず。内は教授の法を整え、外は会計の事務を弁じ、普請には自から大工職人を督し、転居には自から車力人足〔を〕使役し、西に駆け東に走り、片時も休息あることなし。他の社中も遂には君に依頼して事を為すの勢に及べり。蓋し義塾創立の事に付、君に於ては始てその才智気力の一端を試み、他人も漸く君の人物を知り、推〔錐〕穎微しく嚢を脱するもの丶如し。

明治四年冬、君の旧主人奥平昌邁君[2]、亜米利加に遊学せんとし、奥平家より君の同行を請い、奥平の費用を以て旧主人と共に「ニウヨルク」州のブルックリンに至り、学校に入て勤学すること一年、その間時々余輩へ書翰を贈り、彼の国教授の法の便利なる次第と、我邦にて従来その法の不便なる次第と、その便不便を察してこれを改めざるべからざるとの次第等を[3]詳に記して、文通の度毎に報告せざることなし。その学に志すこと篤く、本国を思うこと深しと云うべし。彼のブルックリンの学校に於ても、その行状の謹直なると学才と活潑なるとを以て、既に師友の敬愛を得れども、君の素志に於ては一身の学芸を以て自から足れりとせず、遠く故郷の事を患い、その人民の無知無徳を悲み、先づ我義塾の学風を一変して広くその風を世間に及ぼし、全日本国の人心を高上の域に導き、共に天与の幸福を与にせんとするの趣意なり。我社中も竊に君の志を悦び、漸次に塾の教則を改革して、今より三、五年の後、君の帰るを待て大に為すことあらんとて、唯その成業帰郷の日を期したりしが、豈図ん[4]、明治六年一月初旬、神経病に罹りて鬱々楽まず、次第に衰弱を致して、医薬功を奏せず、同月二十日後に至ては既に救うべからざるの悪症に陥り、二十九日□□□□〔欠字〕の病院内に於て長逝したり。病中、同行の奥

1 遊治に救う　遊びにふけるような悪事から、救済すること。**2 奥平昌邁**　一八五五（安政二）年―一八八四（明治十七）年。伊予宇和島藩主伊達宗城の三男。文久三（一八六三）年、奥平家の養子となり、慶応四（一八六八）年、前藩主、昌服のあとを受け九代、最後の中津藩主となる。明治二（一八六九）年、中津藩知事。明治四（一八七一）年末、アメリカに留学するが、同六（一八七三）年、病気により帰国。**3 「ニウヨルク」州のブルックリンに至り、学校に入て**　ニューヨーク州ブルックリンの Polytechnic Institute のことか。**4 豈図ん**　豈図らんや。どうしてそんなことを予測しようか。意外にも。思いがけず。

平君は勿論、江木高遠君[1]、佐藤百太郎君[2]、その他同学の諸友、相共に看護介抱至らざる所なく、奥平君は財を投じて良医を招き、又上等の病院に入れ、学校のプレジデント並[3]に君の知己ニウヨルクの商人パットン君等も様々に尽力して、万一の全快を求めしなれども、遂にその甲斐なかりしなり。

四月二日奥平君並に江木君の文通にてこの凶聞東京に達し、篤次郎君の悲歎は云うまでもなく、社中一同驚駭断腸、心中の百事一時に瓦解、奥江二君の書を見て唯流涕するのみ。嗚呼、君を思えば君のために君の死を悲み、我学問の道を思えば道のために君なきを歎じ、天下を思えば天下のために君を失うを患う。強て自から慰めんとすれども、愁緒百端止めて止まらず。爰に社中の旧友相謀て碑を建て君の言行を記して後日の記念に供せんとすれども、唯筆の拙なると碑の文面に限りあるとに由り、思て云うこと能わず記して尽すこと能わざるを恨むのみ。

明治六年四月廿三日

君の親友福澤諭吉、慶應義塾社中の差図に従い涙を払てこれを記す。

1 江木高遠 高戸賞士とも称す。福山出身。福山藩儒、江木鰐水の子。大学南校・東校で学び、明治三（一八七〇）年八月、華頂宮博経の従者としてアメリカに留学。Polytechnic Institute で学んでいた。明治六（一八七三）年、帰国。明治七（一八七四）年、再び渡米しコロンビア法律学校で学ぶ。明治九（一八七六）年に帰国後、外務省出仕。明治十三（一八八〇）年、三度目の渡米時、かけられた窃盗の冤罪に抗議しピストル自殺。専修大学の設立にも関与した。**2 佐藤百太郎** 佐倉出身。順天堂二代目佐藤尚中の子。横浜で宣教師ヘボン夫人から英語を学ぶ。慶応三（一八六七）年、私費でサンフランシスコへ赴く。明治四（一八七一）年に一度帰国するが、その後、公費留学し経済学を学ぶ。明治九年、帰国後大蔵省出仕。また明治八（一八七五）年には狭山茶のアメリカ向け輸出を始めた。**3 学校のプレジデント** Polytechnic Institute の学校長、コックラン（David H. Cochran）のことか。

〔和田義郎君の死去に際し幼稚舎にて演説〕

○慶應義塾幼稚舎に於ける福澤先生の演説　慶應義塾幼稚舎は、舎主和田義郎氏[1]の不幸に付、この程より臨時休業中の処、昨日より授業を開始したるに付、福澤先生は午前十時同舎に臨み、教員生徒を一堂に集めて、今後幼稚舎維持の方法その他教員及び生徒の心得等に付懇ろに教示したるよし。今先生の演説筆記を得たれば左に掲ぐ。

和田君の不幸は実に言語に絶えたる次第、満舎諸子の愁傷は申すまでもなく、老生などは三十年来、諸子の未だ生れざる前よりの親友にして、交情相変らざること一日の如くなりしに、存じも寄らずこの不幸に逢い、愁傷も通過ぎて唯夢の如きのみ。次第に日を経るに従てます〳〵淋しくなることならん。老余の落胆御察しありたし。扨逝く者は追うべからずとして、当幼稚舎の事は逝者の志を継で永く維持せざるべからず。その法は難きに似て決して難からず。幹事早川氏[2]は従前の通りに舎務一切を引受け、教場の事も旧の如く佐武、高力二氏[3]の専任にして諸教員と共に力を合せ、会計は酒井氏[4]の司どる所にして、奥さん（和田未亡人の事なり。子供の称呼のまゝに奥さんと云う）も亦相替らずこの家に住居して、仏事家事の余暇には兼て手慣れたる幼稚生の養育に差図することなれば、舎中の百事都て旧の如くにして遺憾なしと雖も、尚お事を鄭重にする為め、前年幼稚舎より出身したる賤息一太郎、捨次郎并に今泉秀太郎氏[5]を相談役と為し、追てその他にも相当の人を撰定する積りなれば、今後要用の事あるときは舎員と相談役と協議を尽して本塾員に謀り、老生も小幡氏[6]も共にその議に与るべし。

右の次第にして慶應義塾の幼稚舎は依然たる旧のまゝの幼稚舎なるが故に、学生諸氏も亦依然として旧の如く勉強ありたし。又諸子の父兄より舎に預り置きし学資金は、今度取纏めて三

【和田義郎は慶應義塾幼稚舎の初代舎長。その人となりについては次に掲げる墓誌を参照。】

1 **和田義郎** 一八四〇（天保十一）年—九二（明治二十五）年。福澤の要請で明治七（一八七四）年に幼少者のために和田塾を塾内に開く。のち、明治十三（一八八〇）年頃から和田塾は慶應義塾幼稚舎と呼称されるようになった。 2 **早川氏** 慶應義塾幼稚舎二代監事（幹事）、早川政太郎のこと。明治七年に和田塾に入り、修業後も幼稚舎の監督としてとどまり、和田の片腕的存在であった。 3 **佐武、高力二氏** 学務掛、佐竹保太郎と高力久也のこと。 4 **酒井氏** 会計主任、酒井良明のこと。 5 **今泉秀太郎** 福澤の妻（錦）の姉の子。従兄の一太郎、捨次郎とともに幼稚舎の評議員となった。 6 **小幡氏** 小幡篤次郎のこと。本書三七頁注1参照。

菱銀行に預け置くことにしたるよしなれば、是れも序の時に故郷へ文通ありたし。扨これより少々いやな小言を申さんに、今度の不幸に付き暫く休業して今日より更に開舎したる処で、諸氏の中に聊か横着心を催し、和田先生が無くなられたから少しはなまけても宜かろう、時としてはあばれて喧嘩をしても宜かろうなど思う者もあらば大間違の沙汰にして、決して相成らぬ事なり。教場の取締は以前の通りにて欠席を許さず、運動の為めには体操もあり柔術もあり、課業の暇には運動場に遊戯して、玉投も宜し相撲も苦しからず、身体を強くする方便とあれば之を留めざるのみか唯大に勧めるのみにして、老生の心には諸子が半死半生の色青ざめたる大学者となるよりも、体格屈強なる壮年たらんことをこそ願うほどの次第なれども、都て悪戯は止めにいたしたく、石を投げ、木の枝を折り、壁に疵付けたり、落書をしたり、朋輩同士互に喧嘩して年少の者を泣かせるのみか、邸内往来の子女に悪口するなどは、学生の身分にあるまじき卑劣なる振舞なり。凡そ是等の事実は見付次第に幹事幷にその他の舎員が処分する筈なれども、老生も共に之を叱ることあるべし。故に今後幼稚舎の取締は以前に異ならざるのみか、一層やかましくなることなれば、学生諸子も決して油断すべからず。但し老生は悪戯を叱る代りに、折節は舎に参りて面白きお話しなどする積りなれば、諸子に於ても損得はなき筈なり。

〔和田義郎君墓誌〕

和田義郎君は旧和歌山の士族、少小[1]武芸[2]を善くし又文を好む。幕府の末年江戸鉄砲洲の慶應義塾に入学して英書を読み所得少なからず。明治七年の頃より三田の義塾邸内に幼稚舎なるものを設け、特に塾生中の童子のみを集めて之を教え、課程の業を授るのみならず、朝夕眠食の事までも内君[3]と共に力を協(あわ)せて注意至らざる所なし。君の天賦(てんぷ)温良剛毅にして争(あらそい)を好まず、純

【墓所は品川区大崎の常光寺である。なお、明治三十四(一九〇一)年に没した福澤は同じ常光寺に埋葬され、昭和五十二(一九七七)年、麻布善福寺に改葬されるまで、二人の墓碑は数メートルの距離に相のぞんで建っていた。】

1 **少小**　年少の時。　2 **武芸**　和田は関口流の柔術の達人で、幼稚舎内でも柔術を通して福澤が理想とする「先ず獣身を成して後に人心を養う」の教育が行われた。　3 **内君**　名はきさ。当時の幼稚舎は全寮制を建前としており、夫婦で日常の生活に至るまでよく世話をした。

然たる日本武家風の礼儀を存す。在舎の学生曾て叱咤の声を聞かずして能く訓を守り、之を慕うこと父母の如くにして、休業の日尚且家に帰るを悦ばざる者あるに至る。創立以来の入舎生凡そ千五百名。今は既に有為の一男子として社会に頭角を現わす者多し。君の平生健全なるにも拘わらず、劇症の脳炎に罹りて医薬無効、明治二十五年一月十七日〔十五〕世を辞したり。行年五十三。舎生知友唯驚歎惆悵[1]するのみ。同年六月建碑の挙あり。親友福澤諭吉、涙を揮て之を記す。

1 惆悵　人の死を嘆きかなしむこと。

〔小泉信吉君を弔す〕

旧和歌山藩士族小泉信吉君、父は文庫、母は板谷氏。嘉永二年二月三日和歌山に生れ、慶応二年藩の留学生として江戸に来り慶應義塾に洋学を学ぶ。時に年十八歳なり。学業漸く進み、明治四年官立の大学に入て教授に任じ、明治九〔七〕年英国竜動に留学、同十一年帰来、暫く大蔵省に傭われ、同十二年、横浜正金銀行[1]創立のときその副頭取に撰ばれ、同十四年海外の経済事情を視る為め欧州を巡回し、同十五年、大蔵省奏任御用掛を命ぜられ、次で主税官に任じ、同二十二〔三十年〕年、慶應義塾同窓の議に由て塾長に推され、同二十三年、日本銀行に入り、同二十五年、

【小泉信吉については本書三七頁注6を参照。】

1 **横浜正金銀行**　福澤が大隈重信にすすめて明治十二（一八七九）年設立に漕ぎつけた、貿易金融専門の銀行。初代頭取は中村道太で、当初、資本金三〇〇万円のうち一〇〇万円は政府出資であった。明治二十（一八八七）年からは横浜正金銀行条例により特殊銀行となり、日本銀行から低利の為替資金の融通を受けた。

再び正金銀行の支配人に撰ばれたり。明治二十七年十二月一日、病に犯され、医薬効なく同月八日午前二時没す。享年四十六。内君林氏、一男二女あり、男信三(しんぞう)[1]家を嗣(つ)ぐ。以上は単に人事生活上の履歴なり。更に君の学事に関する思想と伎倆(ぎりょう)とを記せば大(おおい)に記すべきものあり。君の天賦(てんぷ)文思に濃(こまやか)[2]にして推理に精(くわ)[3]し。洋書を読で五行並び下る[4]は特得[5]の長所にして、博学殆(ほと)んど究めざるものなし。殊(こと)に数学は師に依らずして高尚の点に達してその最も悦(よろこ)ぶ所なり。既(すで)に学林の一大家たるのみならず、その心事剛毅(ごうき)にして寡慾(かよく)、品行方正にして能(よ)く物を容(い)れ、言行温和にして自(みず)から他を敬畏せしむるは、正(まさ)しく日本士流の本色にして、蓋(けだ)し君の少小より家訓の然(しか)らしめたる所ならん。その学問を近時の洋学者にしてその心を元禄武士にする者は唯(ただ)君に於(おい)て見るべきのみ。我慶應義塾の就学生、前後一万に近きその中に、能(よ)く本塾の精神を代表して一般の模範たるべき人物は、君を措(お)いて他に甚(はなは)だ多からず。左(さ)れば前記の履歴に大蔵省の奉職、銀行の出入の如(ごと)き、唯是(こ)れ雞(にわとり)を割(さ)くの牛刀[6]にしてその利鈍を論ずるに足らず。今や我党の学界に一傑を喪(うしな)う。啻(ただ)に慶應義塾の不幸のみならず、天下文明の為(た)めに之を惜しむものなり。

明治二十七年十二月九日

福澤諭吉涙を払て誌す

1　男信三　小泉信三（一八八八［明治二十一］年―一九六六［昭和四十一］年）。昭和八（一九三三）年から二十二（一九四七）年まで塾長をつとめた。退任後は東宮御教育参与のかたわら文筆活動に専念し、日本を代表するオピニオンリーダーであった。**2　文思**　物事に対する思慮。**3　推理**　物事の道理を推察すること。**4　五行並び下る**　五行ごとに一度に読み進めていく。**5　特得**　特にすぐれていること。**6　雞を割くの牛刀にして**　鶏を料理するのに牛を料理する大きな包丁を用いるように、大人物を小事に当てること。『論語』陽貨篇にもとづく言葉。

〔馬場辰猪君八周年祭追弔詞〕

今を去ること凡そ三十年、馬場辰猪君が土佐より出でゝ我慶應義塾に入学せしときは年十七歳、眉目秀英、紅顔の美少年なりしが、この少年唯顔色の美なるのみに非ず、その天賦の気品如何にも高潔にして、心身洗うが如く一点の曇りを留めず、加うるに文思の緻密なるものありて、同窓の先輩に親愛敬重せられ、年漸く長ずるに従て学業も亦大に進歩し、後英国に留学して法律学を脩め、帰来専ら政治上に心を寄せて多少の辛苦を嘗め、その学識雄弁は敢て争う者なくして自から社会に頭角を現わしたれども、時勢尚お未だ可ならずして君の伎倆を実際に試るの機会を得ず。明治二十年再び航して米国に遊び、居ること一年にして病に犯され、客中不帰の客と為りたるこそ天地と共に無窮の憾[1]なれ。君は天下の人才にしてその期する所も亦大なりと雖も、吾々が特に君に重きを置て忘るゝこと能わざる所のものは、その気風品格の高尚なるに在り。学者万巻の書を読み百物の理を講ずるも、平生一片の気品なき者は遂に賤丈夫たるを免かれず。君の如きは西洋文明学の知識に兼てその精神の真面目を得たる者と云うべし。吾々は天下の為めに君を思うのみならず、君の出身の本地たる慶應義塾の為めに、特に君を追想して今尚おその少年時代の言行を語り、以て、後進生の亀鑑[2]に供するものなり。君の形体は既に逝くと雖も生前の気品は知人の忘れんとして忘るゝ能わざる所にして、百年の後、尚お他の亀鑑たり。聊か以て地下の霊を慰るに足るべし。

明治二十九年十一月二日[3]

福澤諭吉　払涙記

【明治二十九（一八九六）年十一月四日付『時事新報』に掲載。馬場辰猪（一八五〇［嘉永三］年―一八八八［明治二十一］年）は民権思想家。慶應義塾に学び、明治三（一八七〇）年から七（一八七四）年、八（一八七五）年から十一（一八七八）年と、都合七年にわたってイギリスに留学し、法学を修める。帰国後は常に民間にあって自由民権運動の闘士として活躍した。明治十九（一八八六）年、渡米してフィラデルフィアで客死。著書に『天賦人権論』等がある。】

1 無窮の憾　きわめて残念に思うこと。　**2 亀鑑**　行動の基準となる手本。模範。　**3 十一月二日**　この前日、十一月一日には芝公園内の紅葉館にて慶應義塾の懐旧会（同窓会）が開かれ、そこで「気品の泉源、智徳の模範」の演説がなされている。

第Ⅱ部　学問と教育

学問の独立

学者安心論

店子[1]云く、向長屋の家主は大量[2]なれども我大家の如きは古今無類の不通もの[3]なりと。区長[4]云く、隣村の小前[5]は何れも従順なれども我区内の者は兎角に心得方宜しからずと。主人は以前の婢僕[6]を誉め、婢僕は先の旦那を慕う。啻に主僕の間のみならず、後妻を娶て先妻を想うの例もあり、親愛尽き果てたる夫婦の間も遠ざかれば又相想うの情を起すに至るものならん。されば今店子と家主と区長と小前とその間に様々の苦情あれども、その苦情は決して真の情実[7]を写し出したるものに非ず。この店子をして他の家主の支配を受けしめ、この区長を転じて隣村の区長たらしめなば、必ず之に満足せずして旧を慕うことあるべし。而してその旧必ずしも良なるに非ず、その新必ずしも悪しきに非ず。唯徒に目下の私に煩悶するのみ。蓋しその故は何ぞや。直接の為に眼光を掩われて地位の利害に眩すればなり。今、世の人心として、人々直に相接すれば必ず他の短を見てその長を見ず、己れに求ること軽くして人に求ること多きを常とす。

即是れ心情の偏重なるものにして、如何なる英明の士と雖どもよくこの弊を免かるゝ者は甚だ稀なり。或は一人と一人との私交なれば近く接して交情を全うするの例もなきに非ざれども、その人、相集て種族を成し、この種族と彼の種族と相交るに至ては、此彼遠く離れて精神を局外に置き遠方より視察するに非ざれば、他の真情を判断して交際を保つこと能わざるべし。譬えば、遠方より望み見れば円き山にてもその山に登れば円き処を見ず、遥に眺れば曲りたる野路も親しくその路を践めば曲る処を覚えざるが如し。直接を以て真の判断を誤るものと云うべし。斯る弊害は近日我邦の政談上に於ても大に流行するが如し。左にその次第を述べん。

嘉永年中開国[8]の以来、我日本は恰も国を創造せしものなれば、固より政府をも創造せざるべからず。故に旧政府を廃して新政府を造りたり。自然の勢、固より怪しむに足らず。その

【明治九（一八七六）年四月、初版。執筆はこの年二月十四日夜から十九日夜まで、正味六日であったと「覚書」に記されている。】

1 **店子**　家を借りている人。　2 **大量**　度量が広いこと。　3 **不通もの**　道理をわきまえない人。わからずや。　4 **区長**　明治初期に地方行政区として置かれた大区の長。また小区の戸長など。　5 **小前**　小前百姓。特別な権利を持たない下層農民のこと。小百姓ともいう。　6 **婢僕**　下女と下男。　7 **情実**　実情。事情。　8 **嘉永年中開国**　嘉永六（一八五三）年、ペリー提督の率いるアメリカ艦隊が、修好通商を求めて浦賀に来航し、翌、安政元（一八五四）年、日米和親条約が締結された。

〔後〕、廃藩置県、法律改定、学校設立、新聞発行、商売工業の変化より廃刀断髪等の件々に至るまで、その趣を見れば我日本を評して之を新造の一国と云わざるを得ず。人或はこの諸件の変革を見てその原因を王制維新の一挙に帰し、政府を以て人事百般の源と為し、その心事の目的を政府の一方に定めて他を顧ざる者多しと雖ども、余輩の考には政府も亦唯人事の一部分にして、その旧政府を改めて新政府を造りたるも、原因の在る所を求れば、彼の廃藩置県以下の諸件と共にその由て来る所を与にし、〔畢〕必竟天下衆心の変化したるものと思うなり。故に云く、政府は人事変革の原因に非ずして人心変革の結果なり。

　天下の人心既に改進に赴きたりと雖ども、億兆の人民頓に旧套[1]を脱すべきに非ず。改進は上流に始て下流に及ぼすものなれば、今の日本国内に於て改進を悦ぶ者は上流の一方に在て、下流の一方は未だ之に達すること能わず。即ち廃藩置県を悦ばざる者なり、法律改定を好まざる者なり、新聞の発行を嫌う者なり、商売工業の変化を悪む者なり、廃刀を怒るものなり、断髪を悲しむ者なり。或はこの諸件を擯斥[2]するに非ず、口に之を称し事に之を行うと雖ども、その心事の模範、旧物を脱却すること能わざる者なり。之を方今[3]我国内に在る上下二流の党派と云う。一は改進の党なり、一は守旧の党なり。余輩爰に上下の字を用ゆと雖ども、敢てその人の品行を評して之を上下するに非ず。改進家流にも賤しむべき者あらん、守旧家流にも貴ぶべき人物あらん。之を評論するは本編の旨に非ず。唯国勢変革の前後を以て仮に上下の名を下したるのみ。

斯の如く天下の人心を二流に分ち、今の政府はその何れの方に在る者なりやと尋れば、口を放て之を上流と云わざるを得ず。その明証は、世人誤て人事変革の原因をも政府に帰するに非ずや。この考は固より誤ならん、政府は独り変革の原因に非ざるべしと雖ども、その変革中の一部分たるは論を俟たず、政府の精神は改進に在ること明白なりと云うべし。然ば則ち苟も改進者流を以て自から居る者は、仮令い官員にても平人にても、この政府の精神と共に方向を与にし、その改る所を改めその進む所に進み、次第に自家の境界を開て前途に敵なく、遂には彼の守旧家の強きものをも戦わずして我境界の内に籠絡する[4]の勢に至るべき筈なるに、今日の事実に於て然らざるは何ぞや。その原因は他なし、この改進者流の人々が各その地位に居て心情の偏重を制すること能わず、些々たる[5]地位の利害に眼を掩われて事物の判断を誤り、現在の得失に終身の力を用いて、永遠重大の喜憂を顧みざるに由て然るのみ。内閣に屢大臣の進退あ

1 **旧套**　古くからの形式や習慣。　2 **擯斥する**　排斥する。しりぞける。　3 **方今**　現在。　4 **籠絡する**　他人をうまくいいくるめて、自由にあやつる。　5 **些々たる**　わずかな。取るに足りない。

り、諸省府に時々官員の黜陟あり。[1]何れも皆その局[2]に限りて止を得ざるの情実に出たることならん、珍らしからぬことなればその得失を評するにも及ばず。余輩が特に爰に論ぜざるべからざる者は、彼の改進者流の中にても最も喧しき政談家[3]の事なり。この政談家は政府の内にもあり又外にもあり。余輩はその内外を問わずその人の身分に拘わらず、一般に之を日本国中一流の人民と視做して之を論ぜんと欲するなり。

政談の中に漸進論と急進論なるものあれども、余り分明なる区別にも非ず。何れにも進の義は免かれず。〔唯〕その進の方法を論じたるものならん。之を譬えば、飢たる時に物を喰うは同説なれども、一方は早く喰わんと云い、一方は徐々に喰わんと云うが如し。双方共に理あり。食物の品柄次第にて、俄に之を喰て腹を痛ることあり、養生法に於て最も戒る所なれば用心せざるべからず。或は物の性質に由り、遠慮なく喰て害を為さゞることもあり、喰て害なくば颯々と喰うも亦可なり。故に漸進急進の別は方法の細目なれば、余輩はこの論者を同一視して等しく之を改進者流の人物と認めざるを得ず。即ち今日我国に居て民権を主張する学者と名くべき人なり。

民権論は余輩も甚だ以て同説なり。この国は固より人民の掛り合いにして然も金主[4]の身分たる者なれば、何んとして国の盛衰を余処に見るべけんや、慥に之を引請けざるべからず。国の盛衰を引請(ひきうく)るとは即ち国政に関ることなり。人民は国政に関せざるべからざるなり。然(しか)りと雖(いえ)ども余輩が今爰に云う所の政の字はその意味の最も広きものにして、唯政府の官員と為(な)り政府の役所に坐して事を商議[5]施行するのみを以て政に関ると云うに非ず、人民躬(みず)から自家の政に従事するの義を旨とするものなり。譬(たと)えば政府にて、学校を立てゝ生徒を教え、大蔵省を設けて租税を集るは、政府の政なり。平民が、学塾を開て生徒を教え、地面を所有して地代小作米(こさくまい)を取立るは、之を何と称すべきや。政府にては学校と云い、平民にては塾と云い、政府にては大蔵省と云い、平民にては帳場と云い、その名目(みょうもく)は古来の習慣に由(より)て少しく不同あれども、その事の実は毫(ごう)[6]も異なることなし。即ち之を平民の政と云て可なり。古(いにしえ)より家政など云う熟字あり。政の字は政府に限らざること明(あきらか)に知るべし。結局政府に限りて人民の私(わたくし)に行うべからざる政は、裁判の政なり、兵馬の政なり、和戦[7]の政なり、租税(狭き字義に従て)の政なり、この他僅(わずか)に数箇条に過ぎず。されば人民たる者が一国に居て公に行うべき事の箇条は、政府の政に比して

1 **黜陟** 功のない者を退け、ある者を取り立てて用いること。 2 **局** 当面の事態、事柄。 3 **政談家** 時局の政治談議をする人。政治運動家。 4 **金主** 金銭の所有者。資金を出す人。 5 **商議** 相談すること。協議。 6 **毫も** 少しも。 7 **和戦** 平和と戦争。

幾倍なるを知るべからず。外国商売の事あり、内国物産[1]の事あり、開墾の事あり、運送の事あり、大なるは豪商の会社より、小なるは人力車挽の仲間に至るまで、各その政を施行して自家の政体を尊奉せざる者なし。顧て学者の領分を見れば、学校教授の事あり、読書著述の事あり、新聞紙の事あり、弁論演説の事あり。是等の諸件よく功を奏して一般の繁盛を致せば、之を名けて文明の進歩と称す。一国の文明は、政府の政と人民の政と両ながらその宜を得て互に相助るに非ざれば、進むべからざるものなり。就中人民の政は思の外に有力なるものにして、動もすれば政府の政を以て之を制すること能わざるもの多し。譬えば今の人力車の如し。その創業僅に五、六年に過ぎざれども、既にその通用の政体を成せば、仮令い政府の力を以て前の四ツ手駕籠[2]に復古せんとするも、決して能すべからず。又今の学者を見るに、維新以来の官費生徒は之を別にし、天保年間[3]より漢学にても洋学にても学問に志して今日国の用を為す者は、大概皆私費を以て私塾に入り人民の学制に由て成業したる者多し。今日に於ても官学校の生徒と私学校の生徒とを比較すれば、その学芸の進歩、一得一失未だ優劣を決すべからず。或は学校費用の一点に就て官私を比較すれば、私立の方に幾倍の便利あること明に保証すべし。されば人民の政は唯多端なるのみに非ず、亦盛大有力なりと云わざるべからず。

右の次第を以て考れば、人民の世界に事務[4]なきを患るに足らず。実はその繁多にして之に従事するの智力に乏しきこそ患うべけれ。之を勤めて怠らざればその事務よく挙て功を奏したるの例も少なからず。一事に功を奏すれば随て又一事に着手し次第に進て止むことなくば、政府の政は日に簡易に赴き、人民の政は月に繁盛を致し、始て民権の確乎たるものをも定立するを得べきなり。余輩常に民権を主張し人民の国政に関るべき議論を悦ばざるに非ずと雖ども、その趣意は直に政府の内に突入して官員の事務を妨ぐるか、又は官員に代て事を為さんとするの義に非ず。人民は人民の地位に居て自家の領分内に沢山なる事務に力を尽さんことを欲するのみ。即是れ広き字義に従て国政に関るものと云うべし。直に政府に接せずして間接にその政に参与するものと云うべし。間接の勢は直接の力よりも却て強きものなり。学者これを思わざるべからず。今の人民の世界に居て事を企るは、猶蝦夷地に行て開拓するが如し。事の足らざるは患に非ず、力足らざるを患うべきなり。

然るに今の学者はその思想を一方に偏し、只管政府の政に向て心を労するのみにして、自家の領分には毫も余地を見出さゞるものゝ如し。譬えば世に商売工業の議論あり、物産製作の議

1 **内国物産**　国内産品。ここでは、国内産業。　2 **四ツ手駕篭**　四本の竹を柱にし、割竹を編んで作った粗末な駕籠。　3 **天保年間**　一八三〇—四三年。　4 **事務**　仕事。

論あり、華士族処分の議論あり、家産相続法の議論あり、宗旨の得失を論ずる者あり、教育の是非を議する者あり、学校設立の説を述る者あり、文字改革の議を発する者あり。何れも皆国の文明のために重大なる事件にして、学者の之に着眼するは祝すべきことなれども、学者は唯之に眼を着し、之を議論に唱るのみにして、その施行の一段に至ては悉く之を政府の政に托し、政府はこの法を斯の如くしてこの事を斯の如く成すべしと云い、この事の行われざることあらばこの法を以て之を禁ずべしと云い、之を禁じ之を勧め、一切万事政府の道具仕掛けを以て天下の事を料理すべきものと思い、甚しきは己れ自から政府の地位に進み自からその事を試んとする者なきに非ず。是即ち上書建白[1]の多くして官府に反故の堆き所以なり。仮にその上書建白をして御採用の栄を得せしめ、今一歩を進めて本人も御抜擢の命を拝することあらん、而してその素志果して行われたるか、案に相違の失望なるべし。人事の失望は十に八、九、弟は兄の勝手に外出するを羨み、兄は親爺の勝手に物を買うを羨み、親爺は又隣翁の富貴自在なるを羨むと雖ども、この弟が兄の年齢と為り、兄が父と為り、親爺が隣家の富を得るも、決して自由自在なるに非ず、案に相違の不都合あるべきのみ。この不都合をも顧みず、この失望にも懲りず、尚も奇計妙策を運らして、名は三千余万の兄弟に謀ると云い、その内実の極意は暗に政府を促して己が妙計を用いしめんと欲するに過ぎず。区々たる[2]政府の政に熱中奔走して自家の領分は之を放却して忘れたるが如し。内を外にすると云うべきか、外を内にすると云うべきか、何れにも本気の沙汰とは認め難し。政の字の広き意味に従えば、人民の政事には際限あるべからず。之を放却して誰に託せんと欲するか、思わざるの甚しきものと云うべし。この人民の政を捨てゝ政府の政にのみ心を労し、再三の失望にも懲りずして無益の談論に日を送る者は、余輩これを政談家と云わずして新奇に役談家の名を下だすも亦不可なきが如く思うなり。

今の如く政談家の繁昌する時節に於て国のために利害を謀れば、政府をしてその議論を用いしむるも害あり、用いしめざるも亦害あり。之を用いんか、奇計妙策忽ち実際に行われて、この法を作り彼の律を製し、この条を删り彼の目を加え、随て出せば随て[3]改め、無辜[4]の人民は身の進退を貸して他の草紙に供するが如きことあらん。国のために大なる害なり。或は之を捨てゝ用いざらんか、怨望[5]満野、建白の門は市の如く、新聞紙の面は裏店[6]の井戸端の如く、その煩わしきや衝くが如く、その面倒なるや刺すが如く、恰も無数の小姑が一人の家嫂を窘るに異ならず。如何なる政府も之に堪ること能わざるに至らん。之に堪えずして手を出せば遂に双方の

1 **上書建白** 主君や政府に差し出す意見（書）。 2 **区々たる** 取るに足りない。 3 **随て……随て……** ……する側から……する。 4 **無辜** 何の罪もないこと。 5 **怨望** 自らと比較してうらやみ、不平をいだくこと。 6 **裏店** 裏通りにたてられた家。

気配を損し、国内に不和を生ずることあらん。亦国のために害ありと云うべし。左にその一例をしめさん。

今の民権論者は頻に政府に向て不平を訴るが如くなるは何ぞや。政府は果して論者と思想の元素を殊にしてその方向全く相反するものか。政府は前に云える廃藩置県以下の諸件を慊とせずして、論者の持張[1]する改進の旨と全く相戻[2]るものか。或は仮に政府をして改進を悦ばざるものとするも、この事物の変革、人心の騒乱に際して、政府のみ独りその方向を別にするを得べきか。余輩決して之を信ぜず、論者と雖ども亦然らん。政府は人事変革の原因に非ずして人心変革の結果なりとのことは、前既に之を述べて論者も之に同意したることならん。然ば則ち論者が不平を訴る所は、事の元素にあらずしてその枝葉に在り、政府の精神にあらずしてその外形に在ること、明に知るべし。この枝葉外形の事よりして双方の間に不和を生じ、改進の一元素中に意外の変を起すは、国のために最も悲しむべき事ならずや。即ち編首[3]に所謂直接の為に眼光を掩われて地位の利害に眩するものなり。譬えば新聞記者の禁獄の如し。その罰の当否は姑らく擱き、兎に角に日本国に於て学者と名る人物が獄屋に入りたると云う事柄は決して美談に非ず。窃盗博徒と雖ども之を捕縛して洩さゞるは法律上に於て称すべき事なれども、その囚徒が獄内に充満するは祝すべきに非ず。窃盗博徒尚且然り、況や字を知る文人学者に於てをや。国のために最も悲しむべき事なり。この一段に至ては政府の人に於ても学者の仲間に於ても苟も愛国の念あらん者なれば、私情を去て之を考え心の底に之を愉快なりと思う者はなかるべし。

尚これよりも禍の大なるものあり。前既に云える如く、我国内の人心は守旧と改進との二流に分れ、政府は学者と共に改進の一方に居り、二流の分界判然として恰も敵対の如くなりしかども、改進の人は進で退かず、難を凌ぎ危を冒し、敢て寸鉄に衂らず[4]して以て今日の場合に至たるは、啻に強勇と云うべきのみに非ず、之を評して智と称せざるべからず。然るに今些々たる枝葉よりして改進一流の内に恰も内乱を起し、自家の戦争に忙わしくして外患を顧みず、遂には彼の判然たる二流の分界も更に混同するの恐なきに非ず。固よりこの二流は、初より元素を殊にするものなれば到底親和抱合[5]すべからざるものと思わるれども、人事紛紜[6]の際には思の外なる異像を現出するものなり。近くその一例を示さん。旧幕府の末年に天下有志の士と唱る人物の内には、真に攘夷家もあり、亦真に開国家もあり。この開攘の二家は初より元素を殊に

1 **持張する**　持論として主張する。 2 **戻る**　反する。 3 **編首**　著作のはじめの部分。 4 **寸鉄に衂らず**　「寸鉄」は小さな武器、刀。小さな刀でさえも血で汚すことなく。少しも血を流すことなく。 5 **親和抱合**　容易に結合すること。 6 **紛紜**　物事が入り乱れること。ごたごた。

する者なれば、理に於て決して抱合すべきに非ざれども、当時の事情紛紜に際し、幕府に敵するの目的を以て、暫時の間、異種の二元素互に相投[1]じたることあり。之を思えば今の民権論者が不平を鳴らすその間に、識らず知らずしてその分界を踏出し、或は他より来てその界を犯し、不平の一点に於て彼の守旧家と一時の抱合を為すの恐れなしと云うべからず。理を以て論ずれば万々心配なきが如くなれども、通常の人は左まで深謀[2]遠慮なき者なり。民権論者とて悉皆老成人に非ず、或は白面の書生もあらん、或は血気の少年もあらん、その成行決して安心すべからず。万々一もこの二流抱合の萌を現わすことあらば、文明の却歩[3]は識者を俟たずして知るべし。是即ち禍の大なるものなり。国の文明を進めんとして却て之を妨ぐるは、愛国者の不面目これより甚しきはなかるべし。

論者常に云わずや、一国の政府は人民の反射なりと。この言誠に是なり。瓜の蔓に茄子は実のるべからず[4]。政府は人民の蔓に生じたる実なり。英の人民にして英の政府あり、仏の人民にして仏の政府あり。然ば則ち今の日本人民にして今の政府あるは、瓜の蔓に瓜の実のりたるのみ。怪しむに足らざるなり。爰に明鏡あらん。美人を写せば美人を反射し、阿多福を写せば阿多福を反射せん。その醜美は鏡に由て生ずるに非ず、実物の持前なり。人民若し反射の阿多福を見てその厭うべきを知らば、自から装うて美人たらんことを勉むべし。無智の人民を集めて盛大なる政府を立るは、子供に着するに大人の衣服を以てするが如し。手足寛にして[5]却て不自由、自ら裾を踏で倒るゝことあらん。或は身幅の適したるものにても、田舎の百姓に手織木綿の綿入れ[6]を脱がしめ之に代るに羽二重の小袖[7]を以てすれば、忽ち風を引て嚔することあらん。一国の政治は如何にもその人民の智愚に適するのみならず、又その性質にも適せざるべからず。然るに論者は性急にして、鏡に対して反射の醜なるを咎め、瓜に向て茄子たらざるを怒り、その議論の極意を尋ぬれば、実物に拘わらずして反射の影を美ならしめ、瓜の蔓にも茄子を生ぜしむるの策ありと、公に之を口に唱えざれば暗に自から之を心の底に許すもの丶如し。余輩の考にてはこの妙策に感服するを得ざるものなり。

然りと雖ども又一方より論ずれば、人民の智力発達するに従てその権力を増すも亦当然の理

1 **投ず** 一致する。 2 **深謀遠慮** 遠い将来を見通し、深く考えた計略。 3 **却歩** 後退すること。あとずさり。 4 **瓜の蔓に茄子は実のるべからず** ことわざ。一定の原因からは相応の結果しか生じないことのたとえ。特に血統は争えないことをさす。 5 **寛にして** 大きく、ゆったりしていて。 6 **手織木綿の綿入れ** 自宅で織った木綿で作った普段着で、防寒用に綿を入れたもの。 7 **羽二重の小袖** 滑らかで光沢のある上等な絹織物で作った、綿入りの着物。

なり。而してその智力は権衡[1]以て量るべきものに非ざれば、その増減を察すること甚だ難し。家厳[2]が力を尽して育し得たる令息は、篤実一偏唯命是れ従う、この子は未だ鳥目[3]の勘定だも知らずなどゝ、陽に憂てその実は得意話の最中に、若旦那の御払とて貸坐敷[4]より書附の到来したる例は世間に珍らしからず。人の智恵は善悪に拘わらず思の外に成長するものなり、油断大敵用心せざるべからず。故に彼の瓜の蔓も、いつの間にかは変性して稍や茄子の木の形を成したるに、瓜は依然として瓜たることもあらん。或は阿多福が思を凝らして容を装うたるに、有心の鏡はその装を写さずして旧の醜容を反射することあらば、阿多福も亦不平ならざるを得ず。又政府は人民の反射なりと云うと雖ども、その反射は必ずしも今日の実物を今日に反射するに非ず、人心変動の沿革に従てその大勢の真形を反射せざるべからず。或は又その反射するに当て、実物のこの一方に対しては真形を写すべけれども、彼の一方の真をば写すべからざることもあらん。然るときはその二物の軽重緩急を察して、先ず重大にして急なるものを写さゞるべからず。されば今の日本政府も、何等の大勢を写し出すものか、何物の真形を反射するものか、之を反射して真を誤らざるものか、無偏無党[5]の平心[6]を以て之を察するは至難の事と云うべし。又事を施行するに当て、その成跡[7]は常に意外に出で、求るものを得ずして求めざるものを得ること多し。数年前英国にて下院を改革し、下等の人民までも議院の事に参与するの法を定めたりしに、その時に当て識者の考に、今後議院の権は役夫[8]職人の手に帰し、或は害あるべしと云い、或は益あるべしと云い、議論喋々[9]たりしが、その成跡を見れば何れも無益の取越し苦労なり。改革の後も役夫職人の輩は直に国事に関ることなく、議員の種族は依然たる旧の議員にして、唯この改革ありしがために早く既に議員に戒心を抱かしめ、期せずして自から下等の人民を利したりと云う。故に政府たる者が人民の権を認ると否とに際して、その加減の難きは医師の匕の類に非ず、之を想い又之を思い、啻に三思[10]のみならず三百思も尚足るべからずと雖ども、その細目の適宜を得んとするは到底人智の及ぶ所に非ざれば、大体の定則として政府と人民と相分れ、直接の関係を止めて間接に相交るの一法あるのみ。

人或はこの説を聞き、政府と人民と相遠ざかることあらば気脈を通ぜずして必ず不和を生ぜんと云う者あるべしと雖ども、〔畢〕竟未だ思わざるの論のみ。余輩の所謂遠ざかるとは、互に遠隔して敵視するを云うに非ず、又敬して之を遠ざくるの義にも非ず。遠ざかるは近づくの術な

1 **権衡**　はかりのおもりとさお、すなわち、はかり。また、尺度。 2 **家厳**　自分の父親をいう語。 3 **鳥目**　金銭の異称。 4 **貸坐敷**　遊郭。遊女屋。 5 **無偏無党**　一方にかたよることなく、中立公正であること。不偏不党とも。 6 **平心**　公平な心。 7 **成跡**　事の成り行き、結果。 8 **役夫**　人夫。 9 **喋々**　しきりにしゃべること。あれこれといい立てること。 10 **三思**　三回思案すること。慎重に考えること。

り、離るゝは合するの方便なり。近くその例を示さん。他人の同居して不和なる者、別宅して相親しむべし。他人のみならず親子兄弟と雖ども、二、三の夫婦が一家に眠食してよくその親愛を全うしたるの例は世間に甚だ稀なり。今政府と人民とは他人の間柄なり。未だ遠ざからずして先ず相近づかんとするは、事の順序を誤るものと云うべし。蓋し各種の人が銘々の地位に居てその地位の利害に掩われ遂に事柄の判断を誤るものは、他の地位の有様を詳にすること能わざるが故なり。その有様に密接すること、同居人が眠食を共にするが如くなるが故なり。その相接すること密に過ぎ、却て他の全体を見ること能わずして局処を窺うに察々[1]たるが故なり。猶彼の山を望み見ずして山に登て山を見るが如く、到底物の真情を知るに由なし。真情相通ぜざれば双方の交際は唯局処の不平と不平と敵対の勢を為すのみ。是に於てか人を妬み人を悪て互に寸分の余地を遺さず、力ある者は力を尽し、智恵ある者は智恵を逞うし、唯一片の不平心を慰めんが為に孜々として[2]、永遠の利害は之を放却して忘れたるが如くなるに至る者尠なからず。必〔畢〕竟その本は、互に近づくべからざるの有様を以て強いて相近づかんとし、互にその有様を誤解して却て益遠隔敵視の禍を増すものと云うべし。

今世間の喋々を聞けば、一方の説に云く、人民無智無法なるが故に政府これに権力を附与すべからずと。又一方は云く、政府は様々の事に手を出し様々の法を作て人民の働を逞うせしめずと。所謂水掛論なり。然りと雖ども、智愚相対してその間に不和あれば、智者先ず他を容れて之を処置せざるべからず。故に真の愚民に対しては、政府先ずその愚を容れてこの水掛論の処置に任せざるべからずと雖ども、本編の主として論ずる学者に至ては則ち之を愚民と同一視すべからず。この流の人は改進政談家を以て自から居り、肉を裁するを屑とせずして天下を裁するの志を抱き、政府に対して之に感服せざるのみならず常に不平を訴る程のことなれば、その心志の止まる所は却て政府の上流に在りと云わざるを得ず、この一事は学者も私に自から許す所ならん。故に学者の考に従えば、今の学者の品格は政府よりも高くして遥にその右に出で、政府は愚にして学者は智なりと云うべし。智愚は先ず爰に定りたり、然ば則ち彼の水掛論は如何すべきや。余輩敢て政府に代て苦情を述べん、政談家は様々の事に口を出し様々の理屈を述て政府の働を逞うせしめずと。学者は尚もこの政府に直接して衝くが如く刺すが如く、彼の小姑を学て家嫂を煩わさんと欲するか。智者の所業には甚だ以て不似合なり。所謂智者にして愚を働くものと云うべし。必竟この水掛論は元素の異同より生じたるものに非ず。その原

1 **察々たる**　あわただしい。忙しい。 2 **孜々として**　精を出してつとめ励んで。 3 **肉を裁するを屑とせず**　肉を切り分けるような、つまらない仕事にかかわることをよしとせずに。

因は近く地位の異同より心情の偏重を生ずるに由て来りしものなれども、今日の有様にてはその是非を分つべからず。余輩は唯今後の成行に眼を着け、その孰れか先ず直接法の不便利を悟りて、前に出したる手を引き、口を引き、理屈を引き、更に思想を一層の高きに置て無益の対陣を解く者ならんと、傍より見物して水掛論の落着を待つのみ。

この全編の大略を概して云えば、天下の人心直接すればその交を全うすべからず。今の世間にこの流行病あり。開国以来我日本の人心は守旧と改進と二流に分れて、今の政府は改進の方に在るものなり。然るに改進の学者流と政府との間に不和あるは何ぞや。この流の人は、民権を論ずれども、その眼を唯政府の一方にのみ着して、自家の事務を忘るゝが故なり。今の如く政談家の多きは国の為めに祝すべからず。之を用るも害あり、之を用いざるも亦害あり。民権論者と政府との不和は恰も一流中の内乱にして、之がため事情の紛紜を致し、遂には守旧と改進との分界も分明ならざるの禍を招くべし。一国の政は正しく人民の智愚に応ずるものなれば、人力を以て容易に料理すべからず。去り迚政府も亦よく人智の進歩に着目して油断すべからざるなり。政府と学者と直接に相対すること今日の如くしては際限あるべからず。故に互に相遠ざかりて相近づくの法を求めざるべからず。離は合の術なり、遠は近の方便なり、との趣意にして、結局は政府と学者と直接の関係を止め、共に高尚の域に昇て永遠重大の喜憂を与にせんとするの旨を述べたるものなり。譬えば爰に一軒の家あらん。楼下は陋しき一室にして、楼上には夥多の美室あり。地位職分を殊にする者がこの卑陋なる一室に雑居して苦々しき思を為さんより、高く楼に昇てその室を分ち各当務の事を務るは亦美ならずや。室を異にするも家を異にするに非ず。居所高ければ以て和すべく、居所卑ければ和すべからざるの異あるのみ。

末段に至り尚一章を附してこの編を終ん。都て事物の緩急軽重とは相対したる意味にて、此よりも緩なり彼よりも急なりと云うまでのことなれば、時の事情に由て緩と云えば緩ならざるはなし、急と云えば急ならざるはなし。この緩急軽重の判断に当ては、最も心情の偏重に由て妨げらるゝものなり。故に今政府の事務を概して尋れば、大となく小となく悉皆急ならざるはなしと雖ども、逐一その事の性質を詳にするときは、必ず大に急ならざるものあらん。又学者が新聞紙を読て政を談ずるも、急と云えば急なれども、尚これよりも急にして更に重大なる事の箇条は枚挙に遑あらざるべし。前章に云える如く、当世の学者は一心一向にその思想を政府の政に凝らし、既に過剰にして持て余ましたる官員の中に割込み、尚も奇計妙策を政の実地に施さんとする者は、その数殆ど計るべからず。啻に今日熱中奔走する者のみならず、内外に執行する書生に至るまでも、法律を学ぶ者は司法省を狙い、経済学に志す者は大蔵省を目的とし、工学を勉強するは工部に入らんがためなり、万国公法[1]を明にするは外務の官員たらんがためなり。斯る勢にてはこの書生輩の行末を察するに、専門には不得手にして所謂事務なるものに長じ、私に適せずして官に適し、官に容れざれば野に煩悶し、結局は官私不和の媒と為る者、その大半に居るべし。政府の為を謀れば甚だ不便利なり、当人の為を謀れば甚だ不了簡なり。今の学者は政府の政談の外に尚急にして重大なるものなしと思うか。手近く爰にその一、二を示さん。学者は彼の公私に雇われたる外国人を見ずや。この外国人は莫大なる月給を取て何事を為すか。余輩未だ英国に日本人の雇われて年に数千の給料を取る者あるを聞かず。而して独り我日本国にて外人を雇うは何ぞや。他なし、内国にその人物なきが故なり、学者に乏しきが故なり、学者の頭数はあれども役に立つべき学者なきが故なり。今の学者が今より勉強して幾年を過ぎなば、この雇の外国人を止めて之に交代すべきや。新聞紙の政談に志すも、この交代の日は容易に来ることなかるべし。又一昨年十二月八日に金星の日食ありて、諸外国の天文家は日本に来て測量したり。この時に於て学者は何の観を為したるか。金の魚虎は澳国の博覧会[2]に昇つぎ出したれども、自国の金星の日食に一人の天文学者なしとは不外聞[3]ならずや。又外国の交際に於ても、字義を広くして之を論ずれば、霞関の外務省のみを以て交際の場所と思うべからず。一度び国を開てより以来、我日本と諸外国との間には、貿易商売の交際あり、学芸工業の交際あり、之を概すれば双方の間に智力の交際を始めたるものと云うべし。この交際は何れも皆人民の身の上に引受け、人々その責に任ずべきものにして、政府は恰も人民の交際に調印して請人に立たる者の如し。故に貿易に不正あれば商人の恥辱なり、之に由て利を失えばその愚なり。学芸の上達せざるは学者の不外聞なり、工業の拙なるは職人の不調法なり。智力発達せずして品行の賤しきは士君子の罪と云うべし。昔日鎖国の世なれば是等の諸件に欠典〔点〕あるも唯一国内に止まり、天に対し同国人に対しての罪なりしもの、今日に在ては天に対し同国人に対し兼て又外国人に対して体面を失し、その結局は我本国の品価を低くして全国の兄弟共にその禍を蒙るのみならず、二千余年の独立を保ちし先人をも辱しむるに至るべし。之を重大と云わずして何物を重大と云わん。又試に見よ、今の西洋諸国は果して至文至明の徳化に洽ねくして、その人民は皇々如[4]として王者の民の如くなるか。我人民の智力学芸に欠典あるも、よく之を容れてその釁に切込むことなく、永く対立の交際を為して之に甘んずる者か。余輩断じてその然らざるを証す。結局双方の智力互に相頡頏[5]するに非ざれば、その交際の権利も亦頡

1 **万国公法**　国際法。　2 **澳国の博覧会**　一八七三年のウィーン万国博覧会のこと。　3 **不外聞**　体裁が悪いこと。不面目。　4 **皇々如**　美しく盛んなさま。　5 **頡頏**　拮抗。勢力に優劣のないこと。

頏すべからざるなり。交際の難き者と云うべし。而してその難きとは何事に比すれば難く、何物に比すれば易きや。今の日本の有様にては之を至難にして比すべきものなしと云わざるを得ず。然ば則ち国の独立は重大なり、外国の交際は至難なり。学者はこの重大至難なる責に当るも、尚且これを顧みず、区々たる政府に迫て直に不平を訴え、益その拙陋[1]を示さんと欲するか。事物の難易軽重を弁ぜざる者と云うべし。故に云く今の時に当ては、学者は区々たる政府の政を度外に置き、政府は瑣々たる学者の議論を度外に置き、互に余地を許してその働を逞うせしめ、遠く喜憂の目的を共にして間接に相助ることあらば、民権も求めずして起り、政体も期せずして成り、識らず知らず改進の元素を発達して双方共に注文通りの目的に達すべきなり。

学者安心論　終

1　**拙陋**　見苦しいこと。

学問之独立

学問之独立緒言

近年我日本に於て都鄙上下の別なく、学問の流行すること古来未だその比を見ず。実に文運隆盛の秋と称すべし。然るに時運の然らしむる所、人民字を知ると共に大に政治の思想を喚起して世事漸く繁多なるに際し、政治家の一挙一動のために併せて天下の学問を左右進退せんとするの勢なきに非ず。実に国の為に歎ずるに堪えずとて、福澤先生一篇の論文を立案し中上川

【『時事新報』に「学問と政治と分離すべし」として、明治十六（一八八三）年一月二十日から二月五日まで八回にわたって連載した論説。単行本の奥付によれば出版は同年二月である。】

先生[1]之を筆記し、「学問と政治と分離すべし」と題して連日の時事新報社説に登録したるが、大に学者幷に政治家の注意を惹き来りて目下正に世論実際の一問題となれり。依て今論者諸賢のため全篇通読の便利を計り、之を重刊して一冊子と成すと云う。

明治十六年二月

編　者　識

1　**中上川先生**　福澤の甥、中上川彦次郎のこと。本書二一九頁注4参照。

学問も政治もその目的を尋れば共に一国の幸福を増進せんとするものより外ならずと雖ども、学問は政治に非ずして学者は政治家に異なり。蓋しその異なる所以は何ぞや。学者の事は社会今日の実際に遠くして、政治家の働は日常人事の衝に当るものなればなり。之を譬えば一国は猶一人の身体の如くにして、学者と政治家と相共に之を守り、政治家は病に当て治療に力を用い、学者は平生の摂生法を授る者の如し。開闢以来今に至るまで智徳共に不完全なる人間社会は、一人の身体何れの部分か必ず痛所ある者に異ならず。治療に任ずる政治家の繁忙なる、固より知るべし。然るに学者が平生より養生の法を説て社会を警むることあれば、或はその病を未発に防ぎ、或は仮令い発病に及ぶも、大病に至らずして癒るを得べし。即ち間接の働にして学問の力も亦大なりと云うべし。過日時事新報の社説[1]にも云える如く（一月十一日社説）、我開国の初め攘夷論の盛なる時に当ても、洋学者流が平生より西洋諸国の事情を説て恰も日本人に開国の養生法を授けたるに非ずんば、我日本は鎖国攘夷病に斃れたるや計るべからず。学問の効力、その洪大なること斯の如しと雖ども、その学者をして直に今日の事に当らしめんと

1　**時事新報の社説**　『時事新報』に明治十六（一八八三）年一月十一日から十三日まで三回にわたって掲載された「牛場卓蔵君朝鮮に行く」の第一回分。

するも、或は実際の用を為さゞること世界古今の例に少なからず。摂生学専門の医師にして当病の治療に活潑ならざるものと一様の道理ならん。左れば学問と政治とは全く之を分離して相互に混同するを得せしめざること、社会全面の便利にしてその双方の本人の為にも亦幸福ならん。西洋諸国にても執政の人が文学[1]の差図して世の害を為し、有名なる碩学が政壇に上りて人に笑われたるの例もあり。又我封建の諸藩に於て老儒先生を重役に登用して何等の用も為さず、却て藩士の為に不都合を起してその先生も遂に身を喪したるもの少なからず。畢竟摂生法と治療法と相混じたるの罪と云うべきものなり。

　学問と政治と分離すること国の為に果して大切なるものなりとせば、我輩は今の日本の政治より今の日本の学問を分離せしめんことを祈る者なり。即ち文部省及び工部省直轄の学校を本省より離別することなり。抑も維新の初には百事皆創業に係り、是れは官に支配すべき事、夫れは私に属すべき者と明に分界を論ずる者さえなくして、新規の事業は一切政府に帰し、工商の細事に至るまでも政府より手を出すの有様なれば、学校の政府に属すべきは無論にして即ち文部工部にも学校を設立したる由縁なれども、今や十六年間の政事次第に整頓するの日に当て、内外の事情を照し合せ欧米文明国の事実を参考すれば、我日本国に於て政府が直に学校を開設して生徒を集め、行政の官省にて直に之を支配してその官省の吏人たる学者が之を教授するとは、外国の例にも甚だ稀にして今日の時勢に少しく不都合なるが如し。固より学問の事なれば、行政官の学校に学ぶも又何れの学問所に学ぶも同様なるべきに似たれども、政治社会の実際に於て然らざるものあり。蓋し国の政事は前にも云える如く、今日の人事に当て臨機応変の処分あるべきものにして、例えば饑饉には救恤[2]の備を為し、外患には兵馬を用意し、紙幣下落すれば金銀貨を求め、貿易の盛衰を視ては関税を上下する等、俗言之を評すれば掛引の忙わしきものなるが故に、若しも国の学校を行政の部内に入るゝときは、その学風も亦自からこの掛引の為に左右せらるゝなきを期すべからず。掛引は日夜の臨機応変にして政略上に最も大切なる部分なれば、政治家の常に怠るべからざる事なれども、学問は一日一夜の学問に非ず、容易に変易すべからざるなり。固より今の文部省の学制とても決して政治に関係するに非ず、その学校の教則の如き、我輩の見る所に於て大なる異論あるなし。徳育を重んじ智育を貴び、その術学[3]、大概皆西洋文明の元素に資て、体育養生の法に至るまでも遺す所なきは美なりと云うべしと雖ども、如何せん、この美なる学制を施行する者が行政官の吏人たるのみならず、直に生徒に接

1 **文学**　ここでは、学問の総称。　2 **救恤**　困窮者・罹災者などを救い、金品などを施すこと。　3 **術学**　学術。

して教授する者も亦吏人にして、且学校教場の細事務と一般の気風とは学則中に記すべきにも非ざれば、その気風精神の由て生ずる源は之を目下の行政上に資らざるを得ず。而してその行政なるものは、全体の性質に於て遠年に持続すべきものに非ず、又持続して宜しからざるものなれば、政治の針路の変化するに従て学校の気風精神も亦変化せざるを得ず、学問の本色[1]に背くものと云うべし。之を要するに政治は活潑にして動くものなり、学問は沈深にして静なる者なり。静者をして動者と歩を共にせしめんとす、その際に弊を見る勿らんとするも得べからず。例えば、青年の学生にして漫に政治を談じ又は政談の新聞紙等を読て世間に喋々するは我輩も好まざる所にして、之を止むるは即ち静者をして静ならしめ、学者の為に学者の本色を得せしめんとするの趣意なれども、若しも之を止むる者が行政官吏の手より出るときは、学者の為にするに兼て又行政の便利の為にするの嫌疑なきを得ず。然るに行政の性質は最も活潑にして随時に変化すべきが故に、一時静を命ずるも又時として動を勧るなきを期すべからず。或は他の動者に反対して静を守るの極端は、已れ自から静の境界を超えて反動の態に移るなきを期すべからず。畢竟学問と政治と相密着するの余弊[2]ならん。我輩がその分離を祈る由縁なり。

学問と政治と密着せしむるの不利は独り我輩の発明[3]に非ず。古来我日本国に於てその理由趣旨を明言したる者こそなけれども、実際に於てその趣旨の行われたるは不思議なりと云うべし。

往古の事は姑く擱き、徳川の時代に於て中央政府は無論、三百藩にも儒臣なる者を置き子弟の教育を司るの慣行にして、之を尊敬せざるには非ず、藩主尚且儒臣に対しては師と称する程のことにして栄誉少なからずと雖ども、そのこれを尊ぶや唯学問上に限るのみにして、政治に関しては曾て儒臣の喙を容れしめず、甚しきは之を長袖の身分[5]と称して神官、僧侶、医師の輩と同一視して政庁に入れざるのみならず、他士族と歯する[6]を許さゞるの風なりき。徳川の儒臣林大学頭[7]は世々大学頭にして、その身分は老中、若年寄[8]の次にして旗下[9]の上席なれども、徳川の施政上に釐毫[10]の権力を持たず、或は国家の大事に当ては大政府より諮詢[11]のこともあれども、唯顧問に止まるのみ。蓋しその然る所以は、武人の政府、文を軽ろんずるの弊などゝて嘆息する

1 本色　本分。本領。 2 余弊　ある物事に伴って生じた弊害。 3 発明　物事の道理などを明らかにすること。 4 儒臣　儒学をもって仕える臣下。 5 長袖の身分　長袖の衣服を着用する身分の人。公卿や僧侶、神官、儒者など、脆弱なインテリをあざけっていう言葉。 6 歯する　仲間として交際する。 7 林大学頭　林羅山に始まる江戸幕府の儒官筆頭の林家。 8 老中、若年寄　いずれも江戸幕府の職名。「老中」は幕府の最高職で、公家・諸大名などの統制、諸役人の支配、財政など、幕政の政務全般を統括した。「若年寄」は老中に次ぐ重職で、老中支配以外の諸役人、特に旗本・御家人を統括した。 9 旗下　江戸時代、将軍直属の家臣のうち、知行高が一万石未満で御目見以上の格式を有した者。 10 釐毫　ごくわずかなこと。11 諮詢　相談。

者もありしかども、我輩の所見は全く之に反し、政府の文武に拘わらず、子弟の教育を司る学者をして政事に参与せしむるは国の大害にして、徳川の制度慣行こそ当を得たるものと信ずるなり。当時若しも大学頭をして実際の行政官たらしめんか、林家の党類甚だ多くして何れも論説には富む者なれば、政府の中に忽ち林家の一政党を成し、而してその党類の力よく全国を圧倒するには足らずして却て反対の敵を生じ、林家支配の官立学校にて政談の主義は斯の如し、之を実際に施したる政治の針路は云々と称すれば、都下の家塾は無論、地方にも藩立、私立の学校も盛なれば、或は林家に従属し或は之に反対し、学問の談論より直に政治の主義に推し及ぼして、啻に中央政府中の不和のみならず、或は全国の変乱に至るも計るべからざりしに、徳川政府の始終、曾てその弊害を見ざりしは、畢竟するに教育の学者をして常に政治社外に在らしめたるの功徳と云わざるを得ざるなり。

人或は云く、学問と政治とは固より異なり、異なるが故に学問所に政談を禁じて多く政治の書を読ましめざるなり、その制法規則さえ定まれば、二者の分界明白にして人を誤ることなしとの説あれども、唯説に云うべくして教育の実際に行わるべからざるの言なり。仮令い如何なる法則を設けて学問所を検束[1]するも、苟もその教育を支配する学頭にして行政部内の人なれば、教育を受る学生を禁じて政治の心なからしめんとするは、難易を問わずして先ずその能くすべからざるを知るべし。或は生徒を教訓警戒して政談に喋々する勿れ、世上に何々を談ずる者あり、何々に熱心する者あり、甚だ心得違なれば之に倣う勿れと禁ずれば、その禁止の言葉の中に自から他の党派に反対して之を嫌忌するの意味を含有するが故に、仮令い之を禁じ了るも、その学生の一類は彼の禁止の言中自から政治の意味あるを知る者なれば、唯口にこそ政を談ぜざれども、その成跡は恰も政談を談ぜざるの政党たるべきのみ。元来政治の主義針路を殊にするは異宗旨の如きものにして、譬えば今法華宗[2]の僧侶が衆人に向て念仏を唱うる勿れと云うのみにて敢て自家の題目[3]を唱えよと勧るには非ざるも、その念仏を禁ずるの際に法華宗に教化せんとするの意味は十分に見るべきが如し。結局学校の生徒をして政治社外に教育せんとするには、その首領なる者が真実に行政の外に在て中心より無偏無党なるに非ざれば叶わざることゝ知るべし。真実に念仏を禁じて仏法の念なからしめんと欲せば、念仏も禁じ題目も禁ずるか、又は念仏も題目も共に嫌忌せずして勝手に唱えしめ、唯一身の自家宗教を信ぜずして之を放却するの外に方略[4]あるべからず。首領の心事と地位と実に偏党なきに於ては、その学校に何の書

1 検束　取り締って自由を制限すること。束縛。　**2 法華宗**　日蓮宗のこと。　**3 題目**　日蓮宗で唱える南無妙法蓮華経の七字。　**4 方略**　方策。計略。

を読み何事を談ずるも、何等の害をも為さゞるのみならず、学問の本色に於て社会の現事に拘泥することなくして目的を永遠の利害に期するときは、その読書談論は却て傍観者の品格を以て大に他の実業家を警しむるの大効を奏するに足るべし。前に云える林家及びその他の儒流、尚お上て徳川の初代に在ては天海僧正[1]の如き、曾て幕政に関せずして却て時として大に政機[2]を助けたるは決して偶然に非ざるなり。之に反して支那の趙宋に於て学者の朋党[3]、近世日本の水戸藩に於て正党奸党[4]の騒乱の如きは、何れも皆教育家にして国の行政に関かり、学校の朋党を以て政治に及ぼし、政治の党派論を以て学校の生徒を煽動し、遂にその余毒を一国の社会に及ぼしたるの悪例なり。教育の首領たる者が学校の生徒を左右するに当ては固よりその首領の意見次第にて、他の学校と主義を殊にして学派の同じからざることもあらん、甚しきは相互に敵視することもあらんと雖ども、政事に関係せざる間は唯学問上の敵対にして、武術の流儀を殊にし書画の風を殊にするものに等しく、毫も世の妨害たらざるのみならず、却て競争の方便たるべしと雖ども、苟もその学派をして政治上の性質を帯びしむるときは、沈静の色は忽ち変じて苛烈活動の働を現わし、その禍の至る所、実に測量すべからざるものあり。経世家[5]の飽くまでも注意用心すべき所のものなり。

我国に於ても数年の後には国会を開設するとのことにして、世上には往々政党の沙汰もあり。

国会開設の後には何れ公然たる党派の政治と為ることとならんか、曾て日本に先例もなきことなれば、開設後の事情は今より臆測すべからざる所なれども、政事の主義に就ては色々に仲間を分て随分喧しきことならん、或は政府が随時に交代すること西洋諸国の例の如くならんか、仮令い或は交代せざるにもせよ又交代するにもせよ、政の針路は随時に変更せざるを得ず。然る時に当て全国の学校はその時の政府の文部省に附属し、教場の教員に至るまでも政府の官吏にして、政府の針路一変すれば学風も亦一変するが如き有様にては[6]、天下文運の不幸これより大なるはなし。例えば政府の当局者が貿易の振わずして一両年間輸出入の不平均なるを憂い、是は我国人が殖産工商の道に迂闊なるが故なり、工業起さゞるべからず商法講ぜざるべからず

1 **天海僧正**　一五三六（天文五）年―一六四三（寛永二十）年。江戸初期の天台宗の僧。徳川家康の知遇を受け、幕府内外の政務に参画。家康の死後、東照大権現の贈号と日光山改葬を主導。また、寛永寺を創建し、大蔵経を刊行した。 2 **政機**　重要な政務。 3 **趙宋に於て学者の朋党**　「趙宋」は中国の宋王朝のことで、趙は宋の皇帝一族の姓。ここでは特に南宋のこと。南宋では侵攻を進める女真族の国、金に対する政策で講和派と主戦派が対立し争った。 4 **水戸藩に於て正党奸党**　幕末の水戸藩において、勤王思想を奉ずる過激派は、自らを正党と称する一方、他派を奸党として排斥した。 5 **経世家**　経世済民の任に当たる為政者。 6 **全国の学校は……如き有様にては**　明治十二（一八七九）年に学制が廃止され、画一的強制的方針を改めた教育令が公布されたが、翌十三年には再び強制的性格を強めたものに改正された（改正教育令）。

とて、頻りに之を奨励して後進の青年を商工の一方に教育せんとするその最中に、外国政治上の報告を聞けば近来甚だ穏ならず、欧洲各国の形勢云々なるのみならず、近く隣国の支那に於て大臣某氏が政権を執てその政略は斯の如し、或は東洋全面の風波も計るべからず、不虞[1]に予備するは廟算[2]の極意にして、目下の急は武備を拡張して士気を振起するに在り、学校教育の風も文弱に流れずして尚武の気[3]を奨励するこそ大切なれとてその針路に向う時は、曩に工芸商法を講習して将さに殖産の道を学ばんとしたる学生も、忽ち経済書を廃して兵書を読み、筆を投じて戎軒[4]を事とするの念を発すべし。少年の心事その軟弱なること杞柳[5]の如く、他の指示する所に従て変化すること甚だ易し。而してその指示の原因は何れよりすと尋るに、一両年間貿易輸〔出〕入の不平均か、若くは隣国一大臣の進退に過ぎず。内国貿易の景況、隣国交際の政略、当局の政治家に於ては実に大切にして等閑に附すべからざるものなれども、之が為に所期百年の教育上に影響を及ぼすとは憐むべき次第ならずや。斯く政治と学問と密着するときは、甲者の変勢に際して常に乙者の動揺を生じ、その変愈甚しければその余波も亦愈劇なり。爰に一例を挙れば、旧幕府の時代江戸に開成学校[6]なる者を設立して学生を教育しその組織随分盛大なるものにして、恰も日本国中洋学の中心とも称すべき姿なりしが、一朝幕府の顛覆に際して、生徒教員も忽ち四方に散じて行く所を知らず、東征の王師[7]必ずしも開成校を敵として之を滅(ほろぼ)さんとするの意もなかりしことならんと雖(いえ)ども、学者の輩が斯(か)くも狼狽(ろうばい)して一朝にして一大学校を空了(くうりょう)して[8]、日本国の洋学が幕府と共に廃滅したるは何ぞや。開成校は幕政府中の学校にして、時の政治に密着したるが故なり。語を易(か)えて云(い)えば、開成校は幕府政党に与(く)みしてその生徒教員も自(おのず)からその党派の人なりしが故なり。この輩が学者の本色を忘却して世変(せいへん)に眩惑(げんわく)し、目下の利害を論じて東走西馳に忙(いそが)わしくし、或は勤王と云い又佐幕と称し、学者の身を以(もっ)て政治家の事を行わんとしたるの罪なり。当時若(も)しこの開成校をして幕府の政権を離れ、政治社外に逍遥(しょうよう)して真実に無偏無党の独立学校ならしめ、その教員等をして真実に豪胆独立の学者ならしめなば、東征の騒乱何ぞ恐るゝに足らんや。弾丸雨飛(うひ)の下にも咿唔(いご)の声[9]を断たずして学問の命脈を持続すべき筈(はず)なりしに、学校組織の不完全なると学者輩の無気力なるとに由(よ)り、遂に然(しか)るを得ずして見るに忍びざるの醜体を呈し、維新の後漸(ようや)く文部省の設立に逢うて辛(かろ)うじて

1 **不虞**　思いがけない事件、事態。 2 **廟算**　政府の計略。 3 **尚武の気**　武芸を重んずる風潮。 4 **戎軒**　戦争に用いる車。転じて、軍事、戦争。 5 **杞柳**　こりやなぎ（行李柳）。木質がやわらかく、行李などを作るのに用いた。 6 **開成学校**　江戸幕府が洋学教授のために創立した開成所のこと。明治元（一八六八）年、政府により開成学校として再興された。 7 **王師**　官軍。 8 **空了して**　むなしく終えて。 9 **咿唔の声**　書物を音読する声。

日本の学問を蘇生せしめ、その際に前後数年を空うしたるは学問の一大不幸なりと断言して可なり。固より今の政府は旧幕府に異なり、騒乱再来すべきに非ざるは無論なれ共、政治と学問と附着して不利なるは、政の良否に拘わらず、古今欺くべからざるの事実と知るべし。又維新の初に、神道なる者は日本社会の為に如何なる事を為したるかを見よ。その功徳未だ現われずして先ず廃仏の議論を生じ、その成跡は神仏同居を禁じ、僧侶の生活を苦しめ信者の心を傷ましめ、全国神社仏閣の勝景美観を破壊して今日の殺風景を致したるのみ。抑も神道なる者は我輩の知らざる所なれども一種の学問ならんのみ。苟も学問とあれば自から主義の見るべき者あるは無論なるが故に、その学問の主義を以て他の学流と競争するも可なり、相互に敵視するも可なり。政治に密着せざる間は、唯その学流自然の力に任じて自から強弱の帰する所あるべき筈なるに、王政維新の際に於て大に政府に近づきその政権に依頼したるが為に頓に活動を逞うし、その学問に不相当なる大変動を生じて日本国の全面に波及したるは、是亦学問と政治と附着したるの弊害と云うべし。

右等は維新前後の大事変なれども、大変の時勢は姑く擱き、平時と雖ども世の政談の熱度次第に増進すれば、その気は自から学校に波及して校中多少の熱を催うすべきは自然の勢に於て免かれ難きことならん。全国の学校を行政官に支配し又行政官の手を以てその教授を司どり、顧て各地方の政治家を見れば、時の政府と意見を殊にして之に反対する者あるの場合に於ては、その反対の働は単に政治の事項に止らずして行政部内に在る諸学校にまで及ぼして、本来無辜の学問に対して無縁の政敵を出現するに至るべし。既に今日に在ても学校の教員等を採用するに、その政治の主義如何を問うて何々政党に縁ある者は用い難しと極めて窮窟なることを云う者あれば、又一方には小学の教員を雇うに、何某は何れの政談演説会に聴衆の喝采を得たる人物なれば少しくその給料を豊にして之を遇すべしとて、学識の深浅を問わずして小政談の巧拙を以て品評を下だす者あり。双方共に政治の熱心を以て学校を弄ぶものと云うべし、双方共に学問の為に敵を求るものと云うべし。元来学問は他の武芸又は美術等に等しく全く政治に関係を持たず、如何なる主義の者にても唯その学術を教授するの技倆ある者にさえあれば教員として妨なき筈なるに、之を用るにその政治上の主義如何を問い又その政談の巧拙を評するが如きは、今日こそ世人の軽々看過する所ならんと雖ども、その実は恐るべき禍乱の徴候にして、我輩は天下後日の世相を臆測し、日本の学問は不幸にして政治に附着して、その惨状の極度は彼の趙宋、旧水戸藩の覆轍[1]に陥ることはなかるべきやと、憂苦に堪えざるなり。

1 **覆轍**　前の車が転倒した跡。転じて、失敗の先例。

去れば今日この禍を未然に防ぐは実に焦眉の急[1]にして、決して怠るべからざるものならん。その法如何して可ならんと云うに、我輩の持論は、今の文部省又は工部省の学校を本省より分離して一旦帝室の御有と為し、更に之れを民間の有志有識者に附与して共同私有私立学校の体を成さしめ、帝室より一時巨額の金円を下附せられて永世保存の基本を立るか、又年々帝室の御分量中より学事保護の為にとて定額を賜わるか、二様の内如何様にもすべきなれども、一時下附の法も甚だ難事に非ず。例えば、目今本省にてその直轄学校の為めに費す所毎年五十万円なれば、資金五百万円を一時に下附して該共同の私有金と為し、この金を以て実価五百万円の公債証書を買うて之を政府に預け、年々凡そ五十万円の利子を収領すべし。名は五百万円を下附すと云うも、その実は現金を受授するに非ず、大蔵省中貯蓄の公債証〔書〕に記名を改るのみ。又この大金を人民に下附するとは雖ども、その人の私に恵与するに非ざるは無論にして、私の字に冠するに共同の字を以てすれば、固より一個人の私すべからざるや明なり。私立学校は既に五百万円の資金を得て維持の法甚だ易し。是に於て尚全国の碩学にして才識徳望ある人物を集めて常に学事の会議を開き、学問社会の中央局と定めて、文書学芸の全権を授け、教育の方法を議し、著書の良否を審査し、古事を探索し、新説を研究し、語法を定め、辞書を編成する等、百般の文事を一手に統轄し、一切政府の干渉を許さずして恰も文権[2]の本局たるべし。

在昔徳川政府勘定所[3]の例に、旗下の士が廩米[4]を受取るとき、米何石何斗[5]と書く米の字は、その竪棒を上に通さずして俗様に米と記すべき法なるを、或る時林大学頭より出したる受取書に楷書を以て尋常に米と記しければ、勘定所の俗吏輩如何で之を許すべきや、成規に背くとて却下したるに、林家に於ても之に服せず、同家の用人と勘定所の俗吏と一場の争論と為りて、遂に勘定奉行と大学頭と直談の大事件に及びたるときに、大学頭の申し分に、日本国中文字の事は拙者一人の心得に在り、米は米の字にて宜しとの一言にて、政府中の全権と称する勘定奉行も之が為に失敗したりとの一話あり。右は事実か或は好事家の作りたる奇話か之を知るべからずと雖ども、林家に文権の帰したる事情は推察するに足るべし。今日は時勢も違い斯る奇話あるべき様もなしと雖ども、若しも幸にして学事会の設立もあらば、その権力は昔日の林家の如くならんこと我輩の祈る所なり。又学事会なる者が斯く文事の一方に就て全権を有するその代りには、之をして断じて政事に関するを得せしめず、如何なる場合に於ても、学校教育の事務に関する者をして兼て政事の権を執らしむるが如きは殆ど之を禁制として、政権より見れば学

1 **焦眉の急**　さし迫った急務または危難。　2 **文権**　学問の権威、権力。　3 **勘定所**　勘定奉行を長とする江戸幕府の役所。　4 **廩米**　俸禄として支給される米のこと。扶持米。　5 **何石何斗**　「石」「斗」は容積の単位。一斗は約一八リットルで、一石は十斗に当たる。

者は所謂長袖の身分たらんこと是亦我輩の祈る所にして、之を要するに、学問を以て政事の針路に干渉せず、政事を以て学問の方向を妨げず、政権と学権と両立して両ながらその処を得せしめなば、政を施すにも易く学を勉るにも易くして、双方の便利これより大なるものなかるべしと信ずるものなり。

右の如くして文部省は全く廃するに非ず、文部省は行政官にして全国の学事を管理するに行政の権力を要するもの甚だ少なからず。例えば各地方に令して就学適齢の人員を調査し、就学者の多寡を計え、人口と就学者との割合を比例し、又は諸学校の地位履歴、その資本の出処、保存の方法を具申せしめ、時としては吏人を地方に派出して諸件を監督せしむる等、都て学校の管理に関する部分の事は文部省の政権に非ざれば能くすべからず。況や強迫教育法[1]の如き必ず政府の権威に由て始て行わるべきのみ。但し我輩は素より強迫法を賛成する者にして、全国の男女生れて何歳に至れば必ず学に就くべし、学に就ざるを得ずと強いて之に迫るは、今日の日本に於て甚だ緊要なりと信ずれども、その学問の風を斯の如くしてその教授の書籍は何を用いて何を読むべからずなど〻、教場の教授法にまで命令を下すが如きは、亦事の宜しからざるものと信ず。之を要するに、学問上の事は一切学者の集会たる学事会に任じ、学校の監督報告等の事は文部省に任して、云わば学事と俗事と相互に分離し又相互に依頼して始めて事の全面に美を致すべきなり。譬えば海陸軍に於ても、軍艦に乗て海上に戦い馬に跨て兵隊を指揮するは真に軍人の事にして、身躬から軍法に明にして実地の経験ある者に非ざればこの任に堪えず。左れども海陸軍必ずしも軍人のみを以て支配すべからず、軍律の裁判には法学士勿るべからず、患者の為には医学士勿るべからず、行軍の時に輜重兵粮[2]の事あり、平時にも固より会計簿記の事あり、その事務千緒万端[3]何れも皆戦隊外の庶務にして、その大切なるは戦務の大切なるに異ならず、庶務と戦務と相互に助けて始めて海陸軍の全面を維持するは普ねく人の知る所ならん。然ば則ち全国学問の事に於ても、教育の針路を定めて後進の学生を導き、文を教え芸学[3]を授る者は、必ず少年の時より身躬から教育を受けて又他人を教育し、教場実際の経験ある者にして始めてその任に当るべし。即ち学者をして学問教育の事を司らしむべき由縁なれども、又一方より見れば、全国の教育事務は独り学者のみに任ずべからず、之を管理してその事を整斉せしむるには、行政の権力を用いて所謂事務家の働に依頼せざるを得ず、学者が政権に依て学問を人に強いんとし、事務家が学問の味を知らずして漫に之を支配せんとするは、軍人が海陸軍の

1 **強迫教育法**　義務教育のこと。　2 **輜重兵粮**　戦時における衣服・武器・弾薬などの軍需品や食糧。　3 **千緒万端**　種々様々なこと。　3 **芸学**　学問技術。

庶務を兼ねて庶務の吏人が戦陣の事を差図せんとするに異ならず、両ながら労して効なきのみならず、却て全面の成跡を妨るに足るべきのみ。海陸軍の医士、法学士又は会計官が戦士を指揮して操練せしめ、又は戦場の時機進退を令するの難きは人皆これを知りながら、政治の事務家が教育の法方〔方法〕を議しその書籍を撰定し、又は教場の時間生徒の進退を指令するの難きを知らざる者あらんや。我輩の開陳する所、必ずしも妄漫[1]ならざるを許す者あるべしと敢て自から之を信ずるなり。

帝室より私学校を保護せらるゝの事に付てはその資金を如何するやとの問題もあれども、この一条は最も容易なる事にして、心を労するに足らず。我輩の持論は、今の帝室費[2]を甚だ不十分なるものと思い、大に之を増すか、又は帝室御有の不動産にても定められたきとの事は毎度陳述する所にして、若しも幸にして我輩の意見の如くなることもあらば、私学校の保護の如き全国僅に幾十万円を以て足るべし。或は一時巨額の資本を附与せらるゝとて亦、唯幾百万円の金を無利足にして永代貸下るの姿に異ならず、決して帝室の大事と称すべき程のものに非ず。或は今の政府の財政困難にして帝室費をも増すに遑あらずと云わんか、極度の場合に於ては、国庫の出納を毫も増減せずして実際の事は挙行すべし。その法他なし、文部省工部省の学校を分離し御有と為すときは、本省に於ては従来学校に給したる定額を省くべきは当然の算数にして、この定額金は必ず大蔵省に帰することとならん。大蔵省に於ては期せずして歳出を減じたることなれば、その金額を以て直に帝室費を増加し、帝室はこの増額を以て学校保護の用に充(あて)られたらば、更に出納の実際に心配なくして事を弁ずること甚(はなは)だ容易なるべし。啻(ただ)に実際に心配なきのみならず、学校の官立なりしものを私立に変ずるときは、学校の当局者は必ず私有の心地して百事自然に質素謹倹〔勤〕[3]の風を生じ、旧慣に比して大に費用を減ずべきは無論、或は之(こ)れを減ぜざれば、旧時同様の資金を以て更に新(あら)たに学事を起すに足るべし。今の官立校とて徒(いたずら)に金円を浪費乱用すると云うには非ざれども、事の官たり私たるの別に由(よ)り費用も亦自(おのずか)ら多少の差あるは社会に免(まぬか)れざる所にして、世人の明知する事実なれば、今回若し幸にして官私の変革あらば、国庫より見て学校の資本は心ず豊(ゆたか)なるを覚ることとならん。

又或は人の説に、官立の学校を廃して共同私立の体(てい)に変じ、その私立校の総理[4]以下教員に至る迄も従前官立学校に従事したる者を用い、学事会を開て学問の針路を指示するが如きは甚だ佳(よ)しと雖(いえ)ども、その総理教員なる者は以前は在官の栄誉を辱(かたじけの)うしたる身分にして、俄(にわか)に私立

1 **妄漫** でたらめで、いいかげんなこと。 2 **帝室費** 国庫から支出した皇室の費用。現在の皇室費に当たる。 3 **謹倹** 倹約につとめること。 4 **総理** 学校長。

の身と為りては恰も栄誉を失うの姿にして心を痛ましむるの情実あるべしと云うものあり。我輩一と通りの考にては、この言は全く俗吏論にして学者の心事を知らざるものなりと一抹し去らんとしたれども、又退て再考すれば、学者先生の中にも随分俗なる者なきに非ず、或は稀には何官何等出仕の栄を以て得々たる者もあらん。然りと雖ども、学者中仮令いこの臭気の人物ありとするも、之れを処すること亦甚だ易し。先ず利禄を以て云えば、学校の官私を問わず俸給は依然として旧の如くなるべし。又利禄を去て身分の一段に至ては、帝室より天下の学者を網羅して之に位階勲章を賜わらば夫れにて十分なるべし。抑も位階勲章なるものは唯政府中に限るべきものに非ず。官吏の辞職するは政府を去る者なれば、その去るときに位階勲章を失わず、或は華族の如き曾て政府の官途に入らざるも必ず位階を賜わるは、その家の栄誉を表せらるゝの意ならん。左れば位階勲章は、官吏が政府の職を勤るの労に酬るに非ずして、唯普通なる日本人の資格を以て政府の官職をも勤る程の才徳を備え日本国人の中にて抜群の人物なりとて、その人物を表するの意ならん。官吏の内にても一等官の如きは最も易からざる官職にして、尋常の才徳にては任に堪え難きものなるに、能くその職を奉じて過失もなきは日本国中稀有の人物にして、その天稟の才徳、生来の教育共に第一流なりとて、一等勲章を賜わりて貴き位階を授ることとならん。左れば官吏が職を勤るの労に酬るには月給を以てし、数を以て云えば、百の労と百の俸給と正しく相対してその有様は殆ど売買の主義に異ならず、この点より論ずるときは仕官も亦営業渡世の一種なれども、俸給の外に位階勲章を与うるは、その労力の大小に拘わらず、恰も日本国中の人物を排列してその段等を区別する者にして、官途には自から抜群の人物多きが故に、位階勲章を得る者の数も官途に多き由縁なり。政府の故意にして殊更に官途の人のみに之を与うるに非ず、官職の働は恰も人物の高低を計るの測量器なるが故に、一度び測量して之を表するに位階勲章を以てしてその地位既に定るときは、本人の働は何様にても之に関することなく、地位は生涯其の身に附て離れざるものなり。即ち辞職の官吏も其の位階勲章をば生涯失うことなきを見て之を知るべし。

位階勲章は直に帝室より出るものにして、政府吏人の毫も関り知るべき者に非ず。而してその帝室は日本国全体の帝室にして、政府一局部の帝室に非ず。帝室固より政府に私せず、政府固より帝室を私せず、無偏無党の帝室は帝国の全面を照らして、その孰れに厚からず又孰れに薄からず、帝室より降臨すれば、政治の社会も学問の社会も、宗旨も道徳も技芸も農商も、一切万事要用ならざるものなし。苟も是等の事項に就て抜群の人物あれば、則ち之を賞してその抜群なるを表す、位階勲章の精神は蓋し此に在て存するものならん。人間社会の事は千緒万端にして、唯政治のみを以て組織すべきものに非ず。人の働も亦千緒万端に分別して之に応ぜざるべからず。即ち人事の分業分任なり。既に之を分て之に任ずるときは各長ずる所あるべきは自然の理にして、農商の事に長ずるものあり、工芸技術に長ずるものあり、或は学問に長じ或は政治に長ずる等、相互に争うべからざるものあるが故に、この事に長ずるものはこの事の長者として之を貴び、その業に長ずる者はその業の長者として之に最上の栄誉を与うるも亦自然の理に於て許すべきものなり。例えば大関が相撲最上の長者なれば、九段は碁将棋最上の長者にして、その長者たるや、一等官が政事の長者たるに異ならざるなり。左れば、生れながらにして学に志し畢生[1]の精神を自身の研究と他人の教導とに用いてその一方に長ずる者は、学問社会の長者にして、是亦一等官が政事の長者たるに異ならざるや固より明白なり。而してその相撲の大関又は碁将棋の九段なる者が、太政大臣と同一様の栄誉を得ざるは何ぞや。相撲と碁将棋とはその事柄に於て之を政事に比して軽重の別あるが故に、その軽重の差に従て双方の長と長と比肩するを得ざるものなりと雖ども、今一国文明の進歩を目的に定めて政事と学事と相互に比較したらば、孰れを重しとし孰れを軽しとするは判断に於て甚だ難き事ならん。学者をして学問の貴きを説かしめたらば、政事の如きは小児の戯にして論ずるに足らざるものなりと云い、政事家も亦学問を蔑視して実用に足らざる老朽の空論なりとすることならんと雖ども、是れは所謂双方の偏頗論[2]にして、公平に云えば、政事も学問も共に人事の至要[3]にして双方共に一日も空うすべからず、政事は実際の衝に当って大切なり、学問は永遠の大計を期して大切なり、政事は目下の安寧を保護して学者の業を安からしめ、学問は人を教育して政事家をも陶冶[4]し出す、双方共に毫も軽重あることなしとの裁判にて双方に不平なかるべし。

一国文明の為に学問の貴重なること既に明なれば、その学問社会の人を尊敬して之に位階勲章を与うるは誠に尋常の法にして、更に天下の耳目を驚かす程の事に非ず。即ち学問社会上流の人物は政事社会上流の人物と正しく同等の地位に立て毫も軽重あるべからず。唯相互にその事業を干渉せざるのみ。朝廷には位を貴び郷党[5]には齢を貴ぶと云うは、政府の官職貴きも之を以て郷党民間の交際を軽重するに足らずとの意味ならん。況や学問社会に対するに於てをや。政府の官途に奉職すればとてその尊卑は毫も効なきものと知るべし。仏蘭西の大学校にて、第一世「ナポレオン」[6]はその学事会員たるを得たれども、第三世「ナポレオン」[7]は遂に之を許されざりしと云う。同国にて学権の強大なること以て証すべし。我日本国にても、政府の官職は

1 畢生　一生涯。終生。　**2 偏頗論**　かたよった議論。　**3 至要**　最も大切なこと。　**4 陶冶**　陶器や鋳物を作ること。転じて、人を育成すること。　**5 郷党**　地方。郷里。　**6 第一世「ナポレオン」**　Napoleon I（1769–1821）ナポレオン一世。　**7 第三世「ナポレオン」**　Napoleon III（1808–73）ナポレオン三世。ナポレオン一世の甥。

唯在職中の等級のみにて、この他に位階勲章の制を立てず、尊卑は唯政府中官吏相互の等級にして曾て政府外に通用せざるものなれば、私の会社中に役員の等級あるが如くにして、他に影響すること少なからんと雖ども、苟もその人の事業に拘わらずしてその身を軽重するの法あるからには、その法は須らく全国人民に及ぼして政府の内と外とに差別する所あるべからざるなり。官吏も日本政治社会の官吏なり、学者も日本学問社会の学者なり。その事業こそ異なれども、その人物の軽重に至ては毫も異なることなくして、唯偶然にこの人物が学問に志して学者の業に安んずるが故に、その身の栄誉を表するの方便を得ず。彼の人物が偶然に仕官に志して官吏の業に就たるが為に、利禄に兼て栄誉を得るとは人事の公平なるものと云うべからず。固より高尚なる理論上より云えば、位階勲章の如き誠に俗中の俗なるものにして、歯牙に留む[1]べきに非ずと云うと雖ども、是れは唯学者普通の公言にしてその実は必ずしも然らず。真実に脱俗して栄華の外に逍遥し天下の高処に居て天下の俗を睥睨[2]するが如き人物は、学者中百に十を見ず、千万中に一、二を得るも難きことならん。況や日本国中栄誉の得べきものなければ則ち止まんと雖ども、等しく国民の得べきものにして、彼れは之を得て此れは得ずとあれば、殊更に辱しめらるゝの念慮なきを得ず。是れをも忍て塵俗の外に悠々たるべしとは、今の学者に向て望むべからざることとならんのみ。

右の次第にて、学者の栄誉を表するが為めに位階勲章を賜わるは誠に尋常の事にして、政府の官吏にのみ之を賜わるの多きこそ却て人の耳目を驚かすべき程の次第なれば、今回幸にして行政官直轄の諸学校を私立の体に改革せられたらば、その教員の輩は固より無官の人民なれども、何れも皆少小の時より学に志して自身を研き他を教育するの技倆ある人物にして、日本国中学問の社会に於ては長者先進と称すべき者なるが故に、その人物に相当すべき位階勲章を賜わるは事の当然にして、本人等の満足すべきのみならず、亦以て帝室の無偏無党にして日本国の全面を通覧せられ政治も学問も同一視し給うとの盛意を示すに足るべきことゝ信ずるなり。

帝室は既に日本私立学校の保護者たり。尚この上に望む所は、天下の学者を撰で之に特別の栄誉と年金とを与えてその好む所の学芸を脩めしむる事なり。近年西洋に於て学芸の進歩は殊に迅速にして、物理の発明に富むのみならず、その発明したるものを人事の実際に施して実益を取るの工風日に新にして、凡そ工場又は農作等に用る機関の類は無論、日常の手業[3]と名くべき灌水、割烹、煎茶、点灯の細事に至るまでも悉皆学問上の主義に基て天然の原則を利用する

1 **歯牙に留む**　取り上げて問題とする。　2 **睥睨**　あたりをにらみつけて威圧すること。　3 **手業**　手仕事。

ことを勉めざるはなし。之を要するに、近年の西洋は既に学理研究の時代を経過して、方今は学理実施の時代と云て可ならんか、これを形容して云えば、軍人が兵学校を卒業して正に戦場に向いたる者の如し。之に反して我日本の学芸は十数年来大に進歩したりと云うと雖ども、未だ卒業せざるのみならず、恰も他国の調練を調練するものにして、未だ戦場の実地に臨まず、物理新に発明するを得ず、その実施の時代に至るには前途尚遥なりと云うべし。例えば医学の如きは、日本にてその由来も久しく随てその術も他の諸科に超越するものなれども、今日の有様を見れば、西洋の日新を逐うて常に及ばざるの嘆を免かれず。数百年の久しき、日本にて医学上の新発明ありしを聞かざるのみならず、我国に固有の難病と称する脚気の病理さえ尚未だ詳明するを得ず。畢竟我医学士の不智なるに非ず、自家の学術を研究せんとしてその時と資金とを得ざるが為なり。僅に医学の初歩を学び得るときは、或は官途に奉職し或は開業して病家に奔走し、奉職開業必ずしも医士の本意に非ざるも、糊口[1]の道なきを如何せん。口を糊せんとすれば学を脩るの閑なし、学を脩めんとすれば口を糊するを得ず、一年三百六十日脩学半日の閑を得ずして身を終るもの多し。道の為に遺憾なりと云うべし（我輩曾て謂らく、打候聴候[2]は察病に最も大切なるものなれども、医師の聴機穎敏ならずして必ず遺漏あるべきなれば、この法を研究するには、盲人の音学に精しき者を撰て先ず健全なる肺臓心臓等の動声を聴かしめ、次第に患者変常のときに試みてその音を区別せしめたらば、従前医師の耳にて五種に分ちたるものも、盲人の耳にはその一種中を細別して二、三類に分つこともあるべし。即ち従前の察病法五様なりしものが、五に三を乗じて十五様の手掛りを得べし。この試験果して有効のものならば、医学部には必ず音学を以て一課と為し、青年学生の聴機穎敏なる時に及で之に慣れしめざるべからず。或はその俊英なる者は打候聴候を以て専門の業と為して之を用るも可ならん。蓋し医学の秘密は是等の注意に由て発明することもあらんと信ず)。独り医学のみならず、理学なり又文学なり、学者をして閑を得せしめ又随て相当の活計[3]あらしむるときは、その学者は決して懶惰無為に日月を消する者に非ず、生来の習慣恰も自身の熱心に刺衝[4]せられて勉強せざるを得ず。而してその勉強の成跡は発明工風にして、本人一個の利益に非ず、日本国の学問に富を加えて国の栄誉に光を増すものと云うべし。又著述書の如きも、近来世に大部の著書少なくして唯その種類を増し、随て発兌[5]すれば随て近浅の書多しとは、人の普ねく知る所なるが、その原因とて他に在らず、学者にして幽窓に沈思するの暇を得ざるが為なり。蓋し意味深

1 **糊口の道**　暮しを立てる手段。　2 **打候聴候**　打診と聴診。　3 **活計**　生活を維持すること。生計。　4 **刺衝**　刺激。　5 **発兌**　書物などを刊行すること。

遠なる著書は読者の縁も亦遠くして、発兌の売買上に損益相償うを得ず、之れを流行近浅の雑書に比すれば、著作の心労は幾倍にして所得の利益は正しくその割合に少なし。大著述の世に出でざるも偶然に非ざるなり。何れも皆学問上には憂うべきの大なるものにして、その憂の原因は学者の身に閑なくして家に恒産[1]なきが為なり。故に今帝室より私学校を保護するに兼て学者の篤志なるものを撰び、之に年金を与えてその生涯安身の地位を得せしめたらば、自から我学問社会の面目を改めて、日新の西洋諸国に並立し日本国の学権を拡張して鋒を海外に争うの勢に至るべきなり。財政の一方より論ずれば、常式の官職[2]もなきものへ毎年若干の金を与るは不経済にも似たれども、常式の官員とて必ずしも事実今日の政務に忙わしくする者のみに非ず。政府中に散官[3]なるものありて、その散官の中には学者も少なからず、仮令い或は散官ならざるも、生来文事を以て恰もその人の体格を組織したる人物は、之を政事に用いてその用を為すに足らず、学者は之に事を諮問するに適して之に事を任ずるに不便利なり。斯る人物を政府の区域中に入れてその不慣なる衣冠を以て束縛するよりも、等しく銭を与うるならば之を俗務外に安置してその生計を豊にしその精神を安からしむるに若かず。元老院中二、三の学者あるもその議事之が為に色を添るに非ず、海陸軍中一、二の文人あるも戦場の勝敗に関すべきに非ず、或は学者文人に諮問の要もあらば、その時に随て之に問うこと甚だ易し。国の大計より算すれば年金の法決して不経済ならざるなり。

帝室より私学校を保護し学者を優待するは、学問の進歩を助るのみならず、我国政治上に関しても大なる便益を呈することならん。抑も文字の意味を広くして云えば政治も亦学問中の一課にして、政治家は必ず学者より出で学校は政談家を生ずるの田圃なれども、学校の業成るの日に於てその成業の人物が社会の人事に当るに及ては、各その赴く所を異にせざるを得ず。工たり商たり又政治家たり、或は学成るも尚学問を去らず、畢生を委ねて学理の研究又は教育の事を勉る者あり、即ち純然たる学者なり。左れば工商又は政治家はその所得[4]の学問を人間の実業に利用する者にして、学者は生涯学問を以て業と為す者なり。前にも云える如く、政治の国の為に大切なるは学問の大切なるに異ならず。政治学日に進歩せざるべからず、国民全体に政治の思想なかるべからず、政談熱心せざるべからず、政事常に語るべし。国民にして政治の思想なきは陶〔唐〕虞三代[5]の愚民にして、名は人民なるもその実は豚羊に異ならず、共に国を守るに足

1 **恒産**　職業や財産などの一定の生活手段。 2 **常式の官職**　専任の役職。 3 **散官**　官位だけがあって役職のない者などの称。 4 **所得**　修得すること。 5 **陶虞三代**　「陶（唐）」は堯、「虞」は舜の別名。三代は夏・殷・周の三王朝。中国古代の理想的な政治が行われた時代として、儒教では尊重された。

らざるものなれば、苟も国を思うの丹心[1]あらんものは内外の政治に注意せざるべからず。政治の事甚だ大切なりと雖ども、是れは人民一般普通の心得にして、爰に政治家と名るものは一家専門の業にして、政権の一部分を手に執り身躬から政事を行わんとする者なれば、その有様は工商がその家業を営み学者が学問に身を委るに異ならず。之を要するに、国民一般に政治の思想を養えとは、国民一般に学問の心掛けあるべしと云うに異ならず。人として学問の心掛けは大切なれども、全国の人民悉皆学者たるべきに非ず。人として政治の思想は大切なれども、全国の人民悉皆政治家たるべきに非ず。世人往々この事実を知らずして、政治の思想要用なりと云えば忽ち政治家の有様を想像して、己れ自から政壇に上て政を執るの用意し、生涯政事の事業を以て身を終らんと覚悟する者多し。学問と云えば忽ち大学者を想像して、生涯書に対して身を終らんとする者あるが如し。その心掛けは嘉みすべし[2]と雖ども、人々に天賦の長短もあり、家産家族の有様もあり、幾千万の人物が決して政治家たるべきにも非ず、又大学者たるべきにも非ず、世界古今の歴史を見てもその事実を証すべきなれば、政治も学問もその専業に非らざるより以外は唯大体の心得にして止み、尋常一様の教育を得たる上は各その長ずる所に従い、広き人間世界に居て随意に業を営み、以て一身一家の為にし又随て国の為にすべきなり。

政治も学問も相互にその門を異にして、人事中専門の一課とするときは、各門相互に干渉すべからざるは無論、各自家の専業を勉めて相互に顧ることもなきを要す。政治家たるものが既に学問受教の年齢を終て政事に志し又政事を執るに当ては、自身に学問の心掛けは固より怠るべからざるも、学校教育上の事は忘れたるが如くに之を放却せざるべからず。学者が学問を以て畢生の業と覚悟したる上は、自身に政治の思想は固より養うべきも、政壇青雲の志[3]は断じて廃棄せざるべからず。然るに近日世間の風潮を観るに、政治家なる者が教育の学校を自家の便に利用するか、又は政治の気風が自然に教場に浸入したるものか、その教員生徒にして政の主義を彼れ是れと評論して自から好悪する所のものあるが如し、政治家の不注意と云うべし。政治の気風が学問に伝染して尚広く他の部分に波及するときは、人間万事政党を以て敵味方を作り、商売工業も政党中に籠絡せられて、甚しきは医学士が病者を診察するにも、寺僧又は会席の主人が人に座を貸すにも、政派の敵味方を問うの奇観を呈するに至るべし。社会親睦、人類相愛の大義に背くものと云うべし。又一方の学者に於ても、世間の風潮政談の一方に向うて苟も政を語る者は他の尊敬を蒙り、又随て衣食の道にも近くして身を起すに容易なるその

1 **丹心**　まごころ。赤心。　2 **嘉みす**　ほめる。めでたたえる。　3 **政壇青雲の志**　政治の世界で立身出世しようとする志。

最中に、自家の学問社会を顧れば、生計得べきの路なきのみならず、蛍雪[1]幾年の辛苦を忍耐するも学者なりとして敬愛する人さえなき有様なれば、寧ろ書を抛て一臂[2]を政治上に振うに若かずとて、壮年後進の学生は争うて政治社会に入らざるはなし。その人の罪に非ず。風潮の然らしむる所なり。今の風潮は天下の学生を駆て之を政治に入らしむるものなるを、世の論者は往々その原因を求めずして唯現在の事相に驚き、今の少年は不遜なり軽躁なり、漫に政治を談じて身の程を知らざる者なりとて之を咎る者あれども、仮にその所言に従て之を酔狂人とするも、明治年間今日に至て俄に狂すべきに非ず、その狂や必ず原因あるべし。その原因とは何ぞや。学生にして学問社会に身を寄すべきの地位なきもの即是なり。その実例は之を他に求るを須たず、或は論者の中にもその身を寄する地位を失わざらんが為に説を左し、又その地位を得たるが為に主義を右したることもあらん。之を得て右したる者は之を失えば復た左すべし、何ぞ現在の左右を論ずるに足らんや。自身にして斯の如し、他人も亦斯の如くなるべし。伐柯其則不遠[3]、自心を以て他人を忖度[4]すべし。人の心を鎮撫するの要はその身を安からしむるに在り。安身は安心の術なり。故に今帝室の保護を以て私学校を維持せしめて兼て又学者を優待するの先例を示されたらば、世間にも次第に学問を貴ぶの風を成して自然に学者安身の地位も生ずべきが故に、専業の工たり農商たり又政治家たる者の外は、学問社会を以て畢生安心の地と覚悟して政壇の波瀾に動揺することなきを得べし。我輩曾て云えることあり、方今政談の喋々を直に制止せんとするは些少の水を以て火に灌ぐが如し、大火消防の法は水を灌ぐよりもその燃焼の材料を除くに若かずと。蓋し学者の為に安身の地を作てその政談に走るを留るは亦燃料を除くの一法なり。

学問之独立　畢

1 蛍雪　蛍や雪の明りで勉強する。すなわち、辛苦して学問すること。苦学。**2 一臂**　片方のひじ。片腕。わずかな力。**3 伐柯其則不遠**　「柯」は樹木の名、また斧の柄のこと。斧の柄にする木を伐るのに、その長さは手元の斧の柄を基準にすればよい。手本となるものは身近にあるものだということ。『詩経』豳風、『中庸』などに見える言葉。**4 忖度**　推察。他人の心中を推測すること。

学者の志操と矜持

人の説を咎むべからざるの論

世の中には下戸もあり上戸もあり、人々の思う所一様なるべからず。下戸、牡丹餅の議論を主張すと雖ども、その力よく天下の酒屋を禁ずるに足らず。上戸、酒屋に左袒[1]すと雖ども、その議論を以て全国の餅屋を廃すべからず。人間万事皆斯の如し。必ずしも我意を主張して、万人の説を一直線の如くならしむべからず。揃いのゆかたは之を製して人に与うべしと雖ども、人々の説をしてゆかたの如く揃わしむるは甚だ難し。且天下の議論を一様ならしむるは、寧ろ初より議論なきに如かず。譬えば世の婦人の顔色をして悉皆一様ならしめなば、醜美を選ぶの論も無用なるが如し。醜あればこそ美もあるものなれ。かの揃いのゆかたも全国の揃いとならば、その模様を選ぶに及ばず。ゆかたの揃いにてもどてらの揃いにても、或は裸体の揃いにても差支なかるべし。

語に云く、学者は国の奴雁[2]なりと。奴雁とは、群雁野に在て餌を啄むとき、その内に必ず一羽は首を揚げて四方の様子を窺い、不意の難に番をする者あり、之を奴雁と云う。学者も亦斯の如し。天下の人、夢中になりて、時勢と共に変遷するその中に、独り前後を顧み、今世の有様に注意して、以て後日の得失を論ずるものなり。故に学者の議論は現在その時に当ては功用少なく、多くは後日の利害に関るものなり。甘き今日に居て辛き後日の利害を云う時は、その議論必ず世人の耳に逆わざるを得ず。これがため、或は虚誕妄説[3]の譏を招くことあれども、その妄説なるものは唯、今世の耳に触れて妄説なるのみ。その耳とその説と孰が正しきや、今日を以て裁判すべきに非ず。耳は人の耳なり、説は我説なり、決して一様なるべからず。仮に天保年間に当て断髪廃刀の説を唱る者あらば如何ん。虚誕妄説と云うも尚余りあらん。されども

【『民間雑誌』明治七（一八七四）年六月、第三編に掲載された小論。学者の職分を奴雁になぞらえている。『民間雑誌』は明治七年二月から刊行された、半紙四ツ折判、十丁内外の小型啓蒙雑誌。翌八年六月の第十二編で終刊となったが、後身の『家庭叢談』第六十七号を再び『民間雑誌』と改題し、週刊、さらには日刊として明治十一（一八七八）年五月十九日の第百八十九号まで刊行した。なお『家庭叢談』については本書三五五頁参照。】

1 **左袒す** 味方する。 2 **奴雁** ふつうは雁奴。雁の群れが餌を食べている間、群れの安全を見守る役をする雁をさす。 3 **虚誕妄説** 通説に反する異論のこと。福澤は虚誕妄説あるいは妄誕が科学の進歩をもたらすことを常に強調した。たとえば『学問のすゝめ』十五編参照。

今日は半髪帯刀の者を見て却てこれを怪むに非ずや。然ば則、今日の虚誕妄説も亦後年の通論[1]たることあらん。然るに今の識者、世の議論をして強いて時勢に合わしめんとするは、その望む所蓋し世間に学者なきを欲するもの〻如し。世人西に走れば学者も亦西の説を唱え、世人東に向えば学者も亦東を誉め、学者の著書は恰も俗間流行の仕事を吹聴する引札に異ならず。斯の如くしては学者も無用の長物、あれどもなきが如し。今の世の識者はこの有様を企望するか。余輩は却てこれを驚くなり。

世間の風に合わずとて、人の議論を排する者は、結局世の通論を誹るとてこれを咎るのみにて、その議論の事実に当ると否とは捨て〻問わざることならん。その証拠には世間に行わる〻ことを誉めて咎められたる者は甚だ稀なり。針ほどの功を棒の如くに誉立て、一毫の美事を山の如くに吹聴し、甚しきは人の失策に理屈を付け、何とか筆の先きにて書廻せば、その評判は仮令い虚にても、評判を受けたる者は知らぬ顔にて聊か得意の色を為せり。されば人の議論を咎ると咎めざるとは、唯その議論の世を誹ると誉るとの界に在て、その譏誉[2]の事実に当ると否らざるとは捨て〻問わざるなり。若し事実に質してその当否を論ずるときは、先ずかの人を誉めて実に過ぎたるものを咎めざるべからず。実に過るものは悉皆これを虚誕妄説と云わざるを得ず。世上にその類は沢山なり。よく心を留めてこれを探索すべし。

余輩又、世の人に忠告する一事あり。都て人の説を駁する者は、その説を排してこれを止めんとするの趣意ならん。これを止めんとするは、世にその説を聞く者をして少なからしめんとするの趣意ならん。然るに世の中の人情は必ずしも美にして耳目に快よきものゝみを好むに非ず。或は恐るべく、悪むべく、嫌うべく、驚くべきものを見聞せんと欲するものにて、只管これに耳目を傾け、或は唯評判のみを聞てこれに走ること多し。譬えば見世物の如し。十全の美婦、好男子を見世物にすると云うも、之を見る者なし。故にその物品には常に珍禽異獣、奇怪の物を主とし、その奇怪愈甚だしくして、恐るべく驚くべきの噂あれば、見物の客も又愈夥多し。尋常の蚯蚓と猫を見せんと云うも、誰か銭を出してその木戸に入る者あらん。唯両頭の蛇と、巨大なる虎を看板に掛け、その評判高くして、始て客来もあるなり。著書も亦斯の如し。人の著述を駁してその意見を咎め、之を悪み之を罵り、之を嫌うこと両頭の蛇の如く、之に驚くこと巨大の虎の如くするときは、その評判の善悪を問わず、その事柄の虚実を糺さず、世の人は必ずその書を求てこれを見んと欲するものなれば、初にその議論を駁せんとせしときの趣

1 **通論**　通説。福澤は目前の通説に溺れることを特に嫌った。　2 **譏誉**　そしることとほめること。毀誉。

意に立返りてこれを考えるときは、その説を世に止むること能わずして却てその流布を助るなり。古来世に絶版の書の流行するもこの人情に基きたるものなり。且前にも云える如く、議論は人の意見の外に顕るゝものなり。若しこの議論を書に著すことを禁ぜば、之を口に云うべし、若しその口をも封じて、言うことを得ざらしめなば、心に之を思うべし。この心に至ては、自身を除く外凡天地の間に之を制すべき力あることなし。政府の命を以て禁ずべきに非ず、世論の喧しきがために止むべきに非ず、唯これを口に言わざるのみ、書に記さゞるのみ。然りと雖ども、心に思う所を言わずして、その思わざることを言うは、即是偽なり。故に著書を禁じ、或は人の議論を駁して、強いて世の意見を一様ならしめんと欲する者は、所謂天下を率いて偽を行わしむるものなり。

蘭学事始再版之序

蘭学事始の原稿は素より杉田家に存して一本を秘蔵せしに、安政二年、江戸大地震[1]の火災に焼失して、医友又門下生の中にも曾て之を謄写せし者なく、千載の遺憾として唯不幸を嘆ずるのみなりしが、旧幕府の末年に神田孝平[2]氏が府下本郷通を散歩の折節、偶ま聖堂[3]裏の露店に最

【『蘭学事始』が第一回日本医学会（明治二十三［一八九〇］年四月一日から七日に開催）の折に再版され、それを慶んで寄せた序文。『蘭学事始』は『解体新書』の翻訳・刊行の苦心を杉田玄白が記したもの。文化十二（一八一五）年成稿。神田孝平が明治二（一八六九）年に見つけた本のタイトルは『和蘭事始』であったが、これを「蘭学」事始としたのは福澤である。】

1 **安政二年、江戸大地震**　十月二日（陽暦一八五五年十一月十一日夜）に起こった大地震。倒壊家屋一万四、〇〇〇戸、死者七、〇〇〇人余（推定）。　2 **神田孝平**　一八三〇（天保元）年—九八（明治三十一）年。蘭学を杉田成卿らに学び、『経済小学』を訳した。開成所教授、のち明六社員、文部少輔。福澤の学友の一人。　3 **聖堂**　湯島聖堂のこと。

と古びたる写本のあるを認め、手に取りて見れば紛れもなき蘭学事始にして、然かも鷧斎先生[1]の親筆に係り門人大槻磐水先生[2]に贈りたるものなり。神田氏の雀躍[3]想見るべし。直に事の次第を学友同志輩に語り、孰れも皆先を争うて写取り、俄に数本の蘭学事始を得たるその趣は、既に世に亡き人と思いし朋友の再生に遭うたるが如し。而して之を再生せしめたる恩人は神田氏にして、我輩の共に永く忘れざる所なり。書中の紀事は字々皆辛苦、就中明和八年[4]三月五日、蘭化先生[5]の宅にてターフルアナトミア[6]の書に打向い、艫舵なき船の大海に乗出せしが如く茫洋として寄るべきなく唯あきれにあきれて居たる迄なり云々以下の一段に至りては、我々は之を読む毎に、先人の苦心を察し、その剛勇に驚き、その誠意誠心に感じ、感極りて泣かざるはなし。迂老[7]は故箕作秋坪氏[8]と交際最も深かりしが、当時彼の写本を得て両人対坐、毎度繰返しては之を読み、右の一段に至れば共に感涙に哽びて無言に終るの常なりき。斯くて一両年を過ぎ、世は王政維新の変乱と為り、都下の学友輩も諸方に散じて、東西南北、唯兵馬の沙汰を聞くのみ。この時に当り迂老は江戸に住居し、独り目下の有様を見聞して、我国文運の命脈甚だ覚束なしと思い、明治元年のことなり、月日は忘れたり、小川町なる杉田廉卿[9]氏の宅を訪い、天下騒然復た文を語る者なし、然るに君が家の蘭学事始は我輩学者社会の宝書なり、今是を失うては後世子孫、我洋学の歴史を知るに由なく、且は先人の千辛万苦して我々後進の為めにせられたるその偉業鴻恩[10]を空うするものなり、就ては方今の騒乱中にこの書を出版したりとて見る者もなかるべしと雖も、一度び木に上する[11]ときは保存の道これより安全なるなし、実に心細き時勢なれば売弘などは出来ざるものと覚悟して出版然るべし、その費用の如きは迂老や斯道の為め又先人へ報恩の為めに資くべしとて、持参したる数円金を出し懇談に及びしかば、主人も迂老の志を悦びいよ〳〵上木と決し、その頃は固より活版とてはなく、先ず草稿を校正して版下に廻わし、桜の版[12]に彫刻することとなれば、彼れ是れ手間取り、発兌は翌明治二年正月のこととなりき。即ち今の版本蘭学事始上下二巻、是れなり。爾後不幸にして廉卿氏は世を早う

1 鷧斎先生　杉田玄白のこと。本書九頁参照。**2 大槻磐水**　大槻玄沢のこと。本書九頁参照。**3 雀躍**　小躍りして喜ぶこと。非常に喜ぶこと。**4 明和八年**　一七七一年。**5 蘭化先生**　前野良沢。本書九頁参照。**6 ターフルアナトミア**　ドイツ人クルムスの『解剖図譜』*Anatomische Tabellen* のオランダ語訳（一七三四年）の日本における通称で、『解体新書』の原本。**7 迂老**　愚かな老人である自分の意。この時、福澤は満五十五歳。**8 箕作秋坪**　一八二五（文政八）年―八六（明治十九）年。緒方洪庵に学んだ。幕府天文台に入り、蕃書取調方教授。文久二（一八六二）年、福澤らとともにヨーロッパを歴訪。帰国後は洋学塾、三叉学舎を開き教育に従事。教育博物館長などを歴任。明六社員。福澤の学友の一人。**9 杉田廉卿**　杉田玄白の曾孫。**10 鴻恩**　多大な恩恵。**11 木に上する**　上木。出版すること。**12 桜の版**　版木には多く桜がつかわれた。

せられ、版本も世間に多からず。然るに今回は全国医学会に於て或はその再版あるべしと云う。迂老の喜び喩えんに物なし。数千部の再版書を普く天下の有志者に分布するは即ち蘭学事始の万歳にして、啻に先人の功労を日本国中に発揚するのみならず、東洋の一国たる大日本の百数十年前、学者社会には既に西洋文明の胚胎するものあり、今日の進歩偶然に非ずとの事実を、世界万国の人に示すに足るべし。内外の士人この書を読で単に医学上の一小紀事とする勿れ。

明治二十三年四月一日、後学福澤諭吉謹誌。

〔学問上の私会なれば、大臣も平民も区別はあるべからず〕

工学会と福澤先生

世間流行の集会盛宴又は何々式等に付き福澤先生方へ案内するもの少なからざれども、先生平生の懇親なき限りは一切その招きに応じたることなし。縁故薄き向きより招待の手紙到来してその紙端に回答を求むとありても之(これ)に取合わず。手紙を請取(うけと)りて返詞せざるは礼に非ずと云(い)えば、無縁の人に突然手紙を贈るも亦(また)礼に非ず。非礼は御互(おたが)いなりとて諾否(だくひ)の返詞さえせざること多し。過日工学会[1]の臨時大会に付ても同会より案内状到来したれども、例の如(ごと)く打捨(うちすて)置き

【署名はないが福澤の自筆である。明治二十三（一八九〇）年五月六日付『時事新報』に雑報記事として掲載。】

1 **工学会** 明治十二（一八七九）年に工部大学校の第一回卒業生によって創立。現在の日本工学会の前身。初代会長、山尾庸三。

しに、開会の四、五日前に会長山尾（やまお）子[1]が先生の私宅を訪（おとな）うて、今度臨時会の由来事情を語り、その発会式には先生も来会ありたしとの旨を述べしに、先生は少壮の時より最も物理学（フィジカル・サイエンス）を重んじて、畢生（ひっせい）の心事、須臾（しゅゆ）[2]も真理原則の外に曖昧（あいまい）たるを得ず。社会万年の想像を画（えが）くときは人間万事を挙げて有形の学理中に網羅し尽さんとまでの本心なれば、今度の臨時大会は固（もと）より大賛成、何卒箇様（かよう）なる事の機に乗じて物理学に重きを増し、我文明の基礎を堅固にして人心の浮薄を圧し、無形の空論を避けて有形の実益を興（おこ）すの道を開きたし、就（つい）てはその発会式に御案内を蒙（こうむ）るこそ幸（さいわい）なれ、出席の出来る都合ならば出席致すべしとて別を告げ、夫（そ）れより中間に周旋する人ありて、先生の云うよう、当日式場に出席は何（いず）れの辺の人なるやと尋るに、皇族大臣を始め勅奏任の官吏、在野の紳士なりと答う。然（しか）らばその席順あるやなきやと問えば、固より私会なれば公けの席順とてはなけれども、皇族大臣は自（おのず）から特別として上座に就（つ）き、その他は混合席なりと云う。是（ここ）に於（おい）て先生は釈然たるを得ず。皇族は固より別の御事にして論ずべき限りに非ざれども、純然たる学問上の私会なれば、大臣も平民も区別はあるべからず。学識の深浅厚薄に由（よっ）て席を定めんとするも、無形の事にして標準とするに足らず、止（や）むことなくんば年齢の長少に従うか、然らざれば一切席順を云わずして、官民長少、次第不同なれば尚（な）お可なり。然るに今大臣を上席にするとあれば、その趣（おもむき）は自（おのず）から朝廷の風あるが如し、官吏社会の人は常に之に慣れて、学者知識と称する人物にても、既に役人となれば大臣を最上に仰ぎ、一二三四位と順々に之に尾して整然たるか、然らざるも自然にその意味を含んで座定まることとならん。官途に衣食する者が大臣の下に立つは余儀なきことゝするも、自分(福澤)の如きは如何すべきや。無位無官の平民、朝廷の席順を以てすれば等外吏[3]の又その下ならん。官海[4]の慣行怪しむに足らずと雖も、朝廷を離れたる日本国の社会、即ち今度の工学大会の如き場所に於ては、大臣等の末流に居るを好まず。今の大臣中には余り親友も少なけれども、仮に森有礼[5]氏を存命ならしめて文部大臣の地位に在るとせんに、同氏は久しく自分の知る所にして、年齢も若く、又文事に於ても自分は氏に教えられたる事とてはなく、却て氏の質問

1 山尾子　山尾庸三（一八三七〔天保八〕年―一九一七〔大正六〕年）。長州藩出身。文久三（一八六三）年、伊藤博文らとともに密航してイギリスに留学。グラスゴーで造船技術を学んだ。明治三（一八七〇）年に帰国後は政府の横浜造船所の責任者となり、十三（一八八〇）年には工部卿に就任。子爵。**2 須臾**　少しの間。瞬時。**3 等外吏**　等外官。明治初期の官制で、最下級の等級である判任官の下に位置した官吏。**4 官海**　官吏の世界。官界。**5 森有礼**　一八四七（弘化四）年―八九（明治二十二）年。薩摩藩出身。慶応元（一八六五）年、藩命でイギリスに留学、ついでアメリカに渡り、明治元（一九六八）年に帰国。福澤らと相談して明六社を設立。明治十八（一八八五）年に文部大臣に就任。欧化主義者と見なされ、帝国憲法発布の当日、国粋主義者によって暗殺された。

を受けたるはその生前毎度の事にして、云わば一個の後進生なり。然るに氏が大臣とあれば、老大なる自分の身を以て、私会席上尚お氏の末流に就かざるを得ずと云うか。自分の本心に於て之を許さゞるのみか、外見の体裁も可笑しからん。[1]或は斯る窮窟論を言わずして度量を広くし、大臣などゝ席を争わずして人の言うがまゝに従い、その内実浮世を馬鹿にして通おるこそ通人なれなど云う者もあらんなれども、斯くては自分の心に愧るのみならず、日本の学者社会全体の面目に関することなれば、いよ〳〵自分が出席とあれば大臣等の下流に就くことは出来ざるゆえ、正しく之に相当する一席を特別に設けたしと、夫れ是れ押問答の末、最早やその日に迫り用意も急に成り難しとの挨拶に、先生は少しも意に介せず、今日の風潮左もあるべし、至極尤もなることなり、先ずこの度は之を一笑に附し去るべしとて、出席は見合せたれども、工学論に至れば先生の持論変ずべからず、自から物理の最良友と称して、常に少年子弟を斯道に誘導し、人間の行路一毫の微も真理原則に離るべからずとて、熱心説て止まずと云う。

1　然るに氏が……体裁も可笑しからん　福澤と森は明六社以来の昵懇の間柄であり、森の結婚の証人を福澤がつとめている。

〔伊藤伯に尾して賤名を記すを好まず〕

富田鉄之助[1]宛書簡　二通

時節柄日々鬱陶敷天気に御座候。益御清安奉賀。過日は態々御来訪被下、普請取込中、誠に失敬仕候段、御海容奉願候。その後も華翰[2]を辱し、来る二十三日紅葉館[3]の御集会へ罷出候様、御懇の御案内難有奉存候。老生の箱根行は、天気模様にて今日までも

【初の国語辞書『言海』出版の祝賀会席次と祝文の取り扱いについて、幹事役の富田鉄之助に送った同日発信の書簡二通。富田は福澤の意を汲んで次第書を刷り直した。解説参照。】

1 **富田鉄之助**　一八三五（天保五）年―一九一六（大正五）年。仙台藩出身。文久三（一八六三）年、勝海舟に入門。慶応三（一八六七）年、アメリカに留学。のち、ニューヨーク領事館在勤中に福澤に頼まれ、演説館建築の参考として各種会堂の設計図を取り寄せて送った。帰国後は大蔵省に移った。日本銀行創設に関与し、明治二十一（一八八八）年には総裁に就任。さらに、東京府知事、貴族院議員、横浜火災海上社長などを歴任した。　2 **華翰**　他人の手紙の尊称。　3 **紅葉館**　明治十四（一八八一）年に開業した純日本風高級社交場。芝の紅葉山（現在の東京タワー付近）にあった。

延引致居候得共、色々差文も有之、当日倍〔陪〕席の義は御断り申上候。就ては、一編の筆記にてもとの御所望、お易き御用のみならず、文彦君[1]のこの大業は、老生も窃に悦ぶ所にして、叶う事ならば一言を呈し度候得共、扨その呈したる文は如何相成候哉。或は当日来会の貴顕[2]大家の演説筆記を集めて冊子にするか、又は言海の首尾に附することにも可相成哉。その時に至り、例の何伯何子何官何位の方々が云々の言を演べて、筆記斯の如しと第一番に記し、之に随て福澤も云々したりとて、文壇上恰も貴顕の御供を致すことは、老生の好まざる所なり。さりとて世間体は、貴顕の題字等を以て、著書に光を加うるの意味なきにあらざれば、老生が独り我儘を申訳けには参る間敷、旁御不都合の御事と存候。併し老生は一身の栄辱の為めにあらず、斯文斯道の独立の為めに進退を苟もするを得ず。その辺は御洞察奉願候。就には、拙文一[3]筆態と御手許まで差出候間、御一覧の上、これを御掲載にも相成らんとの事ならば、その掲載の法を前以て御示し被下度奉願候。但しは斯く理窟らしき事を申て御面倒にも可有御座候間、直に御却け相成候ても、決して不平は無御座候。右御返詞旁申上度、匆々如此御座候。頓首。

二十四年六月廿一日

諭吉

富田様　梧下

尚以て、別紙認候草稿は御覧の上御返却相成候ても、少しも不平は無御座候間、紙上に記す方法に付、今一応御打合奉願候。以上。

1 文彦君　大槻文彦（一八四七［弘化四］年―一九二八［昭和三］年）。大槻玄沢（磐水、仙台藩医）の孫。国語学者。『言海』の編著者。**2 貴顕**　高い地位にある人。高官。**3 拙文一筆**　次に掲げる「大槻磐水先生の誡語その子孫を輝かす」をさす。

過刻使の者へ一書を附して差上候処、御返詞を辱し、尚言海祝宴の次第とて、御示しに相成候一片紙[1]を拝見仕候処、伊藤伯[2]が当日言海の発刊と申を演べ、随て老生が磐水翁云ヽと順序あり。是れは其方様の御都合ニ可有御座候得共、老生は伊藤伯に尾して賤名を記すを好まず候間、誠に恐入候得共、右福澤の名は、御取消相成候様奉願候。万般の理窟を云わず、老生は文事に関し、今の所謂貴顕なるものと伍を成す[3]を好まざるに付、仮令当日出席を御断り申上候ても、出席致して云ヽする筈なりしと申せば、即ち貴顕に尾し、貴顕と伍を成したるに等し。故に最初より賤名御除きを乞うのみ。将又過刻差上候文章は、独立にて呈したるものなれば、祝宴に縁なく（拙文中にある二十四年六月二十三日の日を改て可然存候）、別に差出したりとすれば、夫れにて不苦。唯他人の文と一処ニ紙に上するときに、前以てその体裁を伺度までに御座候。再々小言のやうの事を申上げ、実は老生も心に苦しく、嘸ヽ頑陋なりとの譏も可有之候得共、毎度申上候通り一身の栄辱にあらず、唯斯文の為にするのみ。学問教育の社会と政治社会とは全く別のものなり。学問に縁なき政治家と学事に伍を成す、既に間違なり。況んや学者にして政治家に尾するが如き、老生抔の思寄らぬ所に御座候。尚い才は拝顔、万ヽ打解けて御話可仕候得共、賤名御取除の義は、必ず奉願候。右再答、匆ヽ頓首。

二十四年六月廿一日

諭吉

富田様 侍史

尚以、兎角(とかく)之議論六ヶ敷(むつかしく)候わば、簡単に拙文をも止めにして、一切無関係に致し度、御含(おふくみ)まで申上置候。以上。

1 **一片紙** 「言海祝宴次第」を記した紙片。口絵参照。 2 **伊藤伯** 伯爵、伊藤博文(一八四一〔天保十二〕年―一九〇九〔明治四十二〕年)。 3 **伍を成す** 同列に並ぶ。

大槻磐水先生の誡語その子孫を輝かす

大槻文彦君編輯の日本辞書言海成る。全部一千一百十頁、語の数三万九千一百三、古来未曾有大部の辞書のみならず、古今我国の辞書は所謂節用字引[1]の類にして、いろはの頭文字を見当に語を探る者なれども、書中その語を排列するにいろはの順に由らずして、字数の多少に従うか、又は言語、天文、地理、人品等、漠然たる部門を分つのみなるが故に、索引甚だ便ならず、俗に云う地獄繰[2]の労に苦しみたるものが、今この言海には仮名の順に従て語を并べ、三万九千の語には三万九千の順序を成し、一語としてその順に由らざるはなし。日本開闢以来始めて辞書の体裁を備えたるものにして、言海以前日本に辞書なし、言海始めて世に出でゝ始めて真成の辞書を見ると云うも可なり。蓋し十有七年著者辛苦の成績、我文林の偉勲として争う者なかるべし。巻末のおくがきに記しある君の王父磐水[3]先生の誡語に、事業は漫に興すべからず、思い定めて興すことあらば必遂を期する精神云々の遺訓こそ、実に君をしてこの辛苦に堪えこの偉勲を成さしめたるものならん。磐水先生は我洋学創業の先人として吾々後学の常に景慕する所、又君の尊厳[4]磐渓先生は当時の碩儒にして窃に西洋の文明を悦ばれ天下その名を知らざる者なし。この父祖にしてこの孫子あり。逝者若し霊あらば地下に莞爾[5]として君の成功を賞せらるゝことなるべし。洋学の後進生諭吉に於ては転た懐旧の情に堪えざるものあり。謹て言海の成を祝す。

明治二十四年六月二十三日

福澤諭吉 記

【大槻文彦の『言海』出版に際して贈った祝詞。明治二十四(一八九一)年六月二十七日付『時事新報』に掲載。】

1 節用字引 室町時代に成立し、江戸時代から明治初期にかけて数多く出版され広く用いられた、通俗簡易な用字用語辞典。多く第一音節のみのイロハ順。**2 地獄繰** あちらこちら際限なく何度も頁を繰らなければならないこと。**3 王父** 祖父の敬称。**4 尊厳** 父の敬称。**5 莞爾として** にっこりとほほえんで。

人生の楽事

左の一編は十一月十一日、府下芝区三田慶應義塾に於て福澤先生の演説したるその大意の筆記なり。

人には何か楽しむ所のものなかるべからず。旅行を好む者あり、閑居を貪る者あり、遊芸を嗜む者あり、書画骨董を悦ぶ者あり。尚お之より以外には財産の増殖に余念なき者もあれば、功名利達に熱心なる者もあり。その他千種万様限りなき人事の運動は、浮世の人々がおの〳〵その心を楽しましめんとするの働にして、或は之をその人の楽しみとも云えば又はその志とも云う。諸君にも必ず何か楽しむ所、志す所のものあるべし。折々は相会して之を語り之を論ずるこそ面白けれ。今晩[1]は老生が壮年の時より今に至るまで曾て一日も忘れたることなくして、遂に今に至るまで意の如くならざりし一快楽事の想像を語らんに、老生は本来儒学生にして、今を去ること四十年、年齢二十の頃、始めて洋学に志し、その入門は物理学にして、之を悦ぶこと甚だしく、何か一科の専門に入りて為すことあらんとの熱心は万々なれども、時勢の許さゞる所にして、家に資力もなく、朝暮衣食の計に忙くして心を専一にすること能わざるのみか、開国以来の世変を見れば自から黙止すべきにも非ず、色々の著述などして時を費したることも多し。左れども物理学の一事は到底心頭を去らずして、之を思えばいよ〳〵面白く、独り心に謂らく、造化の秘密、誠に秘密なるが如くなれども、化翁[2]必ずしも之を秘するに非ず、人の之を探究せざるが故なり。蒸気、電気の働は開闢の初より明に示す所なれども、人間の暗愚なる、久しく之を知らずして、漸く近年に至り始めてその端緒を探り得たるのみ。今後とても人智の次第に進歩するに従い、いよいよ之を探りていよ〳〵之を知り、その知り得たる上にて未だ知らざる時のことを思えば、唯人間の暗愚なりしを悟るのみにして、今日は学界尚お暗黒の時代と云うも可なり。この時に当り一意専心、物理を探究して、造化の秘密を開くは人間無上の快楽にして、王公の富貴栄華も羨むに足らず。之を眼下に見てその生活の卑俗なるを憐む

【明治二十六（一八九三）年十一月十四日付『時事新報』に掲載。しばしば学者飼い放し論、ないし飼い殺し論と呼ばれている。】

1 今晩　この文章は十一月十一日夜の（定例）三田演説会における福澤の演説であったと思われる。演説会記録によると、演題は「学者ヲ養ヒ殺スベシ」となっている。　**2 化翁**　造物主。

と同時に、自家の空想を逞うし、例えば動植物生々の理、地球の組織又その天体との関係、化学の働は果して何れの辺にまで達すべきや、宇宙勢力の原則は果して既に定まりたるや否や、など仔細に之を思えば千百の疑問際限あるべからず。満目恰も造化の秘密に囲まれて唯人智の浅弱を嘆ずるのみなれども、いよ〳〵進んでいよ〳〵深きに達し、曾て底止する所を知らざるも亦是れ人生の約束なれば、勇を鼓して知見の区域を拡め、恰も化翁と境を争う[1]は是れぞ学者の本領なりと深く信じて之を疑わず、殊に我日本国人の性質を見るに、西洋文明の新事を知りしは晩近のことなれども、知識の教育練磨は千百年来生々の遺伝に存して、新事の理を解するに苦しまざるのみか、起首原造[2]の天資に乏しからずして、洋学開始以来単に西洋を学ぶの時代は既に経過し、今は学問場裡に彼我併立の勢を成して、今後我学者の勉る所は唯彼れに対して先鞭を着るに在るのみ。実に日本国の一大快事なれども、唯こゝに遺憾なるはその学者をして一意専心ならしむるの手段に就て意の如くならざるもの多きの一事なり。如何なる学者にてもその身匏瓜にあらざれば衣食の計なきを得ず。[3]然るに生計は人生に最も煩わしくして、学者の思想を妨ること之より甚だしきものあるべからず。独坐沈思、宇宙無辺の大より物質微塵の細に至るまで、その理を案じその働を察し、乍ち得たるが如くにして又乍ち失い、恍として身躬からその身の在る処を忘れ、一心不乱、耳目鼻口の官能も殆んど中止の姿を呈したるその最中に、突然家計塩噌の急に促され、金銭受授の俗談に叫ばるゝが如きありては、思想の連鎖一時に断絶して又旧に復するを得ず。之を喩えば熟眠、夢方に酣なるのとき、面にザブリと冷水を注がれたるが如く、殺風景とも苦痛とも形容の詞あるべからず。世間一般の人は左程に思わざるべけれども、唯学者にして始めてこの苦痛の苦味を知るべきのみ。今日の実際に於て政治家に哲学者なく、新聞記者に物理学の専門家少なく、開業医師に学医稀にして、説法僧に善知識[4]を見ざるも、自から偶然に非ず。左れば今この学思の妨害を除て専一ならしめんとするには、学者に衣食の資を給して物外に安心せしむるの一法あるのみにして、窃にその方法を案ずるに、法律規則を以て組織したる政府の筋には固より依頼すべからず。今の不学なる俗政府の俸給などに衣食し、俗物に交わり、俗言を聞き、甚だしきはその俗物の干渉を被り、催促を受けながら、学事を研究せんとするが如き、その無益たるは云うまでもなく、仮令い或は世間有志者の発意を以て私に資金を給せんとする者あるも、そのこれを給するや公共の為めにも私の為めに

1 化翁と境を争う　福澤の語に「与化翁争境（化翁と境を争う）」や、「束縛化翁是開明（化翁を束縛す是れ開明）」がある。 **2 起首原造**　物事のはじめ、おこり。 **3 匏瓜にあらざれば衣食の計なきを得ず**　「匏瓜」はうりの一種。うりのように何もせずにぶら下がったままで、生計を立てずにいるわけにはいかない。

4 善知識　高僧のこと。

も近く実利益を期するが如き胸算[1]にては、本来の目的に齟齬するものなり。老生が真実の目的を申せば、爰に一種の研究所を設けて、凡そ五、六名乃至十名の学者を撰び、之に生涯安心の生計を授けて学事の外に顧慮する所なからしめ、且その学問上に研究する事柄もその方法も本人の思うがまゝに一任して傍より喙を容れず、その成績の果して能く人を利するか利せざるかを問わざるのみか、寧ろ今の世に云う実利益に遠きものを択んでその理を究め、之を究めて之に達せざるも可なり、之が為めに金を費して全く無益に属するも可なり、その人の一生涯に成らざれば半途にして第二世に遺すも可なり、或はその人が病気の時に休息するは勿論、無病にても気分に進まざる時は業を中止すべし、勤るも怠るも都て勝手次第にして、俗に云えば学者を飼放し又飼殺しにすることなり。斯の如くすれば万事不取締にして迚も実効を奏することなしと思う者こそ多かるべけれども、元来学者の学を好むは酒客の酒に於けるが如くにして、傍より之を制すべからざるのみか、自から禁ずること能わざる所のものなれば、所謂飼放しはその勉強を促すの方便にして、俗界に喋々する規則取締等こそ真に学思を妨るの害物なりと知るべし。凡そこの辺の趣向にしたらば、日本の学者も始めて能くその本色を現わして辛苦勉励、心身の力を尽し、遂に造化の秘密を摘発して世界中の物理学に新面目を開くこともあるべし。

試に実際の費用を概算するに、十名の学者に一年千二百円を給して共計一万二千円（この種の学者は世間に交際も少なく、衣食住の辺幅を張らんとするが如き俗念もなく、物外に独立して他を顧みざること恰も仙人の如き者なれば、一年の生計千二百円にて十分なるべし）。この外に一名に付き毎年凡そ二、三百円を生命保険に掛けて死後の安心を得せしむるの要もあれば、学者の身に費すもの凡そ一万五千円として、他は研究の費用なり。その高は際限なきことなれども、仮に先ず三万五千円とすれば、両様合して五万円を毎年消費する勘定なり。或は右の如く計画しても、十名中に死する者もあらん、又は中途にして研究所を脱する者もあらん、又は不徳義にして怠る者もあらんなれども、十名共に全璧ならんことを望むは有情の世界に無理なる注文にこそあれば、十中の五にても三にても、前後節を改めずして確乎たる者あれば以て足るべし。一人の学力能く全世界を動かすの例あり。期する所は唯その学問の高尚深遠に在るのみ。

以上の趣向は老生が壮年のときより想像する所にして、人に語るも無益なるを知り、一、二親友の外に口外したることもなく、人生の運命は計られず、万に一は自分の身に叶うこともあらんかと独り窃に夢を画きたることもなきに非ざれども、畢竟痴人の夢にして、迚も生涯に叶

1　**胸算**　胸算用。心づもり。

うべき事に非ず。左れば今満堂の諸君は年尚お少し、一生の行路に幾多の禍福に逢うは必然の数にして、或は大資産の身と為り、衣食余りて別に心身の快楽を求め、特に大に好事心を逞うせんとしてその方法を得ざるが如き境遇に際することもあらんには、むかし〳〵明治二十六年十一月十一日、慶應義塾にて云々の演説を聴きしこともありと、之を思出して何か面白き企もあらば、老生の生前に於て之を喜ぶのみならず、仮令い死後にても草葉の蔭より大賛成を表して知友の美挙に感泣することあるべし。

教育論

〔教育論〕

第一章　人生

教育は何の為にしその法は如何すべきやと尋れば、之に答るの前に、先ず人は何の為に生れたるや、人生は何を以て目的とすべきを論ぜざるべからず。抑も人生とは形体と精神と結合してその働を顕わすの有様を云うなり。然りと雖ども生の字の義を広くして論ずるときは、或は知覚の精神なきも栄養の形体を存するときは之を生と云うべし。譬えば卒倒したる人の如し。之に下だすに無生の名を以てすべからず。又形体全からざるも精神の働あるときは生の名を命ずるに妨なし。譬えば手足を切断するか、又は内臓に病を生じてその幾部分を失うたる者の如し。固より無生に非ざるなり。医学に於て人の死生を断ずるの法は、死後の身体に腐敗の徴候を顕わして始て死の名を下だすと云う。

右の如く字の義を広くして、医学上に云えば僅に心身活動の徴を見て生と名くと雖ども、教育の域に入て論ずるときは大に趣を殊にし、人の精神形体共に発達して共にその働を逞うするものを名けて人生と称するなり。故に人生に大小あり、進退あり。少しく発したる者あり、半発したる者あり。古代に大に進て今世に退たる者あり。その大小進退、幾千万様なるを知るべからず。蓋し世界古今の教育に未だ全きもののあらざれば、人生も亦未だ完全なるものを見るべからず。古人の考に人生の大なるを名けて之を聖と称し、聖人を以て人生の極度と定め、後世の人類として聖人には企て及ぶべからざる者の如くに説くもの多しと雖ども、余を以て之を観れば甚しき誤謬と云わざるを得ず。譬えば支那の孔子、西洋の耶蘇の如き、後世の人、大概皆これを聖視し神視して決してその右に出ること能わざるものと為し、亦その右に出でんと企たる者も甚稀なりと雖ども、その心身の欠典を計れば枚挙に遑あらず。今の世に所謂道徳なるものを目安にして論ずればこそ稍や完全なるに似たれども、その智術[1]工夫の如き、毫も見るに

【無題の未完成自筆草稿による。ただし、「第二章　教育の目的」は『東京学士会院雑誌』第一冊（明治十三〔一八八〇〕年三月）に「教育の目的とも名くべき一段」を抜抄したものと前書きして掲載されている。執筆時期は草稿上の記述から、明治十二（一八七九）年二月から三月と知れる。】

1　**智術**　たくみな計略。

足るものなきのみならず。又その形体の強弱、健康不健康に至ては後世の学者皆これを度外視して論ずる者なし。今道徳を外にして、智術の精巧、形体の健康を以て論じたらば、孔子、耶蘇の同時にも必ずこの人に頡抗[1]する者あらん。況や後世に至てはその右に出る者甚多きに於てをや。孔子、耶蘇も決して生の全き者に非ざるなり。

故に今日余輩の智力の及ぶ所を以て人生の完全なる者を論ずれば、その徳は耶蘇、孔子の如く、その智は「ニウトン」[2]の如く、体格は力士の如く、寿命は彭祖[3]の如く、凡そ古今人類の達し得たる精神と形体とを併せて全き者を生の大なる者と名ることなれども、この大なる者とて固より極度に達したるに非ず、唯今人の知る所にて姑く之に許すにこの名を以てするのみ。後世に至らば今の余輩が大とする者よりも更に又一層の大なる者を出すべきや、固より疑を容れず。孔子以前に孔子あらざれば、孔子以後には必ず孔子より大なる者あるべし。事物に空前あるも絶後あるべからず。蓋し孔子なり、耶蘇なり、「ニウトン」なり、力士なり、各人生の一部分を達したる者なれば、人生の目的はこの数者を併せて共に完全に達するに在り。即ち人生のよく達すべき極度に達するに在るなり。即ち人として生を空うせざることなり。教育の法は、他なし、唯人生をこの極度に誘導してその生たる所以のものを空うせしめざるに在るのみ。之を譬えば人生は猶精巧なる糸竹[4]の如く、又鋭利なる刀の如し。刀は以て盤根錯節[5]を断つべし、糸竹は以て千種万様の音を発すべし。之をその目的と云う。即ち器の用なり。器の用はその形と性質とを見て知るべし。この器にして用を為さしめざるは器を空うするものと云うべし。人生も亦その形と性質とを視察すれば、千種万様の働を為して深遠高尚の域に達するの約束を発明すべき筈なるに、若しも然らずして之を放頓するは、糸竹にして音を発せしめざるが如く、刀にしてその鋭を用いざるが如し。人生を空うするものと云うべし。古今の人物に大小の区別あるは、唯その生の働を大に用る者を大人と名け、少しく用る者を小人と名るのみ。楽器精巧なりと雖ども、音を発すること少なきか、又は清音のみを発して濁音を発せざれば、之を精巧と称するに足らず。人の心身の働も之を発すること少なきか、又は精神の働のみを発して形体の力を逞うすること能わざるときは、之を人生の全きものと云うべからざるなり。

されば人生の目的はその心身の働を極度に達するに在り。教育の法は之を導て極度に達せし

1 **頡抗**　草稿上段欄外に「頡抗?」の記入あり。頡頏が正しい。　2 **ニウトン**　Isaac Newton（1642–1727）アイザック・ニュートン。イギリスの物理学者、数学者。万有引力の原理を発見し、力学の体系を構築した。　3 **彭祖**　中国古代の仙人。堯帝の臣。殷末まで七百余年生きていたという。　4 **糸竹**　弦楽器と管楽器。　5 **盤根錯節**　曲りくねった根とからみあった節。転じて、複雑で解決の困難なことをいう。なお、草稿上段欄外に「盤根?」の記入あり。

むるに在り。然るに世界古今未だこの度に達したる者を見ず。又今の所謂教育法に於ては之に達すべき見込もなきが如くにして、世の教育論者も大概皆これに落胆し之に断念したるか、往々教育法の無力なるを歎息し、遂には備わるを一人に求る勿れ等の遁辞[1]を設けて、強いて自から慰る者あるが如きは何ぞや。蓋し論者の所謂教育とは、唯学校の教授のみを以て教育と認るならんが故に、その域甚だ狭く、随てその力も亦甚だ微々たるものなれども、余が所見にては、人生に教育法の行わるゝ所は最も広くして、家族父母の教育あり、血統遺伝の教育あり、政府法制の教育あり、立国風俗の教育あり、天気なり、地理なり、悉皆教育に関せざるものなし。この教育の諸件、その宜を得れば、勢力の及ぶ所固より洪大にして、その成跡も亦不測の美を致すべし。彼の学校教場の如きは誠に唯教育中の一部分にして、その美悪進退を見て全面の盛衰を卜すべからざるなり。本編立論の旨は、教育の字義を学校の教場に限らずして、凡そ人生の発達に関する所の諸件をば逐一これを吟味して、その利害得失を説明せんとするに在り。之を要するに教育の主義を先にして教授の法を後にするものと云うも可なり。教育と教授とは大に区別あり。之を混同すべからず。

第二章　教育の目的

教育の目的は人生を発達して極度に導くに在り。そのこれを導くは何の為にするやと尋れば、人類をして至大の幸福を得せしめんが為なり。その至大の幸福とは何ぞや。爰に文字の義を細に論ぜずして民間普通の語を用れば、天下泰平、家内安全、即是なり。今この語の二字を取て仮に之を平安の主義と名く。人として平安を好むは、之をその天性と云うべきか、将た習慣と云うべきか。余は宗教の天然説を度外視する者なれば、天の約束と云うも、人為の習慣と云うも、その辺は之を人々の所見に任して問うことなしと雖ども、唯平安を好むの一事に至ては、古今人間の実際に行われて違うことなきを知るべきのみ。然ば則ち教育の目的は平安に在りと云うも、世界人類の社会に通用して妨あることなかるべし。抑も今日の社会に、所謂宗旨なり、徳教なり、政治なり、経済なり、その所論各趣を一にせずして甚しきは相互に背馳するものもあるに似たれども、平安の一義に至ては相違うなきを見るべし。宗旨徳教、何の為にするや。善を勧めて精神の平安を致すのみ。政治、何の為にするや。悪を懲らし害を防て以て心身の平安を助るのみ。経済、何の為にするや。人工を便利にして形体の平安を増すのみ。されば平安の主義は人生の達する所、教育の止まる所と云うも、果して真実無妄[2]なるを知るべし。

1 **遁辞**　逃げ口上。口実。　2 **真実無妄**　偽りのない絶対的な真理。

人或は云く、天下泰平、家内安全を以て人生教育の極度とするときは、野蛮無為、羲昊以上の民[1]を以て人類の止まる所と為すべし。近くは我徳川政府二百五十余年の泰平の如きは即ち至善至美ならんとの説もあれども、この説は事物の末を見てその本を知らざる者のみ。野蛮の無為、徳川の泰平の如きは、当時その人民の心身、安は則ち安なりと雖ども、その安は身外の事物、我に向て愉快を呈するに非ず、外の事物の性質に拘わらずして我心身に之を愉快なりと思うものに過ぎず。即ち万民安堵、腹を鼓して[2]足るを知ることなれども、その足るを知るとは、他なし、足らざるを知らざりしのみ。譬えば往古支那にて、天子の宮殿も、茆茨剪らず、土階三等[3]、以て安しと云うと雖ども、その宮殿は真実安楽なる皇居に非ず。仮に帝堯[4]をして今日に在らしめなば、如何に素朴節倹なりと雖ども、階段に木石を用い、屋も亦瓦を以て葺くことならん。又徳川の時代に江戸に居て奥州の物を用いんとするに、飛脚を立てゝ報知して先方より船便に運送すれば、到着は必ず数月の後なれども、唯その物をさえ得れば以て便利なりとして悦びしことなれども、今日は一報の電信に応じて蒸気船便に送れば数日にして用を弁ずべし。数年の後、奥羽地方に鉄道を通ずるの日には、今の蒸気船便も亦甚だ遅々たるを覚ることならん。故に古人の便利とする所は今日甚だ不便なり、今日の便利は今後復た不便とならん。古人は今を知らずして当時の事物を便利なりと思いしことにて、今人も亦今後を知らずして今を安楽と思うのみ。又近く之を譬れば彼の烟草を喫する者を見よ。一斤の価十銭の葉を喫するも口に美ならざるに非ず。その後二十銭のものを買い、之に慣るゝこと数日なれば、復た初の麤葉[5]を喫すべからず。次で又朋友親戚等より某国産の銘葉を得て僅に一、二管を試みたる後には、以前のものは之を吸うべからざるのみならず、傍に之を薫ずる者あればその臭気を嗅ぐにも堪えず。若しも強いて自から之を用いんとすれば唯苦痛不快を覚うべきのみ。之を吸煙の上達と称し、世人の実験に於て普く知る所なり。等しく同一の煙草にして、初は之を喫して美なりしもの、今は却て口に不快を覚えしむ。然ば則ちこの麤葉は最初に美を呈したるに非ず、唯我当時の口にて之を美と称し快楽と思いしのみ。即ち人生の働の一箇条たる喫烟も、その力よく発達すれば僅に数日の間に苦楽の趣を異にするの事実を見るべし。故に天下泰平、家内安全の快楽も、之を身に亨〔享〕る人の心身発達してその働を高尚の域に進るときは、古代の平安は今世の苦

1 **羲昊以上の民**　中国古代の伝説上の皇帝、伏羲以前の人。太古の人民。 2 **腹を鼓して**　太平を謳歌するさまのたとえ。鼓腹撃壌。 3 **茆茨剪らず、土階三等**　かやをふいたままで切りそろえていない屋根と、土を盛って築いた粗末な階段。宮殿が質素であることのたとえ。『十八史略』に見える堯帝の住まいを表現した言葉。 4 **帝堯**　中国古代の伝説上の王。五帝の一人。理想的な聖王とされた。 5 **麤葉**　粗葉。粗末な煙草。

痛不快たることあるべし。余輩の所謂平安とは精神も形体も共に高尚に達して、この高尚なる心身に応じて平安なるものを平安と名るなり。即ちこの平安を目的とする所の教育の旨は、人生の働の一箇条をも空うせずして快楽を得んとするに在り。足るを知るを勧るに在らず、足らざるを知て之を足すの道を求るに在るものなり。野蛮の無為、徳川の泰平の如きは、平安と称すべからざるのみならず、却て之を苦痛不快と認めざるを得ず。その平安の美は烟草の麤葉に等しきものと云て可なり。

又或人の説に、平安を好むは人情に於て或は然るに似たりと雖ども、今日の事実に於て大に然らざるものあり。大は各国の交際[1]に権を争い、小は人々の渡世に利を貪り、甚しきは物を盗み人を殺すものあり、尚甚しきは彼の血気の少年軍人の如きは只管殺伐戦闘を以て快楽と為し、常に世の平安を厭うて騒乱多事を好むが如し。故に平安の主義は人類のこの一部分に行われて他の一部分には通用すべからずとの問題あれども、この問題に答るは甚だ難きに非ず。国の権を争い人の利を貪るは、他なし、自国自身の平安を欲する者なり。又物を盗み人を殺す者と雖ども、自から利して自己の平安幸福を致さんと欲するに過ぎず。盗んで之を匿し殺して遁逃するは何ぞや。他の平安幸福をば害すれども自から害するを好まざるの証なり。又如何なる盗賊にても搏〔博〕徒にても、外に対しては乱暴無状なりと雖ども、その内部に入て仲間の有様を見れば、朋輩の間、自から約束あり、規則あり。即ちその約束規則は自家の安全を謀るものより外ならず。加之この法外の輩が互にその貧困を救助して仁恵を施し、その盗みたる銭物を分つに公平の義を主とし、その先輩の巨魁に仕えて礼を尽し、窃盗を働くに智術を極め、会同離散[2]の時刻に約を違えざる等、その局処に就て之を観れば仁義礼智信を守て一社会の幸福を重んずる者の如し。故に平安の主義は法外の仲間にも行われて有力なるものと云わざるを得ざるなり。又血気の輩が唯社会の騒動を企望して変を好み、自己の利益をも顧みずして妄に殺伐を事とするは、平安の主義に戻るが如くなれども、詳にその内情を察すれば必ず名利の為より外ならざるを発明すべし。名利とは何ぞや。他なし、自己の幸福、社会の安全に関係する所のものなれども、唯審判の力に乏しくして、或は事の成を期すること急に過ぎ、或はその事を施行すること劇に過ぎて、心事の本色を現わすこと能わざるのみ。譬えば少年の勇士が死を決して自から快と称する者あれども、その快たるや唯絶命のみを以て快とするに非ず、その時の事情を云えば、本人の心に企る所の事は大に過ぎて、之に応ずべき自己の力は小にして足らず、その大小の平均を得るに路なきが為に、無上の宝たる一命を将て己が企る所の事に殉じ、聊かその情を

1 **各国の交際**　国々の交わり。外交。　2 **会同離散**　集合と解散。

慰めて以て快と称するものなり。蓋しこの類の愉快は形体に関係なくして精神に属す。形体に在ては安楽と称し、精神に在ては愉快と云う。その文字異なりと雖ども、結局平安の主義に洩れざるものなり。又今の我日本にて新政府を建て、今日専ら社会の平安を欲して焦思苦慮[1]する者は誰ぞや。十余年前に在ては頻りに世の多事を好み騒動を企望して余念なかりし血気の士人に非ずや。その士人の中には殺伐無状[2]、人を殺し家を焼き、凡そ社会の平安を害すべき事なれば一も避る所なく、遂に身を容るゝの地なきに至れば快と称して死に就きし者もあり。幸にして死に至らざりし者が今の地位に居て事を執るのみ。即ち昔日は乱を好み今日は治を欲する者なり。若しも維新の一挙、当初に失敗したらば、この輩は唯世の騒乱を好て平安を厭う者とて天下後世の評論を受け、或はその冤[3]を訴るに由なきを知るべからずと雖ども、偶然に今日の事実を見ればこそ、前年に乱を好みしはその心事の本色に非ず、その乱は唯改めて治安を致すの方便たりしとの事実も始て明白なるを得たることなれ。是亦本論の一例として見るべし。人生決して乱を好む者に非ざるなり。

右の如く平安を好むの人情は世界中に通用して違うことなく、各国の交際も人々の渡世もその目的平安に在らざるはなし。尚進て戦闘殺伐、物を盗み人を殺す者もこの主義に洩れざるものとするときは、人生の目的は他を害して身を利するに過ぎず、此を以て教育の本旨とするは当らざるに似たれども、人生発達の点に眼を着すればこの疑を解くに足るべし。抑も人生の智識、未だ発せざるに当ては、心身の働、唯形体の一方に偏するを常とす。所謂手以て口に接する[4]小児の如き、是なり。野蛮未開、耕して食い井を堀て飲むが如き、是なり。既に食い既に飲むときは口腹の慾以て満足すべしと雖ども、尚足らざる者あり。衣服なかるべからず、住居なかるべからず。衣食住居既に備わり、一家以て安楽なり。尚足らざるものあり。隣人の附合なかるべからず、社会の交際[5]なかるべからず。既に交際あるときはその交る所の者は高尚にして美ならんことを欲するも亦人情なり。他人の醜美は我形体の苦楽に関係なきものなれども、その美を欲するは恰も我家屋を装い庭園を脩め、自から之を観て快楽を覚るの情に異ならず。家屋庭園の装飾は直に我形体の寒熱痛痒に感ずるに非ざれども精神の風致を慰るの具にして、戸外の社会に交りてその社会の美を観るも亦我精神の情を慰めて愉快を覚えしむるの術なり。現に今日の人間交際を見るに、如何なる人にても交を求るに上流を避けて下流に就く者を見ず。

1 **焦思苦慮**　あれこれと悩み考えること。　2 **殺伐無状**　あらあらしく、すさんだ状態。　3 **冤**　無実。ぬれぎぬ。　4 **手以て口に接する**　食物を手づかみで食べること。　5 **社会の交際**　世間づきあい、社交。明治八、九（一八七五、七六）年まで福澤は society を「人間交際」と訳していたが、society＝「社会」が一般化するとそれを用いるようになった。

故さらに富貴の人を嫌うて貧賤を友とする者を見ず。その富貴上流の人に交るや、必ずしも（往々あれども）彼の富貴を取て我に利するに非ざれども、自から之に接して快きものあればなり。猶俗間の婦女子が俳優を悦び、男子が芸妓を愛するが如し。そのこれを愛するや必ずしも（往々あれども）色慾に出るに非ず、唯これを観て我情を慰るのみ。即ち我形体に関係なくして他の美を悦ぶものなり。既に社会の美を欲す。然ば則ちその醜を悪むも亦人情ならざるを得ず。その醜を変じて美と為すべきの術あれば、その術を求めて之を施すも亦人情なり。是に於てか貧困を救助し文盲を教育する者あり。之を仁人君子と称す。仁人君子は我利害を棄てゝ人の為にし、我に損して他に益すと云うと雖ども、その実は決して然らず。その棄る所のものは形体に属する財物か、又は財に等しき時間、心労にして、その報として得るものには我情を慰るの愉快あり。即ち形体の安楽を売て精神の愉快を買うものなり。人生の発達その全きを得て形体の安楽に兼て精神の愉快を重んずるの日に至り、始て人類至大の幸福を見るべきなり。蓋し彼の盗賊以下、他を害して身を利する者の如きは、その生の働、発達せずして、平安の主義に従うこと僅に形体の一方に止まりて、未だ精神の愉快なるものを知るに至らず、或はその愉快とする所の境界甚だ狭くして、身外の美を以て自から楽しむの情に乏しきものゝみ。猶無智の小児が物の旨否[1]を知て醜美を弁ぜざるが如し。教育の旨は形体と精神と両ながら之を導てその働の極度に至らしむるに在り。故に世に害他利身の輩あるは、教育の未だ洽ねからずして人生の未だ発達せざるものなれども、平安の主義は自からその間に行われて故障を見ざるものと知るべし。

形体の安楽を知て精神の愉快を知らざる者は特に盗賊以下に限らず、現今世界各国の交際に於ても亦然り。彼の西洋諸国の人民が所謂野蛮国なるものを侵して、次第にその土地を奪い、その財産を剝ぎ、他の安楽を典して自から奉ずるの資と為すが如き、その処置毫も盗賊に異ならず。在昔欧羅巴の白人が亜米利加に侵入してその土人を逐い、英人が印度地方大洋諸嶋に往来して暴行を逞うしたるもその一例なり。今日西洋に於て仏国盛なり英国富むと云うと雖ども、その富の由て来る所は何処に在るや。竜動に巍々たる[2]大厦石室[3]なり、その市街に来往する肥馬軽車なり、公園の壮麗、寺院の宏大、これを作て之を維持するその費用の一部分は遠く野蛮未開の国土より来りしものならん。啻に遠国のみならず、現に両国境を接する日耳曼と仏蘭西との戦争[4]に於て、日は仏より五十億「フランク」[5]の償金を取上げたり。他なし、隣国を貧にして

1 旨否　おいしいかまずいか。上っ面の感触。　**2 巍々たる**　高大な。　**3 大厦石室**　石造の大きな家屋。
4 日耳曼と仏蘭西との戦争　普仏戦争（一八七〇―七一年）のこと。　**5 フランク**　フラン（franc）。フランス、ベルギーなどの通貨単位。

自から富むの手段のみ。斯の如きは則ち日耳曼の人民は隣人の貧困を観て愉快を覚る者ならん。蓋し今の世界各国の人民は自から安楽を知て他の不幸を知らざる者なり。一国内形体の安全を求めて国外の安全に愉快を覚るの精神に乏しき者なり。即ち国の教育の未だ上達せざる者と云て可なり。

第三章

教育の論に就き最大重重、古来学者の喋々する所にして今日に至るまで未だ決すること能わざるものは善悪正邪の問題、即是なり。今この問題を解くの前に、都て事物の得失に真と適との区別あるを弁ぜざるべからず。真とは真実無妄、直にその目的に達して他に関係なきを云う。適とは適まその時の事情に由て或は然り或は然らざるを云う。譬えば人体は温度を保ち組織を新陳代して之を維持し以てその寿を終るべき筈のものなり。人身窮理上に論じて人体の[1]目的は唯此に在るのみ。この目的を達するには炭素質の物を以て体温を発生せしめ、窒素質の物を以て筋骨組織を作る。即ち人の常に所謂滋養の食物を食い以て体を養うに在り。故に食物を食て人体を養うは真実無妄の事にして違わざるものなり。然りと雖ども身体には往々常を変じて人生の約束の如くならざるものあり。之を病と云う。即ち体温の定度に越るものは熱病にして、組織の次第に減ずるものは貧血病なり[2]。是に於てか尋常の食物のみを以て体を養うに足らず、止むを得ずして異常の物を求め、「キニーネ」を内服し冷水を外用して熱勢を殺ぎ、肝油又は鉄性の物を用いて血液の不足を補うことあり。之を薬と云う。然るにこの「キニーネ」なり、又鉄剤なり、元来人体を養うに無益なるのみならず、十全健康[3]の人にして之を服すれば必ず消化機を傷い、遂には生命を害するの力あるものなれども、適ま病ありて適まその病を医するが為に必要なるのみ。故に人体に薬品を用いて或は之を良薬と云うと雖ども、その良は直に人体に良なるに非ず、病に関係して適ま功能あるのみ。之を平生の食料滋養品に比すれば大に趣を殊にするものと知るべし。滋養品の用は真なり、薬品の用は適なり。之を区別せざるべからざるなり（世上無学の輩が養生を重んずるの余に遂に薬を好み、病もなきに頻に薬を服用する者あり。蓋しこの輩の考に薬は病気に用いてさえ功能あり、之を無病の時に用いたらば一層の健康を増すことならんとの妄想に出たるものなり。身代中等以上神経質の者に最も多し。

1 **炭素質・窒素質** 草稿上段欄外に「炭窒?」の記入あり。 2 **貧血病** 草稿上段欄外に「貧血病?」の記入あり。 3 **十全健康** 完全な健康体。対として用いられる語としては帯患健康（ほぼ健康といえる状態）がある。ともに緒方洪庵『病学通論』に由来する。『文明論之概略』にも用いられている。

売薬等を用るも大抵この輩なり。必〔畢〕竟食物薬品の利害に就き真と適との別を知らざるの弊なり。）

今社会の人事に於て何を善と為し何を悪と為すべきや、その本位は何れに在るやと尋れば、即ち前章に云える天下泰平、家内安全に在りと答えざるを得ず。この平安の主義を本位として善悪正邪を判断し、真善真正の在る所を求るには、先ず事を為すの意向と成跡とを区別せざるべからず。意向善にして成跡不喜なるものあり、成跡善にして意向不善なるものあり。譬えば爰に一少年あり。心身活潑にして、爾後社会の一大人と為りたる上は必ず一家を保護して兼て又世の為に有用なる事を為すべき者ならんとて、衆庶の望を属したるに、自から毒薬を誤用するか、又は何か義理に迫して自殺することあらん。世間普通の議論に於て決して之を咎る者なきのみならず、その自殺の始末に至ては之を称誉する者も多からんと雖ども、社会の為には一人物を減少して、その人物の為すべき事はその社会に挙らず、為に社会一部分の幸福平安を減少したるが故に、其の意向は善なりと雖どもその成跡は甚だ善ならず。猶彼の仁人君子の誤て火を失し、悪漢の故さらに放火したるもの丶如し。その心事意向は同年の論に非ざれども、火事を以て世の害を為すの成跡に至ては毫も異なるなきが如し。善人にして真悪を為すこと以て知るべし。又譬えば爰に一社会あり。その君主は所謂聖人なる者にして、徳を以て下民を撫育し、下民は上の風に靡(なび)いて各(おのおの)私徳を脩(おさ)め、南風の薫ずるに[1]慍(いかり)を解て人々足るを知り、天然の有様に任して嘗(かつ)て社会の事物を改良するの意なく、子孫に遺(のこ)すものは唯(ただ)自(みず)から堀たる井と自(みず)から耕したる田地のみならば之を如何(いかに)せん。人口の蕃殖[2]は人生の約束にして、その子孫の数は父祖に幾倍することならん。幾倍の人口が先代の遺物を得て固(もと)より足るべきに非ず。復(ま)た井を堀り地を開くことならん。尚(なお)以て足るべしと雖ども、一旦饑饉(ききん)に遭(あ)い流行病に罹(かか)ることあらば之を如何せん。必ず平安の主義を害するなきを得ず。古来聖人の政に饑饉予防の策は往々聞く所なれども、事実に於て餓死したる者は甚だ多し。予防策も亦(また)十分の功を奏ること能(あた)わず、況(いわん)や流行病の如きは全く之を度外視して何等の手当も無かりしもの丶如し。されば徳を貴ぶの聖人、足るを知るの人民、その意向は最も美にして善なりと雖ども、不時の饑饉、流行病の為には、幾千万の人類を殺して之を如何(いかん)ともすること能わず、その成跡美なりと云うべからざるなり。近くは今日我国に於て〔以下欠〕

1 **南風の薫ずる**　草木を養い育てる南風。高徳な君主の慈悲深い政治が行われることのたとえ。　2 **蕃殖**　繁殖。

文明教育論

今日の文明は智恵の文明にして、智恵あらざれば何事もなすべからず、智恵あれば何事をもなすべし。然るに世に智徳の二字を熟語となし、智恵と云えば徳も亦之に従うもの丶如く心得、今日西洋の文明は智徳の両者より成立つものなれば、智恵を進むるには徳義も亦進めざるべからずとて、或る学者は頻に道徳の教を布き、以て西洋の文明に至らんとする者あり。固より智徳の両者は人間欠くべからざるものにて、智恵あり道徳の心あらざる者は禽獣に斉く、之を人非人と云う。又徳義のみを脩めて智恵の働あらざる者は石の地蔵に斉く、之れ亦人にして人にあらざる者なり。両者の共に欠くべからざるは右の如くなりと雖ども、今日の文明は道徳の文明にあらず。昔日の道徳も今日の道徳もその分量に於ては更に増減あることなく、啻に増減あらざるのみならず、古書に載する所を以て果して信とせば、道徳の量は却て昔日に多くして末世の今日に至り大にその量を減じたる割合なれども、顧て文明の程度如何を察するときは昔日に低くして今日に高しと云わざるを得ず。之に反して智恵の分量は古来今に至るまで次第に増加して、智識少き時は文明の度低く、智識多き時は文明の度高し。亜非利加の土人に智識少し、故に未だ文明の域に至らず。欧米人に智識多し、故にその人民は文明の民なり。左れば今日の文明は道徳の文明にあらずして智恵の文明なること、復た争うべからざるなり。又小児の概して正直にして、無智の人民に道徳堅固の者多きは、今日の実際に於て疑うべからざることなれば、道徳は必ず人の教に依るものにあらず、恰も人の天賦に備わりて偶然に発起するものなりと雖ども、智恵は然らず。人学ばざれば智なし。面壁九年[1]能く道徳の蘊奥[2]を究むべしと雖も、仮令え面壁九万年に及ぶも蒸気の発明は迚も期すべからざるなり。

世に教育なるものゝ必要なるは即ちこの故にして、人学ばざれば智なきが故に、学校を建てゝ之を教え之を育するの趣向なり。去れども一概に教育とのみにてはその意味甚だ広くして解し難く、為めに大なる誤解を生ずることあり。抑も人生の事柄の繁多にして天地万物の多き、実に驚くべきことにて、その数、幾千万なるべきや之を知るべからず。唯その物名のみにても

【明治二十二（一八八九）年八月五日付『時事新報』に掲載。】

1 **面壁九年**　長年、わき目もふらずに努力することのたとえ。　2 **蘊奥**　学問、技芸、教養などの奥深いところ。奥義。うんのう。

悉く之を知る者は世にあるべからず。然るを況んやその物の性質をや。悉く之を教えんとするも迚も人力に叶わざる所なり。人間衛生の事なり、活計[1]の事なり、社会の交際、一人の行状、小は食物の調理法より大は外国の交際に至るまで千差万別、無限の事物を僅々[2]数年間の課業を以て教うべきに非ず、学ぶべきに非ず。仮令えその一部分にても之を教えて完全ならしめんとするときは、却てその人の天資を傷い活潑敢為[3]の気象を退縮せしめて、結局世に一愚人を増すのみ。今日の実際に於てその例少からず。去れば到底この繁多なる事物を教えんとするも出来難きことなれば、果して世に学校なるものは不用なるやと云うに決して然らず。固より直接に事物を教えんとするも出来難きことなれども、その事に当り物に接して狼狽せず、能く事物の理を究めて之に処するの能力を発育することは随分出来得べきことにて、即ち学校は人に物を教うる所にあらず、唯その天資の発達を妨げずして能く之を発育する為めの具なり。教育の文字甚だ穏当ならず、宜しく之を発育と称すべきなり。斯の如く学校の本旨は所謂教育にあらずして能力の発育にありとのことを以て之が標準となし、顧て世間に行わるゝ教育の有様を察するときは、能くこの標準に適して教育の本旨に違わざるもの幾何あるや。我輩の所見にては我国教育の仕組は全くこの旨に違えりと云わざるを得ず。試に今日女子の教育を視よ、都鄙一般に流行して、その流行の極、頻りに新奇を好み、山村水落〔郭〕に女子英語学校ありて、生徒の数、常に幾十人あり抔云えるは毎度伝聞する所にして、世の愚人は之を以て教育の隆盛を卜する[4]ことならんと雖も、我輩は単に之を評して狂気の沙汰とするの外なし。三度の食事も覚束なき農民の婦女子に横文の素読を教えて何の益をなすべきや。嫁しては主夫の襤褸[5]を補綴[6]する貧寒[7]女子へ英の読本を教えて後世何の益あるべきや。徒に虚飾の流行に誘われて世を誤るべきのみ。固より農民の婦女子、貧家の女子中、稀に有為[8]の俊才を生じ、偶然にも大に社会を益したることなきにあらざれども、こは千百人中の一にして甚だ稀有のことなれば、この稀有の僥倖[9]を目的として他の千百人の後世を誤る、狂気の沙汰に非ずして何ぞや。

又徒に文字を教うるを以て教育の本旨となす者あり。今の学校の仕組は多くは文字を教うるを以て目的となすもの丶如し。固より智能を発育するには少しは文字の心得もなからざるべからずと雖も、今の実際は唯文字の一方に偏し、苟も能く書を読み字を書く者あれば之を最上として、試験の点数は勿論、世の譏誉[10]も亦之に従い、能く難字を解し能く字を書くものを視て

1 活計 暮らしむき。家計。生計。 **2 僅々** わずか。 **3 敢為** 物事を困難に屈せずやり通すこと。 **4 卜する** 将来を占い、定める。 **5 襤褸** 破れた衣服。 **6 補綴** 破れなどを繕うこと。ほてつ。 **7 貧寒** まずしく、さむざむとしていること。 **8 有為** 能力があること。役に立つこと。 **9 僥倖** 思いがけないしあわせ。 **10 譏誉** そしることとほめること。毀誉。

神童なり学者なりとして称賛するが故に、教師たる者も、仮令え心中窃にこの趣を視て無益なることを悟ると雖も、特立特行[1]、世の譏誉を顧ざることは容易に出来難きことにて、その生徒の魂気の続く限りを尽さしめ、敢て他の能力の発育を顧るに遑なく、之が為めに業成り課程を終て学校を退きたる者は、徒に難字を解し文字を書くのみにて更に物の役に立たず、教師の苦心は僅にこの活字引と写字器械とを製造するに止まりて世に無用の人物を増したるのみ。固より人心全体の釣合を失わざる限りは、難字も解せざるべからず文字も書せざるべからずと雖ども、本来人心発育の理に於て、人の能力は一にして足らず、記憶の能力あり、推理の能力あり、想像の働ありて、この諸能力が各その固有の働を逞うして、互に領分を犯さず又他に犯されずして能く平均を保つもの、之を完全の人心と云う。然るに毎人[2]の能力の発育に天然の極度ありて、甲の能力は能く一尺に達するの量あるも、乙は僅に五寸に止まりて、如何なる術を施し如何なる方便を用うるも、乙の能力をして甲と等しく一尺に達せしむること能わず。然り而して一尺の能力ある者は之をその諸能力に割合して各二寸又三寸宛を発育し、之をして一方に偏せしめざるを以て教育の本旨となすと雖ども、若しこの諸能力中の一個のみを発育する時は、仮令えその発育されたる能力丈けは天稟[3]の本量一尺に達するも、他の能力は自から活気を失うて枯死せざるを得ず。文字を教うるは、唯人の記憶力に依るものにて、唯この記憶力のみを発育する時は、他の推理の力、想像の働等は自から退縮せざるを得ざるが故に、文字を教うるは決して之を有害のものと云うべからずと雖ども、唯この一方に偏して之を教育の主眼とする時は、人心の釣合を失して徒に世に片輪者の数を増すの恐れあり。甚だ慎むべきものにこそ。

1 **特立特行** 他にへつらったりしないで自立して行うこと。 2 **毎人** 人ごとに。 3 **天稟** 生まれつきの才能。てんりん。

徳育如何

徳育如何緒言

方今世に教育論者あり、少年子弟の政治論に熱心なるを見て、軽躁不遜[1]なりと称し、その罪を今の教育法に帰せんと欲するが如し。福澤先生その誣罔[2]を弁じ、大に論者の蒙を啓かんとて、教育論一篇を立案せられ、中上川先生之を筆記して、時事新報の社説に載録せられたるが、今之を重刊して一小冊子と成し、学者の便覧に供すと云う。

明治十五年十一月

編者識

青酸は毒の最も劇しきものにして、舌に触れば、即時に斃る。その間に時なし。「モルヒネ」、砒石[3]は少しく寛にして、死に至るまで少しく時間あり。大黄[4]の下剤の如きは、二、三時間以上を経過するに非ざれば腸に感応することなし。薬剤の性質、相異なるを知るべし。又草木に施す肥料の如き、之に感ずる各急緩の別あり。野菜の類は肥料を受けて三日輒ち青々の色に変ずと雖ども、樹木は寒中これに施してその効験は翌年の春夏に見るべきのみ。今人心は草木の如く、教育は肥料の如し。この人心に教育を施してその効験三日に見るべきか、曰、否なり。三冬[5]の育教、来年の春夏に功を奏するか、曰、否なり。少年を率いて学に就かしめ、習字素読より漸く高きに登り、稍や事物の理を解して心事の方向を定るに至るまでは、速くして五年、尋常にして七年を要すべし。之を草木の肥料に譬れば感応の最も遅々たるものと云うべし。又草木は肥料に由て大に長茂すと雖ども、唯その長茂を助るのみにして、その生々の根本を

【『時事新報』連載時（明治十五［一八八二］年十月二十一日から二十五日まで、四回にわたり連載）には「学校教育」というタイトルであったが、単行本化した際に改題。】

1 **軽躁不遜** 軽はずみで、尊大なこと。 2 **誣罔** いつわること。 3 **砒石** ヒ素を含む鉱物の一種の古称。 4 **大黄** タデ科の多年草。根茎の外皮を除き乾燥させたものを健胃剤・瀉下剤として用いる。 5 **三冬** 孟冬、仲冬、季冬（旧暦の十、十一、十二月）のこと。冬の三ヵ月。

資る所は、空気と太陽の光熱と土壌津液[1]とに在り。空気乾湿の度を失い、太陽の光熱物に遮られ、地性瘠せて津液足らざる者へは、仮令い肥料を施すも功を奏すること少なきのみならず、全く無功なるものあり。教育も亦斯の如し。人の智徳は教育に由て大に発達すと雖ども、唯その発達を助るのみにして、その智徳の根本を資る所は、祖先遺伝の能力と、その生育の家風と、その社会の公議輿論[2]とに在り。蝦夷人の子を養うて何程に教育するも、その子一代にては迚も第一流の大学者たるべからず。源家八幡太郎[3]の子孫に武人の夥しきも、能力遺伝の実証として見るべし。又武家の子を商人の家に貰うて養えば自から町人根性と為り、商家の子を文人の家に養えば自から文に志す。幼少の時より手に付けたる者なれば、血統に非ざるも自然に養父母の気象を承るは、普く人の知る所にして、家風の人心を変化すること有力なるものと云うべし。又戦国の世には都て武人多くして、出家の僧侶に至るまでも干戈[4]を事としたるは、叡山、三井寺[5]等の古史に徴して知るべし。社会の公議輿論即ち一世の気風は、よく仏門慈善の智識[6]をして殺人戦闘の悪業を為さしめたるものなり。右は何れも人生の智徳を発達せしめ退歩せしめ又変化せしむるの原因にして、その力は却て学校の教育に勝るものなり。学育固より軽々看過すべからずと雖ども、古今の教育家が漫に多を予期して、或は人の子を学校に入れて之を育すれば、自由自在に期する所の人物を陶冶し出すべしと思うが如きは、妄想の甚しきものにして、その妄漫なるは、空気、太陽、土壌の如何を問わず、唯肥料の一品に依頼して草木の長茂を期するに等しきのみ。

俚諺に云く、門前の小僧習わぬ経を読むと。蓋し寺院の傍に遊戯する小童輩は、自然に仏法に慣れてその臭気を帯るとの義ならん。即ち仏の気風に制しらるゝものなり。仏の風に当れば仏に化し、儒の風に当れば儒に化す。周囲の空気に感じて一般の公議輿論に化せらるゝの勢は、之を留めんとして駐むべからず。如何なる独主独行の士人と雖どもこの間に独するを得ざるは、伝染病の地方に居て独り之を免かるゝの術なきが如し。独立の品行誠に嘉みすべしと雖ども、自からその限あるものにして、限界を越えて独立せんとするも、人間生々の中に在て決して行わるべきことに非ず。例えば言語の如し。一地方に在て独立独行、百事他人に殊なりと称する人にても、その言語には方言を用い、壁を隔てゝ之を聞くも某地方の人たるを知るべし。今この方言は誰れに学びたりやと尋るに、之を教えたる者なし。教る者なくして之を知る。即ち地

1 **土壌津液** 土に浸み込んだ水分や養分。 2 **公議輿論** 世間の大多数の人の意見。 3 **源家八幡太郎** 源義家（一〇三九［長暦三］年―一一〇六［嘉承元］年）の通称。東国に源氏勢力の根拠を固めた。その子孫が源頼朝。 4 **干戈** たてとほこ。転じて、戦争。 5 **叡山、三井寺** 比叡山延暦寺と三井寺園城寺。いずれも僧兵集団がいたことで知られる。 6 **智識** 高僧。善知識。

方の空気に学びたるものと云わざるを得ず。或は空気の力に迫られたるものと云うも可なり。啻に方言のみならず、衣服飲食の品類より家屋、庭園、装飾、玩弄の物に至るまでも、一時一世の流行に外なるを得ず。流行のものを衣服し、流行のものを飲食し、流行の家屋に居り、流行の物を弄ぶ。この点より見れば人は恰も社会の奴隷にして、その圧制を蒙り毫も自由を得ざるものにして、如何なる有力の士人にても古今世界にこの圧制を免がれたる者あるを聞かざるなり。有形の物皆然り。然ば則ち無形の智徳にして独り社会の圧制を免かるゝの理あるべからず。教えずして知るの智あり、学ばずして得るの徳あり。共に流行の勢に従てその範囲を脱せず。社会は恰も智徳の大教場と云うも可なり。この教場の中に在て区々の学校を見れば、如何なる学制あるも如何なる教則あるも、その教育は唯僅に人心の一部分を左右するに足るべしとのことは、必ずしも知識を俟て然る後に知るべき事柄に非ざるなり。

方今世に教育論者あり、その言に云く、近来我国の子弟はその品行漸く軽薄に赴き、父兄の言を用いず長老の警を顧みず、甚しきは弱冠の身を以て国家の政治を談じ、動もすれば上を犯すの気風あるが如し、畢竟学校の教育不完全にして徳育を忘れたるの罪なりとて、専ら道徳の旨を奨励するその方便として、[1]周公孔子の道を説き、漢土聖人の教を以て徳育の根本に立てゝ、一切の人事を制御せんとする者の如し。我輩は論者の言を聞き、その憂る所は甚だ尤なりと思えども、この憂を救うの方便に至ては毫も感服すること能わざる者なり。抑も論者の憂る所を概言すれば、今の子弟は上を敬せずして不遜なり、漫に政治を談じて軽躁なりと云うに過ぎず。論者の言甚だ是なり。我輩とても固より同憂なりと雖ども、少年輩が斯くまでにも不遜軽躁に変じたるは、単に学校教育の欠典〔点〕のみに由て然るものか、若しも果して然るものとするときは、この欠典は何に由て生じたるものか、その原因を推究すること緊要なり。教育の欠典と云えば、教師の不徳と教書の不経[2]なることならん。然るに我日本に於て、開闢以降稀なる不徳の教師を輩出して、稀なる不経の書を流行せしめたるは何ものなるぞや。或は前年文部省より定めたる学制に由て然るものなりと云わんか、然ば則ち文部省をして斯る学制を定めしめたるは何ものなるぞや。之を推究せざるべからず。我輩の所見に於ては、之を文部省の学制に求めず、又教師の不徳、教書の不経をも咎めず。是等は皆事の近因として、更にこの近因を生じたる根本の大原因に溯るに非ざれば、事の得失を断ずるに足らざるを信ずるものなり。蓋しその原因とは何ぞや。我開国に次で政府の革命、即ち是なり。

1 **周公**　中国周王朝の創始者である文王の子、旦。周王朝の基礎を築いた政治家。孔子の理想とした聖人。
2 **不経**　でたらめ。道理に合わない。

開国以来、我日本人は西洋諸国の学を勉め又これを聞伝えて、漸く自主独立の何ものたるを知りたれども、未だ之を実施するを得ず、又その実施を目撃したることもなかりしに、十五年前維新の革命あり。この革命は諸藩士族の手に成りしものにして、その士族は数百年来周公孔子の徳教に育せられ、満腔[1]唯忠孝の二字あるのみにして、一身以てその藩主に奉じ、君の為に死するの外、心事なかりしものが、一旦開進の気運に乗じて事を挙げ、遂に旧政府を倒して新政府を立てたるその際に、最初は各その藩主の名を以てしたりと雖ども、事成るの後に至り、藩主は革命の名利に与るを得ずして、功名利禄は藩士族の流に帰し、次で廃藩の大挙に逢えば、藩主は得る所なきのみならず、却て旧物を失うて全く落路の人たるが如し。従前はその藩に在て同藩士の末座に列し、所謂君公には容易に目通りも叶わざりし小家来が、一朝の機に乗じて新政府に出身すれば、儼然たる正何位従何位にして、旧君公と同じく朝に立つのみならず、君公却て従にして家来正なるあり。尚甚しきは公に旧君の名を以て旧家来の指令を仰ぎ、私にその宅に伺候して依托することもあらん。又四民同権の世態に変じたる以上は、農商も昔日の素町人、土百姓に非ずして、藩地の士族を恐れざるのみならず、時としては旧領主を相手取りて出訴に及び、事と品に由りては旧殿様の家を身代限[2]にするの奇談も珍らしからず。昔年馬に乗れば切捨てられたる百姓町人の少年輩が、今日借馬に乗て飛廻わり、誤て旧藩地の士族を踏殺すも、法律に於ては唯罰金の沙汰あらんのみ。又封建世禄[3]の世に於て、家の次男三男に生れたる者は、別に立身の道を得ず。或は他の不幸にして男児なき家あれば、養子の所望を待てその家を相続し、始て一家の主人たるべし。次三男出身の血路は唯養子の一方のみなれども、男児なき家の数は少なくして、次三男出生の数は多く、需要供給その平均を得ずして、常に父兄の家に養われ、遂には二世にして姪の保護を蒙りて死する者少なからず。之を家の厄介と称す。俗に所謂臁嚙なる者なり。既に一家の厄介たり、誰れか之を尊敬する者あらんや。如何なる才力あるも、臁嚙は則ち臁嚙にして殆ど人に歯せられず[4]、世禄の武家にして斯の如くなれば、その風は自から他種族にも波及し、士農工商共に家を重んじて権力は専ら長男に帰し、長少の序も紊れざるが如くに見えし者が、近年に至ては所謂腕前の世と為り、才力さえあれば立身出世勝手次第にして、長兄愚にして貧なれば阿弟[5]の智にして富貴なる者に軽侮せられざるを得ず。唯に兄のみならず、前年の養子が朝野に立身して花柳[6]の美なる者を得れば、忽ち養家糟糠の細君を厭い、養父母に談じて自身を離縁せよ放逐せよと請求するは、その名は養家より

1 **満腔**　全身。 2 **身代限**　全財産を債務の返済にあてること。破産。 3 **世禄**　世襲される俸給。いわゆる家禄制のこと。 4 **歯す**　仲間として交際する。 5 **阿弟**　弟を親しんでいう称。 6 **花柳**　芸者や遊女。すなわち、妾。

放逐せられたるも、実は養子にして養父母を放逐したるものと云うべし。父子有親君臣有義夫婦有別長幼有序[1]とは聖人の教にして、周公孔子の以て貴き由縁なれども、我輩は右の事実を記してこの聖教の行われたる所を発見すること能わざるものなり。

然りと雖ども以上枚挙する所は十五年来の実際に行われ、今日の法律に於て之を許し、今日の習慣に於ても大に之を咎ること能わざるものなり。徳教の老眼[2]を以てこの有様を見れば誠に驚くに堪えたり。元禄年間の士人を再生せしめて、之に維新以来の実況を語り又今の世事の成行を目撃せしめたらば、必ず大に驚骸〔駭〕して、人倫の道も断絶したる暗黒世界なりとて痛心することならんと雖ども、如何せん、この世態の変は十五年以来我日本人が教育を怠りたるの故に非ず、唯開進の風に吹かれて輿論の面目を改めたるが為なり。蓋し輿論の面目とは全国人事の全面目にして、学校教育の如きもこの全面中の一部分たるに過ぎざるのみ。左れば今の世の教育論者が、今のこの不遜軽躁なる世態に感動して之を憂るは甚だ善し、又之に驚くも至当の事なれども、論者は之を憂い之に驚て、之を古に復せんと欲するか。即ち元禄年間の士人と見を同うして、元禄の忠孝世界に復古せんと欲するか。論者が頻りに近世の著書新聞紙等の説を厭うて専ら陶虞〔唐〕三代の古典を勧るは、果してこの古典の力を以て今の新説を抹殺するに足るべしと信ずるか。加之論者が今の世態の一時己が意に適せずして局部に不便利なるを発見し、その罪を独り学校の教育に帰して喋々するは、果してその教育を以て世態を挽回するに足るべしと信ずるか。我輩はその方略に感服する能わざる者なり。抑も明治年間は元禄に異なり。その異なるは教育法の異なるに非ず、公議輿論の異なるものにして、若しも教育法に異なるものあらば、之をして異ならしめたるものは公議輿論なりと云わざるを得ず。而して明治年間の公議輿論は何に由て生じたるものなりやと尋れば、三十年前我開国と次で政府の革命、是なりと答えざるを得ず。開国革命以て今の公議輿論を生じて、人心は開進の一方に向い、その進行の際に弊風も亦共に生じて、徳教の薄きを見ることなきに非ざるも、法律これを許し、習慣これを咎めず、甚しきは道徳教育論に喋々するその本人が、往々開進の風潮に乗じて、利を射り、名を貪り、犯すべからざるの不品行を犯し、忍ぶべからざるの刻薄を忍び、古代の縄墨[3]を以て紏すときは、父子君臣夫婦長幼の大倫も或は明を失して危きが如くなるも、尚且一世を瞞着し[4]て得々横行すべき程の、この有力なる開進風潮の中に居ながら、学校教育の一局部を変革して

1 **父子有親君臣有義夫婦有別長幼有序**　儒教において人の守るべき五つの徳目である五倫のうち、「朋友の信」を除いた四つ。『孟子』滕文公章句上に見える言葉。 2 **徳教の老眼**　儒教的道徳教育を受けてきた老人の眼。 3 **縄墨**　墨縄。大工や石工が線を引き、寸法をはかるのに用いる道具。転じて、物事の基準となるもの。規則。 4 **瞞着して**　あざむいて。

以て現在の世態を左右せんと欲するが如きは、肥料の一品を加減して草木の生々を自在にせんとする者に異ならず。仮令い或はその教育も、他の人事と共に歩を共にして進退するときは、頗る有力なる方便なりと云うも、その効験の現わるゝは極めて遅々たるものにして、肥料の草木に於けるが如くなるを得ず。益その迂闊なるを見るべきのみ。

左れば今の世の子弟が不遜軽躁なることもあらば、その不遜軽躁は天下の大教場たる公議輿論を以て教えたるものなれば、この教場の組織を変革するに非ざればその弊を矯るに由なし。而してその変革に着手せんとするも、今日の勢に於てよく導て古に復するを得べきや。今の法律を改めて旧套に返るべきや。平民の乗馬を禁ずべきや。次三男の自主独行を止むべきや。之を要するに、開進の今日に到着して顧て封建世禄の古制に復せんとするは、喬木より幽谷に移[1]るものにして、何等の力を用るも到底行わるべからざることゝ断定せざるを得ず。目今その手段を求めて得ざるものなり。論者と雖ども自から明に知る所ならん。既に大教場の変革に手段なきを知らば、局部の学校を変革するも無益なるや明なり。故に我輩は今の世態に満足する者に非ず、少年子弟の不遜軽躁なるを見て之を賛誉する者に非ずと雖ども、その局部に就て直接に改良を求めず、天下の公議輿論に従て之を導き、自然にその行く所に行かしめその止る所に止まらしめ、公議輿論と共に順に帰せしむること、流に従て水を治るが如くならんことを欲する者なり。今試に社会の表面に立つ長者にして子弟を警め、汝は不遜なり、何故に長者に事えざるや、何故に尊きを尊ばざるや、近時の新説を説て漫に政治を談ずるが如きは軽躁の甚しきものなりと咎めたらば、少年は即ち云わん、君は前年何故に廃藩の事を賛成して旧主人の落路を傍観したるや、加之その旧主人と共に社会に立ち或はその上に位して世の尊敬を受るも恬として憚る色なきは何故なるや、且君に質問することあり、君が維新の前後頻りに国事に奔走して政談に熱したるはその年齢凡そ幾歳の頃なりしや、この時に当て世間或は君の軽躁を悦ばずして君に忠告すること今日君が我々に忠告するが如き者はなかりしや、当時君はその忠告を甘受したるか、我々窃に案ずるに君は決して斯る忠告を聴く者に非ず、その忠告者をば内心に軽侮し因循姑息の頑物[2]なりとて唯冷笑したるのみのことならん、左れば我々年少なりと雖ども二十年前の君の齢に等し、我々の挙動軽躁なりと云うも二十年前の君に比すれば深く譴責[3]を蒙るの理なし、但し君は旧幕府の末世に当て乱に処し又維新の初に於て創業に際したることなれば自から今日の我々に異なり、我々は今日治世に在て乱を思わず創業の後を承けて守成を謀

1 喬木より幽谷に移る　『詩経』小雅の「出自幽谷、遷于喬木（春になり鶯が奥深い谷から飛び立ち、村里の高い木［喬木］の上に移ってくること。人が出世することのたとえ）」をふまえており、順序が逆のこと。

2 頑物　頑固者。　**3 譴責**　よくない行いや非をとがめること。

る者なり、時勢を殊にし事態を同うせずと雖ども熱心の熱度は前年の君に異ならず、蓋しこの熱は我々の身に於て独発に非ず、その実は君の余熱に感じて伝染したるものと云うも可なり云々と、利口に述べ立てられたらば、長者の輩も容易に之に答ること能わずして、或は窃に困却するの意味なきに非ざるべし。その趣は老成人が少年に向い直接にその遊冶放蕩を責て、却て少年の為に己が昔年の品行を摘発枚挙せられ、白頭汗を流して赤面するものに異ならず。直接の譴責は各自個々の間にても尚且効を見ること少なし。況んや天下億万の後進生に向て之を責るに於てをや。労して功なきのみならず、却て之を激するの禍なきを期すべからざるなり。

我輩は前節に於て教育改良の意見を述べ、その主とする所は天下の公議輿論に従て之を導き、自然にその行く所に行かしめその止まる所に止まらしめ、公議輿論と共に順に帰せしむること、流れに従て水を治むるが如くならしめんことを欲する者なりと記したれども、その言少しく漠然たるが故に、今爰に一、二の事実を証してその意を明にせん。元来我輩の眼を以て周公孔子の教を見れば、この教の働を以て人心を動かすこと固より少なからずと雖も、その働は決して無限のものに非ずして、働の達する所に達すれば毫も運動を逞うすること能わざるものなりと信ず。即ちその極点は、この教を奉ずる国民の公議輿論に適すべき部分に限りて働を呈し、其以上に於ては輿論の為に制せらるゝを常とす。例えば支那と日本の習慣の殊なるもの多し。

就中周の封建の時代と我徳川政府封建の時代と、等しく封建なれども、その士人の出処を見るに、支那にては道行われざれば去るとてその去就甚だ容易なり。孔子は十二君に歴事したり[1]と云い、孟子が斉の宣王に用いられずして梁の恵王を干すも[2]、君に仕ること容易なるものなり。遽伯玉[3]の如き、邦有レ道則仕、邦無レ道則可二巻而懐一レ之[4]とて、自国を重んずるの念甚だ薄きに似たれども、嘗て譏を受けたることなきのみならず、却て聖人の賛誉を得たり。之に反して日本に於ては士人の去就甚厳なり。忠臣二君に仕えず、貞婦両夫に見えずとは、殆ど下等社会にまで通用の教にして、特別の理由あるに非ざればこの教に背くを許さず。日支両国の気風即ち両国に行わるゝ公議輿論の相異なるものにして、天淵[5]啻ならざるを見るべし。然るにその国人の最も尊崇する徳教は何ものなるぞと尋るに、支那人も聖人の書を読て忠孝の教を重んじ、日本人も亦然り。等しく同一の徳教を奉じてその徳育を蒙る者が、人事の実際に於ては全く反

1 **十二君に歴事したり**　中国春秋時代の十二諸侯国に次々と仕えたこと。 2 **孟子が斉の……恵王を干す**　斉・梁（魏）はいずれも中国春秋時代の雄国。「干す」は自分からおしかけること。 3 **遽伯玉**　伯玉。中国春秋時代、衛の賢大夫。 4 **邦有道則仕、邦無道則可巻而懐之**　国家の道が保たれている時には仕えてその才能を示すが、国家が道を失っている時にはそれを隠しておくことができる。孔子が伯玉を評した言葉。『論語』衛霊公篇に見える。 5 **天淵**　天と淵。上と下。隔たりの大きいもののたとえ。

対の事相を呈す。怪しむべきに非ずや。畢竟徳教の働は、その国の輿論に妨なき限界にまで達して、其以上に運動するを得ざるの実証なり。若しもこの限界を越るときは、徳教の趣を変じて輿論に適合し、その意味を表裏陰陽に解して、恰も輿論に差支なきの姿を装い、以てその体を全うするの実を見るべし。蛮夷夏を乱だる[1]は聖人の憂る所なれども、その聖人国を蛮夷に奪われたるは今の大清なれども、大清の人民も亦聖人の書を以て教と為すべし。徳川政府も忠義の道を以て天朝に奉じて誠に忠義なりしかども、末年に至り公議輿論を以てその政府を倒せば、之を倒したる者も亦誠に忠義なり。故に支那にて士人の去就を自在にすれば聖人に称せられ、日本にて同様の事を行えば聖人の教に背くとて之を咎むべし。蛮夷が中華を乱だるも聖人の道を以て之を防ぐべし。既に之を乱だりて之を押領したる上は、又聖人の道を以て之を守るべし。敵の為にも可なり、味方の為にも可なり。その働くべき部分の内に在て自由に働を逞し、輿論に逢えば則ち装を変ずべし。是即ち聖教の聖教たる所以にして、尋常一様小儒輩の得て知る所に非ざるなり。(孟子に放伐論[2]ありなどゝてその書を忌むが如きも小儒の考にして、笑うに堪えたるものなり。数百年間日本人が孟子を読で之が為に不臣の念を起したるものあるを聞かず。書中の一字一句以て人心を左右するにたるものなりとすれば、君臣の義理固き我国に於て、十二君に歴事し公山仏肸の召にも応ぜん[3]としたる孔子の書を読むも亦不都合ならん。硜々然たる儒論、取るに足らざるなり。)

我日本の開国に次で政府の革命以来、全国人民の気風は開進の一方に赴き、その進行の勢力は之を留めて駐むべからず。即ち公議輿論の一変したるものなれば、この際に当て徳教の働も固より消滅するに非ずと雖ども、自から輿論に適するが為に大にその装を改めざるを得ざるの時節なり。例えば在昔は君臣の団結、国中三百所に相分れたる者が、今は一団の君臣と為りたれば、忠義の風も少しく趣を変じて、古風の忠は今日に適せず。在昔は三百藩外に国あるを知らずして、唯藩と藩との間に藩権を争いし者も、今日は全国恰も一大藩の姿と為りて、在昔藩権の精神は面目を改めて国権論に変ぜざるを得ず。在昔は社会の秩序、都て相依るの風にして、君臣、父子、夫婦、長幼、〔互に〕相依り相依られ、互に相敬愛し相敬愛せられ、両者相対して然る後に教を立てたることとなれども、今日自主独立の教に於ては、先ず我一身を独立せしめ、

1 **蛮夷夏を乱だる** 「夏」は中国古代の王朝。『春秋左氏伝』僖公二十一年に「蛮夷、夏を猾るは周の禍なり」と見える。 2 **放伐論** 徳を失った君主を追放、討伐すること。中国古代の武力革命。湯武の放伐。 3 **公山仏肸の召にも応ぜん** 公山仏擾が孔子を召し出し、孔子がこれに応じようとしたこと。『論語』陽貨篇に見える故事。 4 **硜々然たる** 石を叩く音の堅く強いさま。融通の利かないさま。『論語』子路篇に見える言葉。

我一身を重んじて、自からその身を金玉視し、以て他の関係を維持して人事の秩序を保つべし。新に沐する者は必ず冠を弾し、新に浴する者は必ず衣を振う[1]とは、身を重んずるの謂なり。我身金玉なるが故に、苟も瑕瑾を生ずべからず、汚穢に近接すべからず。この金玉の身を以て、この醜行は犯すべからず、この卑屈には沈むべからず。花柳の美愛すべし、糟糠の老大厭うに堪えたりと雖ども、糟糠の妻を堂より下だすは、我金玉の身に不似合なり。長兄愚にして我れ富貴なりと雖ども、弟にして兄を凌辱するは、我金玉の身に能くすべからず。爰に節を屈して権勢に走れば名利を得べしと雖ども、屈節以て金玉の身を汚すべからず。与うるに天下の富を以てするも、授るに将相の位を以てするも、我金玉一点の瑕瑾に易うべからず。一心此に至れば、天下も小なり、王公も賤し。身外無一物、唯我金玉の一身あるのみ。一身既に独立すれば眼を転じて他人の独立を勧め、遂に同国人と共に一国の独立を謀るも自然の順序なれば、自主独立の一義、以つて君に仕うべし、以て父母に事うべし、以て夫婦の倫を全うし、以て長幼の序を保ち、以て朋友の信を固うし、人生居家の細目より天下の大計に至るまで、一切の秩序を包羅して洩らすものあるべからず。故に我輩に於ては、今世の教育論者が古来の典経を徳育の用に供せんとするを咎るには非ざれども、その経書の働を自然に任して正に今の公議輿論に適せしめ、その働の達すべき部分にのみ働を逞うせしめんと欲する者なり。即ち今日の徳教は輿論に従て自主独立の旨に変ずべき時節なれば、周公孔子の教も亦自主独立論の中に包羅して之を利用せんと欲するのみ。今の世態果して不遜軽躁に堪えざるか、自主独立の精神に乏しきが故なり。論者その人の徳義薄くしてその言論演説以て人を感動せしむるに足らざるか、夫子自から自主独立の旨を知らざるの罪なり。天下の風潮は夙に開進の一方に向て、自主独立の輿論は之を動かすべからず。既にその動かすべからざるを知らば、之に従うこそ智者の策なれ。蓋し学校の教育をして順に帰せしむること、流に従て水を治るが如くせんとは是の謂なり。

徳育如何　畢

1　**新に沐する者は……必ず衣を振う**　髪を洗いたての者は冠をはじいてごみを払い、湯からあがりたての者は衣を振るってほこりを払う。潔白な人間ほど、外物によって汚されるのを嫌うことのたとえ。

徳育余論

過般我輩が徳育の事を論じ[1]（十月廿一日より廿五日に至る時事新報社説）、教育の成跡は三、五年の間に見るべきものに非ず、徳育の風はその時代に行わるゝ輿論に従て次第に変遷するものなり、我開国三十年来西洋の文明を取り、その徳教に於ても自主独立の主義漸く明なるに就ては、この一主義に従い、以て君に仕え、以て父母に事え、以て夫婦の倫を明にし、以て長幼の序を保ち、以て朋友の信を固うすべし云々の旨を述べ、読者も或は鄙言の採るを許したることとあらんを信ず。然りと雖ども彼の自主独立なるものは元来主観の文字にして、之を実際に施さんとするは甚だ易からず。君子はその独を慎しむ[2]と云い、屋漏に恥じず[3]と云うが如き、何れも皆主観の働にして、苟もその人の内に自から恃む所のものあるに非ざれば、心のこの品位に達すること決して得べからずして、尋常一様の人に向て望むべきことに非ず。左れば今主観の独立を以て身躬からその徳義を脩るは難きこととして、爰に客観の一方より工風を始め、社会の士人をして各自からその公私の徳義を重んぜしむるの風儀を生ずるには如何して可ならんとその方便を求るに、我輩の見る所にては天下の公議輿論をして次第に高尚ならしむるの一法あるのみと信ず。然かもその公議輿論なるものは、学者社会の議論に非ずして、下流無数の人民中に行わるゝ気風を以て最も有力なるものとす。例えば袒裼裸裎[4]は君子の自から愧る所なりと雖ども、そのこれを愧るや主観の自心より生ずるものか、客観の外見に制しられて然るものかと尋るに、百万中の一、二を除くの外は客観の外見より来るものと云わざるを得ず。仮に今裸体の禁令なしとするも、苟も士人の身にして夏日衣を脱して市街を往来する者あるべからず。然るにこの士人が野外に出でゝ興に乗ずるときは往々醜体を愧じざるは何ぞや。他人の之を見る者あらざればなり。啻に無人の野外のみならず、山村僻邑[5]、住民稍や繁多の地に於て

【明治十五（一八八二）年十二月二十日、二十一日付『時事新報』に掲載。】

1 過般我輩が徳育の事を論じ　前掲の『徳育如何』をさす。　**2 君子はその独を慎しむ**　君子は人前のみでなく、自分ひとりでいる時も行いを慎み、道にそむかぬようにする。『大学』第六章に見える言葉。　**3 屋漏に恥じず**　人が見ていない所でも、良心に恥じるような行いをしないこと。『詩経』大雅に見える言葉。　**4 袒裼裸裎**　肌ぬぎの裸姿。無作法な振舞いにおよぶこと。『孟子』公孫丑章句上に見える言葉。　**5 僻邑**　僻村。片田舎。

も、その村民の風俗賤陋にして醜を醜とするの眼あらざれば、士人も亦自からその身の醜を愧ずることなし。左れば人の自から醜体を愧じて之を慎むは、主観の自発に非ずして客観の外見に制しらるゝものたるや明なり。

肉体の醜美を制するもの果して客観より来るものならば、独り精神の醜美に至りて客観に制しられざる理なし。天下の士人、その百万中の一、二を除くの外は、自から品行を慎て徳義を重んずるもの、皆外物に制しられざるはなし。即ち公議輿論に左右進退せられて、その議論の最も有力なるは、下流民間の多数に在るものとす。古人の言に、君子の徳は風にして小人は草の如し[1]とあれども、今我輩は之に反し、君子却て草にして小人の徳風に靡く者なりと云わざるを得ず。例えば世に所謂上流の学者士君子にして、久しく都下に居住し、又田舎の地方に在るときは、その天資智愚の差なくして共に同一様の教育を受けたる人物にても、数年の後には必ずその品行徳義に異なるものあるを見るべし。而してその田舎の士人が品行律儀にして私徳の厚きに拘わらず、不似合にも往々事物の道理を軽ろんじて傍若無人なる挙動多きは、地方人民の気風に制しられたるものにして、即ちその律儀にして私徳の厚きは正に人民の意に適するが為にして、その道理を軽ろんじ傍若無人なるは人民の愚に乗ずべきの釁[2]あるが為なり。猶お彼の山村僻邑に於て都士人が肉体の醜を愧じざるも、村民等が醜を醜とするを知らざるの釁に乗じたるもの丶如し。精神の醜美も亦客観より来るの事実明に看るべきなり。

抑も下流の人民を教るは士君子の事にして、之を教えて又随てその人民の気風に制しらる丶者も亦士君子なり。近日世上の教育論者が徳教の厚からざるを憂い、天下の士人は次第に不徳に陥るべきの恐ありとて、頻りに学校の教育法を改革せんとする者多しと雖ども、徳育の一点に至りては学校教授のよく左右すべきものに非ず。家塾又は小私塾にてその塾主が直に生徒に接して教場の教の外に一種名状すべからざるの精神を伝うる者は例外として、一般に公立の公学校に於て、公共の資格を持する教官が、公席に於て私徳の事を語り、以て徳育の実効を奏したるものは、古来今に至るまで曾てその例を見ず。蓋し公立の学校に入る生徒は、元と学校の名を聞て入る者にして、教官の徳を慕うて之に従う者に非ざれば、教官と生徒との間に師弟の親情あるべからず。その公然たる資格を以て云えば、教官の生徒に於ける、猶地方官の人民に於けるに彷彿たるものと云うも可なり。今の世に地方官の徳不徳を以て、直に地方の人民に接しながら、その一般の私徳品行を左右するに足らざること、果して事実ならば、教官が生徒

1 君子の徳は風にして小人は草の如し　風が草の上を吹いて草がなびき倒れるように、君子の徳によって人民が教化されること。『論語』顔淵篇にもとづく言葉。**2 乗ずべきの釁**　「釁」はすきのこと。つけこむことができる弱み。

に接して之を徳に導くも亦甚だ易からざるものと知るべし。固より公立学校の教官に人物なきに非ず。徳行の君子にして諄々よく少年を教る者少なからずと雖ども、如何せん、その君子も又少年も、学校の規則内に運動するのみにして、その規則なるものは教官の力を以て容易に左右すべきに非ず。之を彼の家塾私塾の主人が自から法を作て自から行い、事の宜しきに適せざれば朝に作て夕に之を改るも妨る者を見ず、師弟長幼相混同して一点の俗理[1]を語らず、悠々春風の喧なるが如くして不言の間に精神を伝うるものに比すれば、同年の論に非ず。故に学校に依頼して徳育の実効を奏すべきものは、必ず家塾私塾に在て存すること疑を容るべからざるなり。

日本全国学校の組織を一変して私立の体裁に改めんとするは我輩の持論にして、例えば今の文部省又は工部省直轄の学校をも一度び帝室の御有と為し、更に之を従前の教官等に下附して私立の体を成さしめ、爾後は毎年帝室の特典を以てその私立学校を保護せらるゝものと定まる上は、教場の実際に乱動を起すことなくして、旧教官と生徒との間には稍や師弟の交情を生じ、随て校則も自から簡易なるべければ、俗務の煩を省て費用を減ずるの便利もあるべし。結局有益無害の策なりと思えども、政府の情勢に於て行われざることなれば如何ともすべからず。又文部工部の直轄を去て、広く地方の中小学校を見れば、その情況自から亦殊にして、俄に之を私立に変化せしめんとするも容易にその実施を見るべからざることなれば、是に於て我輩の工風は、地方の中小学校は徳育の門に非ずと最初より覚悟を定めて、唯智育一端の用に供せんと欲するものなり。既に智育と覚悟したる上は、小学に入ては習字珠算に兼て少しく文書を学び、少しく物理を知るに止まりて、之より上て小〔中〕学の用は、横文を以て普通学を教るの傍に、漢字の意味と用法とを知らしめて十分なりと信ず（横文を読むこと、今日の時勢にて地方などにては高尚に過ると思う者もあらんなれども、自今十数年の後を臆測すれば、外国の交際は日に繁多にして、結局外人の内地雑居[2]は期すべし。外人との商売次第に盛にして、外国の学問は次第に内国に弘まるその時に当て、苟も横文を解すること能わざる者は社会の上流に歯するを得ざること、在昔漢学流行の世に漢文を解せざる者をば俗物として蔑視したるの情に等しきものならん。今日なればこそ横文を知らざるも政府に在て高位高官を辱うし、又民間にても「エビシ」を解せずして長老の体面に妨なきが如くなれども、数年の後には横文読む者に非ざれば等外吏たるも難きことならん。我輩が特に今より横文学を勧る由縁なり）。

1 **俗理**　俗世間の道理。卑俗な理屈。　2 **外人の内地雑居**　外国人の国内居住。この頃、内地雑居論が盛んだった。

地方の中学小学を以て徳育の門に非ずと覚悟を定め、又事実に於て依頼すべからざるものとするときは、全国一般の徳育は宗教を頼むの外に方便あるべからず。我国は幸にして古来下流の人民に仏法を信ずる者多く、民間の道徳は全く仏法より生じたるものなれば、この旧習慣を維持して毫も之を妨ることなく、その教導のまゝに放任したらば、民間の徳育に足らざるものなかるべし。或は今の仏門の僧侶は品行賤しくして教導に堪えずとの説あり。我輩も甚だ同説にして、僧侶を悪むこと甚しと雖ども、唯その悪むべき者を悪むのみにして、天下の仏門を挙げ悪僧の巣窟なりと云うに非ず。況やその悪僧俗僧と称するは、仏門の本色を忘れて俗世界に堕落し、俗権の驥尾に就て[1]仏門内に私を営まんとする者にして、畢竟俗世界より之に応援する者あればこそ遂に仏法を俗了することとなれども、今日俗権の社会より僧侶を度外視し、毫も之を妨ることなく又援ることもなくしてその自動に任するときは、僧侶中自然に悪俗なる者を沙汰して、漸く仏法の本色を顕わすこと難きに非ざるべし。又或は今の仏法の主義は賤劣にして開化の人民に適せずとの説もあり。是亦我輩と同説にして、その不適当なるを知ると雖ども、人民一般の開化はその日月甚だ長し。国中の開化人と不開化人と相比較すれば、開化の人は百中の一に足らず。自今百年を過ぎ千年を経るも純然たる開化世界に達せんとは思われず。仮令い或は開化に進むも、人智次第に進歩すれば宗教の所説も亦次第に進歩して、結局その徳育の用を失うの憂あるべからず。是即ち我輩が下流人民の徳育を挙げて仏法に依頼せんと欲する由縁なり。

下流人民の徳行篤きに起るときは、上流の士君子より之を看て之を蔑如する[2]を得ず。或は士人の智略、以て衆庶を瞞着するの術を施すべしと雖ども、道徳の一点に至ては蔑如するを得ざるのみならず、衆庶万目の所視、万指の所指に制しられて、その不徳不品行を逞うするを得べからず。即ち前節に云える客観の外見に束縛せられて不自由なるものなり。左れば宗教は直に上流の士人に徳を教るものに非ずと雖ども、下流人民の徳心を養い、その徳心の集りて一体と為り、所謂公議輿論の姿を成したる上は、無限の勢力を有するものと知るべし。然るに今世の教育論者が宗教を蔑視して之に依るを屑とせず、単に学校の徳育を以て人を導かんとするが如きは、我輩その可なるを知らず。学校の徳育、果して徳育にして、道徳の書を講じ道徳の嘉言善行[3]を称すと雖ども、その善を勧るや、仮令い家塾私塾にても多少の道理を根拠に定るものなれば、徳心に感ずること深からず。之を彼の宗教の物理外より説き下だして人の情に訴るも

1 **驥尾に就て**　驥尾に付す。蠅が駿馬の尾について千里も遠い地に行くように、後進者がすぐれた先達につき従って、事を成しとげたり功を立てたりすること。　2 **蔑如する**　軽蔑する。さげすむ。　3 **嘉言善行**　手本となるすぐれた言葉とよい行い。

のに比すれば、その感応の深浅、言わずして明白なり。之を要するに今世の学校は徳育の門に非ず。強いて之に依頼せんとすれば必ず私塾家塾なるべしと雖ども、私塾家塾は僅に上流の徳育に適すべきのみにして、尚且その功用の広大なるもの非ざれば、広く下流の人民を教導して徳心の公議輿論を起し、その反射の大勢力を以て上流を警しむるものは唯宗教あるのみ。

体育の目的を忘るゝ勿れ

人間の教育は知識の一方のみに偏すべからず、身体を運動して筋骨を発達せしむることも亦(また)甚(はなは)だ大切なりとは、毎度時事新報に論述せし所なるが、近来は世間に同感の論者少なからず、全国官私の学校にても一般に学生の体育を重んずるの風を生じたるは、国家の為(た)めに甚だ悦ばしき次第なれども、茲(ここ)に我輩が聊(いささ)か世の体育を主唱する人々に望む所のものは、体育本来の目的を常に心に記憶して忘るゝなからんことの一事なり。凡(およ)そ人間社会に事を為(な)す者は必ず何か目的とする所ありて、その目的を達せんが為めに労働するの常なれども、世間往々、目的を達する為めの手段と目的そのものとを混同し、手段のみに労して肝心の目的をば軽々看過する者なきに非(あら)ず。大間違いの沙汰にこそあれ。抑(そもそ)も人生に体育の必要なるは何故(なにゆえ)なるかと尋るに、身体を練磨して無病壮健ならしむれば随(したがつ)て精神も亦(また)活溌爽快なるべきは自然の法則にして、身

【明治二十六（一八九三）年三月二十三日付『時事新報』に掲載。】

心ともに健全なる者は能く社会万般の難きを冒して独立の生活を為すことを得るの利あるが為めのみ。即ち体育は人をして不羈独立[1]の生活を得せしむるの手段なればこそ之を忽にすべからざることなり。然るに今日世間の体育熱心家を見るに、大概皆身体発育の一事を以て人生の大目的なりと心得、苟も腕力抜群の称を得れば則ち能事終れり[2]と為すの情なきに非ず。例えば彼の富豪の子弟などが他事を打忘れて遊猟、騎馬、舟漕等の諸戯に熟するが如き、是れに由て以て身心の健康を全うし独立独行[3]の生活を為さんなどの深意あるに非ず。その目的とする所は唯自分の面白き遊戯に技倆を現わして、以て一時の快楽を得るに在るのみ。即ち体育は単に立身の一手段たるに過ぎざるの事実を忘れ、之を以て人生の目的なりと誤認したるものにして、全く目的と手段とを混同せるものと云わざるを得ず。蓋し体育論者にして、若しも単に身体の発育のみを重んじ、世間に腕力家の多からんことを以て唯一の目的と為すものならんには、故らに文弱[4]の書生輩に勧めて不得手なる力業を為さしめんよりは、寧ろ平素よりその業に慣れたる下等社会の人足、車夫、若しくは力士の輩を集めて、腕力を発育せしむるの便なるに如かず。元来書生に腕力の不用なるは、恰も力士に学問の用なきと一般なれども、唯如何にせん、学理上肉体と精神との間に密接なる関係ありて、身体を健かにせざれば、智識を進ること能わざるを以て、已むを得ず学校に体育の設もあることなり。然るに書生の輩が体育を口実として漫に遊戯に耽り学業を怠り、剰さえ肉体の強壮なるに任せて有りとあらゆる不養生を行い不品行を働き、独り得々[5]たるが如きに至ては、実に言語同〔道〕断の次第と云わざるを得ず。人若し是等の書生に向い、君等が運動して身体を強壮にするも何等の利益なし、偶ま日々の食量を増して不経済の種となるに過ぎずと云うも、彼等は之に対して聊か答辞に窮することとなるべし。我輩は素より体育を嫌うに非ず、熱心に之を主張するものなれども、近来世間の体育論者の中に往々その目的を誤解する者少なからざるを見て、一言以て反省を促すのみ。

1 **不羈独立** 「不羈」は束縛されないこと。独立不羈、独立自尊に同じ。 2 **能事** なすべき事。 3 **独立独行** 他人に頼らず、自分の力で行うこと。独立独歩。 4 **文弱** 学問や芸事などにふけって弱々しいこと。 5 **得々** 得意なさま。

家庭教育

家庭習慣の教えを論ず

人間の腹より生れ出でたるものは、犬にも非ず亦豕にも非ず[1]、取も直さず人間なり。苟も人間と名の附く動物なれば、犬豕等の畜類とは自から区別なかるべからず。世人が毎度云う通りに、正さしく人は万物の霊にして、生れ落ちし始めより、種類も違い、階級にも斯く迄区別のあることなれば、その仕事にも亦区別なかるべからず。人に恵まれたる物を食て腹を太くし、或は駆けまわり、或は嚙み合て疲るれば乃ち眠る。是れ犬豕が世を渡るの有様にして、如何にも簡易なりと云うべし。されども人間が世に居て務むべきの仕事は斯く簡易なるものに非ず、随分数多くして入り込みたるものなり。大略之を区別すれば、第一に一身を大切にして健康を保つこと。第二に活計の道、渡世の法を求めて衣食住に不自由なく生涯を安全に送ること。第三に子供を養育して一人前の男女となし、二代目の世の中にてはその子の父母となるに差支なき様に仕込むことなり。第四に人々相集て一国一社会を成し、互に公利を謀り共益を起し、力の及ぶ丈(だ)けを尽してその社会の安全幸福を求むること。この四ヶ条の仕事をよくして十分に快楽を覚るは論を俟(ま)たずと雖(いえ)ども、今又別に求むべきの快楽あり。その快楽とは何ぞや。月見なり、花見なり、音楽舞踏なり、その外(ほか)総(すべ)て世の中の妨げとならざる娯(たのし)み事は、何(いず)れも皆心身の活力を引立る為(ため)に甚(はなは)だ緊要のものなれば、仕事の暇(いとま)あらば折を以(もっ)て求むべきことなり。之を第五の仕事とすべし。

右の五ヶ条は苟(いやしく)も人間と名の附く動物にして社会の一部分を務るものは必ずともに行うべき仕事なり。この仕事をさえ充分に成し得れば人間社会の一人たるに恥ることなかるべし。然(しか)りと雖ども今の文明の有様にては充分を希望するは迚(とて)も六(むつ)ヶしきことなれば、必ずしも充分に非ずとも、成るべき丈(だ)け充分に近づくことの出来る様精々(ようせいぜい)注意せざるべからず。余輩が毎(つね)に勧る

【『家庭叢談』明治九（一八七六）年十月八日、第九号に掲載。『家庭叢談』は『民間雑誌』の後を受けて、明治九年九月十三日から翌十年四月、第六十六号まで刊行された、家庭向けの啓蒙新聞。月十回の発行であった。第六十七号からは、再び『民間雑誌』と改題し、週刊、日刊新聞としたが、十一（一八七八）年五月十九日、第百八十九号掲載の「内務卿の凶聞」が内務省警視局の忌諱に触れ厳重注意を受けた際、福澤は廃刊届を出させたという。】

1 **豕**　豚類の総称。

所の教育とは、即ちこの有様に近づき得るの力を強くするの道に外ならざるなり。

故に一口に教育と呼び做せども、その領分は中々広きものにて、唯に読み書きを教るのみを以て教育とは申し難し。読み書きの如きは唯教育の一部分なるのみ。実に教育の箇条は前号にも述べたる如く極めて多端なりと雖ども、早く云えば人々が天然自然に稟け得たる能力を発達して人間急務の仕事を仕遂げ得るの力を強くすることなり。その天稟の能力なるものは恰も土の中に埋れる種の如く早晩萌芽を出すの性質は天然自然に備えたるものなり。されども能くその萌芽を出して立派に生長すると否らざるとは単に手入れの行届くと行届かざるとに依るなり。即ち培養の厚薄良否に依ると云うも可なり。所謂教育なるものは則ち能力の培養にして、人始めて生れ落ちしより成人に及ぶまで、父母の言行に依て養われ、或は学校の教授に依て導かれ、或は世の有様に誘われ、世俗の空気に暴らされて、夫れ相応に萌芽を出し生長を遂るものなれば、その出来不出来はその培養たる教育の良否に依て定まることとなり。就中幼少の時見習い聞覚えて習慣となりたることは深く染み込めて容易に矯め直しの出来ぬものなり。さればこそ習慣は第二の天性を成すと云い幼稚の性質は百歳迄とも云う程のことにて、真に人に賢不肖は父母家庭の教育次第なりと云うも可なり。家庭の教育、謹むべきなり。

然るに今この大切なる仕事を引受けたる世間の父母を見るに、曾て子を家庭に教育するの道を稽古したることなく、甚しきは家庭教育の大切なることだに知らずして甚だ容易なるものと心得、毎に心の向き次第、その時〳〵の出任せにて所置するもの多きが如し。今その最も普通なる実例の一、二を示さんに、子供が誤て溝中に落込み着物を汚すことあれば、厳しくその子を叱ることあり。若し又誤て柱に行き当り額に瘤を出して泣出すことあれば、之を叱らずして却て過ちを柱に帰し、柱を打叩て子供を慰ることあり。扨この二つの場合に於て子供の方にては孰れも自身の誤りなれば頓と区別はなきことなれども、一には叱られ一には慰めらるゝとは抑も何故なるか。必〔畢〕竟親の方にては格別深き考もあらず、唯一時の情意に発したるものなるべし。その第一例なる衣裳を汚したる方は、何程か母に面倒を掛け或は損害を蒙らしむることあれば、憤怒の情に堪え兼て前後の考もなく覚えず知らず叱り附ることならん。又第二の方は左迄面倒もなく損害もなき故、何となく子供の痛みを憐み且つは泣声の喧きを厭い、之を避けんが為に過を柱に帰して暫く之を慰ることならんと雖ども、父母のすることとなすことは善きも悪しきも皆一々子供の手本となり教えとなることとなれば、縦令父母には深き考えなきにもせよ、よく〳〵その係り合いを尋れば、一は怒りの情に堪えきらざる手本になり、一は誤を他に被ぶせて自ら省みず無暗に復讐の気合いを教え込むものにて、至極有り難からぬ教育なり。その外叱るべきことあるも父母の気向次第にて、気〔機〕嫌の善き時なれば却て之を賞め気嫌悪しければ或は之を叱る等の不都合は甚だ尠なからず。

全体これ等の父母たるものが、教育と云えば唯字を教え読み書きの稽古をのみするものと心得、その事をさえ程能く教え込むときは立派な人間になるべしと思い、自身の挙動には左程心を用いざるもの丶如し。されども少しく考え見るときは、身の挙動にて教ることは書を読て教るよりも深く心の底に染み込むものにて、却て大切なる教育なれば、自身の所業は決して等閑にすべからず。詰る処、子供とて何時迄も子供に非ず、直に一人前の男女となり、世の中の一部分を働くべき人間となるべきものなれば、事の大小軽重を問わず、人間必要の習慣を成すに益あるか妨げあるかを考え合せて、然る後に手を下すべきのみ。然らずんば人間の腹より出でたる犬豕を生ずること必定なり。斯る化物は街道に連れ出して見世物となすには至極面白かるべけれども、世の中の為めには甚だ困りものなり。

家庭の遊戯

子弟の教化に家庭教育の大切なることは古今東西ともに異論なき所にして、その方法は各々異なるべしと雖(いえど)も、各国いずれもこの事に注意せざるはなし。我国にても古来家門[1]の教(おしえ)頗(すこぶ)る厳正にして、忠信、孝悌、礼義、廉恥等を以(もっ)て教の旨となし、只管(ひたすら)これを奨励したるが故に、その風(ふう)今に伝わりて士人の家には風儀の美なるもの甚だ少なからず。蓋(けだ)し昔日の忠孝仁義の説と今日の道徳論とは固(もと)よりその趣(おもむき)を同(おなじ)うせずと雖(いえど)も、子弟の徳義を保ち一家の風儀を維持するの一段に於(おい)ては、彼是(かれこれ)の区別なきこと勿論(もちろん)にして、且(か)つ積年の由来既に人の気風を成して、子弟教化の実際にその効空しからざるに於ては、今更その教旨に溯(さかのぼ)りて得失異同を論ずべきにあら

【明治二十二（一八八九）年五月二十一日付『時事新報』に掲載。】

1 家門　家筋。一族。

ず。左れば教の一点に於ては今日の有様に於て敢てその不足を訴うるの理由あるべからずと雖も、抑も人間は単に理の生[1]を稟くるのみならずして、同時に又情の生活[2]をもなすの事実は疑うべきにあらざれば、家庭の教育に至りても独り厳正なる理の教を以てその心を制するに止まり、一方より情を以て感化することなれ〔く〕ば之を完全なるものと云うべからず。所謂人心を薫陶するとは蓋しこの辺の意味を形容したるものにて、その方法にも種々あるべしと雖も、我輩の所見を以てすれば、家の父母長老がその教の傍らに子弟と共に遊び共に楽み、家族団欒、和気満堂のその間に不教の化[3]を及ぼすこと肝要なるべしと信ずるなり。然るに日本従来の庭訓[4]は唯、教の一方に偏して薫陶の手段に於ては甚だ欠くる所あるが如し。家庭の教は固より厳正なるを貴ぶべしと雖も、唯その厳正なるのみにて、情を以て之を和せざるときは、家内の空気甚だ乾燥して殺風景を極め、子弟を薫陶するの功を収むることは至難なるべし。聞く所に拠れば西洋諸国の風習にては、家庭の教、固より厳正なれども、家族団欒、親子長幼ともに楽むの工風に乏しからずして、例えば毎夕晩餐の後には一家の老若男女こと〴〵く一堂に集り、音楽唱歌等諸種の遊技を事とし、或は近隣懇意の者を会してその楽みを共にするなど、一夕の快楽に一銭の金を費さずして無限の興を尽し、その間に自ら家庭薫陶の功を奏すること甚だ少なからずと云う。我輩の艶羨[5]止まざる所のものなり。今後日本に於ても十分に家庭教育の功を全うせんとするには、独り乾燥せる道徳の教のみに依頼せず、家族団欒の楽みを以て子弟の心を感化薫陶することと固より肝要なるべきなれども、扨その楽みに供すべき遊戯の種類は如何なるものを用いて然るべきやと云うに、近来は何事も西洋流の行わるゝ世の中にて、遊戯の道具趣向も西洋伝来のものありて随分面白きことなれども、家々の都合次第にて必ずしも西洋流を用るに限らず、日本在来の趣向にて楽しむべきもの甚だ多し。先ず手踊、三味線、琴、笛、長唄、端唄の類より、又手軽きものは、かるたの遊び、昔話し、落話し[6]、お茶坊主[7]、虫拳、藤八拳[8]、又は道化芝居の真似等、兎に角に無造作にして誰れにも出来るのみならず、出来そこなえば又一座の興なり、実に訳もなき事なるに、然るに世間にては斯る遊戯の種類は何れも卑陋にして良家の楽みには用うべからずとの説なきにあらず。蓋しその中には所謂芸人輩の手に落ちて世に卑め

1 **理の生** 「理」は物事の筋道、ことわり。道義による生活。 2 **情の生活** 「情」は物事に感じて起こる心の動き。人間の自然な感情による生活。 3 **不教の化** 教えられなくとも、自ずと教化されること。 4 **庭訓** 家庭の教訓、または家庭教育。 5 **艶羨** 非常に羨むこと。 6 **落話し** 話の最後を語呂合せや洒落で落ちをつける小咄。 7 **お茶坊主** 遊戯の一つ。数人でつくった輪の中に一人が目隠しをして入り、鬼となって、ある一人の前に「お茶召し上がれ」と茶台を出しながら、その人の名をいう。当たれば、当てられた人が代わって鬼となる。 8 **虫拳、藤八拳** じゃんけん（石拳）のように、手指で形をつくって勝敗を争う拳の一種。

らるゝもの多きを以て、子弟薫陶の用には供すべからずと云うことならんなれども、之は不通の論にして、畢竟是種の遊技が芸人輩の手中に帰したるその次第は、日本十人の家庭甚だ殺風景にして、仁義道徳の教の外、一物を容るゝことを許さず、家族団欒の楽みの如きは殆んど之を忘却したると一般の有様なりしが故に、人生快楽の道具は暫く窮屈なる場所を去り、他の下等社会に寄寓したる迄の事にて、元来芸人輩の固有物にもあらざれば、一旦遺忘したる品物を元の主人の手に収むるに何も躊躇するに及ばざるべし。且つ又その技の品格とても、卑陋なる芸人の手に在ればこそ如何にも卑陋に見ゆることなれども、之を高尚なる士人の家に置くときは随て高尚の観を呈するは疑もなきことにして、百事皆な然らざるはなし。事物の尊卑は人に在て存す。之を取て良家の楽事に供するに何の憚る所あらんや。直にその実行を務めて以て家庭教育の功を全うすべきのみ。

読倫理教科書

過般榎本文部大臣[1]が地方官に向て徳育の事を語り、大臣は儒教主義を執る者にして、何れ近日儒教の要を取捨して学生の為めに一書を編纂せしむべしとのことなり。然るに徳教書編纂の事は先年も文部省に発起して、既に故森大臣[2]の時に(明治二十年)倫理教科書を草し、その草案を福澤先生に示して批評を乞いしに、その節先生より大臣に贈りたる書翰幷に評論一編あり、久しく世人の知らざる所なりしかども、今日復た徳教論の再発に際し、

【明治二十三(一八九〇)年三月十八日付『時事新報』に掲載。国定教科書反対論にもなっている。】

1 **榎本文部大臣** 榎本武揚(一八三六[天保七]年―一九〇八[明治四十一]年。長崎海軍伝習所を経て文久二(一八六二)年、オランダに留学。帰国後、海軍副総裁。江戸開城ののち、旧幕府艦隊を率いて北海道にわたり、蝦夷島政府の総裁となったが、翌年、五稜郭で降伏。出獄ののち、明治政府に出仕し諸大臣を歴任。　2 **森大臣** 森有礼のこと。本書二八一頁注5参照。

その贈書の草稿を左に記して読者の参考に供す。

書　翰

過般御送付相成候（あいなりそうろう）倫理教科書の草案閲見（えつけん）、少々意見も有之（これあり）、別紙に認（したため）候。妄評御海恕被下度（くだされたく）、この段得貴意（きいをえ）候也。

五月　日

福澤諭吉

森文部大臣　殿

倫理教科書の目的は人の徳心を養成せんとするに在るか、但しは人をして人心の働（はたらき）を知（しら）しめんとするに在るか、蓋（けだ）し心理を知る者、必ずしも徳行の君子に非（あら）ず、徳行の君子、常に心理学に明（あきらか）なるものに非ず、両者の間に区別あるは固（もと）より論を俟（ま）たざる所なり。本書既（すで）に教科書の名あるからには、之（これ）に由（より）て少年学生輩の徳心を誘導して純良の君子たらしめんとの目的なるべし。然（しか）らば則（すなわ）ち徳行の条目を示し、人たるものは斯（か）くあるべし、斯くあるべからずと、丁寧反覆その利害を説明して少年の心を薫陶することこそ徳育の本意なるべきに、全編の文面を概すれば寧（むし）ろ心理学の解釈とも名くべきものにして、読者をして凡そ人心の働を知りその運動の様を了解せしむるには足るべしと雖も、之に由て徳心の発育を促すの効用如何に於ては聊か足らざるものあるが如し。左れども編末の備考に、「この書に載する所は唯倫理の要領のみにして、広く例を集め詳に証を示すの業は教師の本分として之を略せり。」とあるが故に、中学校、師範学校の教師が、本書を講ずるときに種々様々の例証を引用して学生の徳行を導くことならん。随分易からざる業なれども、姑く実際に行わるべきものとして、之に従うも尚お遺憾なきを得ず。抑も本書全面の立言は、人生戸外の公徳を主として、家内私徳の事には深く論及する所を見ず。然るに鄙見は全く之に反し、人間の徳行を公私の二様に区別して、戸外公徳の本源を家内の私徳に求め、又その私徳の発生は夫婦の倫理に原因するを信ずる者なり。本来社会生々の本は夫婦に在り。夫婦の倫、紊れずして、親子の親あり、兄弟姉妹の友愛あり、即ち人間の家（ホーム）を成すものにして、之を私徳の美と云う。内に私徳の修まるあれば、外に発して朋友の信と為り、治者被治者の義と為り、社会の交際法と為るべし。蓋し社会は個々の家より成るものにして、良家の集合即ち良社会なれば、徳教究竟の目的、果して良社会を得んとするに在るか、須らく本に返て良家を作るべし。良家を作るの法は兄弟姉妹をして友愛ならしめ、親子をして親ならしむるに在り。而してその本源は夫婦の倫理に発するものと知るべし。故に少年の学生に徳を教る教科書は、単に私徳の要を説き、先ず良家の良子女たらしめ、然る後に社会公徳の教に移るべき筈なるに、本書の立言、或はその要を欠くもの丶如し。

今仮に一歩を譲り、倫理教科書中、私徳の事に説き及ぼさゞるに非ず、「一家の間は専ら親愛を以て成る云々、一夫一妻にしてその間に尊卑の弊を免かるゝは云々」等の語さえあれば、私徳の要も固より重んずる所なりと説を作すも、本書を以て学校の教科書と為すに於ては尚お不可なるものあり。凡そ徳教の書は古聖賢の手に成り又その門に出でしものにして、主義の如何に拘わらず天下後世の人がその書を尊信するはその聖賢の徳義を尊信するが故なり。支那の四書五経[1]と云い、印度の仏経と云い、西洋のバイブルと云い、孔孟、釈迦、耶蘇、その人の徳高きが故に、書も亦共に光を生じて人と共に信を得ることなり。仮に今日坊間[2]の一男子が奇言を吐くか、又は講談師の席上に弁じたる一論が、偶然にも古聖賢の旨に適うとするも、天下にその言論を信ずる者なかるべし。如何となれば、その言の尊からざるに非ざれども、徳義上にその人を信ずるに足らざればなり。然るに今倫理教科書は文部省撰とあり。省中何人の手に成りしや。その人は果して完全高徳の人物にして、私徳公徳に欠る所なく、以て天下衆人の尊信を博するに足るべきや。諭吉に於ては文部省中に斯る人物あるべきを信ぜざるのみならず、日本国中にその有無を疑う者なり。或はこの撰は一個人の意見に非ずして、一省の協議に成りしものなりと云わんか、取りも直さず日本政府の撰びたる倫理論なり、然らば則ち今の日本政府を日本国民一種族の集合体として、この集合体は果して徳義の叢淵[3]にして、殊に百徳の根本たる家の私徳を重んじ身の内行を厳にして、常に衆庶の景慕する所なるやと云うに、諭吉又これを信ずるを得ず。或は云く、倫理教科書は道徳の新主義を作りたるに非ず、東西先哲の論旨を述べてその要を示したるまでのものなれば、その何人の手に成り又何の辺より出でたる云々の詮索は無益の論なりとの説もあらんなれども、鄙見を以てすれば決して然らず。貝原益軒翁[4]が養生訓[5]を著わし女大学[6]を撰して大に世の信を得たるは、八十の老翁が自身の実験を以て養生の法を説き、誠実温厚の大儒先生にして女徳の要を述べたるが故に然るのみ。若しもこの養生

1 **四書五経**　儒教の根本経典とされる四書（大学・中庸・論語・孟子）と五経（易経・書経・詩経・春秋・礼記）の総称。　2 **坊間**　町中。市中。　3 **叢淵**　淵叢。多くのものが集る場所。　4 **貝原益軒**　一六三〇（寛永七）年―一七一四（正徳四）年。江戸前期の儒学者、教育家、本草学者。名は篤信。損軒とも号す。筑前福岡藩士。松永尺五、木下順庵、山崎闇斎を師とし、朱子学を奉じた。『慎思録』『大和本草』などの著書がある。　5 **養生訓**　全八巻。正徳三（一七一三）年成立。養生の法を和漢の事例を引用して通俗的に述べた書。　6 **女大学**　江戸時代中期に成立した、封建道徳にもとづく女子向けの修身道徳の教訓書。貝原益軒著とされ、江戸時代後期から明治初期まで広く読まれていた。福澤はこれを批判して『女大学評論・新女大学』を著した。

訓、女大学をして、益軒翁以下尋常文人の手に成らしめなば、折角の著書も左までの声価を得ざりしことならん。この他唐詩選の李于鱗[1]に於ける、百人一首の定家卿[2]に於ける、その詩歌の名声を得て今に至るまで人口に膾炙[3]するは、特に選者の学識如何に由るを見るべし。僅に詩歌の撰にして尚お且つ然り。況んや道徳の教書たる倫理教科書の如きに於てをや。仮令え述べて作らずと云うも、その撰者述者に帰する所の責任は最も重きものなりと覚悟せざるべからず。左れば今之れを公にして官公の学校に用うるに当り、書中所記の主義如何に論なく、大に天下の尊信を博すべきや否やの一段に至ては、諭吉の保証すること能わざる所のものなり。倫理道徳の書にして尊信の一大要義を欠くときは、仮令え之れを教るも徒に論議批評の媒介と為りて、学生中に於ても窃に是非喋々の言を聞くことあるべし。是に於てか之を教る者は固より少年学生輩の是非論を許すべきに非ざれば、陰に陽に様々の方便を用いてその黙従を促さゞるを得ず。即ち人に徳教を強ゆるものにして、その教の由て来る所の本源は政府に在りと云う。諭吉は政府の為めを謀て惜む者なり。故に本書の如きは民間一個人の著書にして、その信不信をば全く天下の公論に任じ、各人自発の信心を以て之を読ましむるは尚お可なりと雖も、苟も政府の撰に係るものを定めて教科書と為し、官立公立の中学校、師範学校等に用るは諭吉の服せざる所なり。況んや書中の立言、公徳論を先にして私徳に論及すること少なきに於てをや。少年

学生等の為[た]めに適したるものと云うべからざるなり。

福澤諭吉　妄評

1 **唐詩選**　全七巻。明代に成立した唐代の詩選集。李于鱗（一五一四年―七〇年）の編とされていた。2 **定家卿**　藤原定家（一一六二［応保二］年―一二四一［仁治二］年）。鎌倉前期の歌人。『新古今集』『新勅撰集』の撰者。「百人一首」の元となった「百人秀歌」を編纂。私家集『拾遺愚草』、日記『明月記』などがある。3 **人口に膾炙する**　広く世に知られる。

専門教育

商学校を建るの主意

人間の事務には内外公私の別あるより、その有様を比較せざれば軽重を断ずべからず。昔鎖国の世に在ては、商人たる者、よく国内の商法[1]を取扱い、よく国内の景気を察して、その機を失することあらざれば、乃ち大に家を興して一大商賈[2]の名実を全うし、一身の生計も立ち世間の便利をも達して、内外公私の分を尽したる者と云うべし。この時代には日本の商人、唯国内に於て相互にその身の有様を比較し、此は彼よりも富で巧なり、彼は此よりも貧にして拙なりとて、その栄辱唯一国の内に止まることとなりしかども、今や外国と貿易の取引始まるに及では、事物の景況頓に面目を改め、復た旧時の有様に安んずべからず。彼の富と云い巧と云いしものは内の富なり内の巧なり。古に公と思いしものも今は唯一国内の私のみ。今日に至ては全日本国の富と諸商人の才力とを一に合し、その全体の強弱大小を以て西洋各国のものに比較せざるべからず。目今にても、或は諸開港場[3]に於て外国人と商売を取組み、一時に勝利を得て数万の富を致す者もあらんと雖も、その実は外国人と戦て勝たるに非ず、他の日本商人が拙劣なるがために意外の僥倖を得たるのみ。外国と戦たるに非ず、内国の同士打なり。故に外国を相手に取て商法の鋒を争わんとするには、内外全体の勝敗を一年に平均し又十年に計算して始て双方の巧拙貧富を知るべきなり。之を今の商人の公務と云う。

今の日本の商法を以て外国に敵すべからざるの箇条は枚挙に遑あらずと雖ども、爰にその一を示さん。田舎に小店あり、万屋と云う。呉服太物[4]の仕入あり、下駄傘の売物あり、婚礼の諸道具、葬式の品物、悉皆この店に於て調わざるものなし。店先きは煩わしく繁昌して主人も聊か得意の顔色なきに非ざれども、この万屋の帳場に至てその内情を問うに、品の仕入は一切都

【森有礼（本書二八一頁注5参照）と富田鉄之助（本書二八三頁注1参照）は商学校（商法講習所）を設立するに当たり、福澤にこの趣意書の起草を求めた。この商学校は今日の一橋大学である。福澤の主意の後に「商法学校科目並要領」が付されているが、福澤の筆になるものではないので省略した。】

1 商法　ここでは商い、商売の方法。**2 商賈**　商人。商売。**3 開港場**　外国との通商貿易を許された港。安政の修好通商条約では、外商との商取引は、開港場に限定されていた（開港場貿易）。外国人の国内居住も外交官などの例外を除けば禁止されていた。**4 呉服太物**　「呉服」は絹織物、「太物」は綿・麻織物のこと。織物、反物の総称。

会の問屋を仰ぎ、問屋の命ずる元価[1]を以て元に定め、僅に一割か二割の口銭[2]を取るのみにて、その呉服は何れの地に生ずるものか、その下駄傘は何人の手に成るものか、誰の手より誰の手に移り、問屋は何の用を為して幾何の利益あるものか、問屋の帳合[3]は何様なるか、その主人番頭は何等の働あるものか、是等の事情に就ては夢中の夢にて、之を告る者もなく之を知らんとするの意もなく、唯問屋より授る所の口銭を戴くのみ。仕入買出しの事情、斯の如し。又この万屋より積出して問屋へ送る産物の捌方も同様の取扱を蒙りて、仕切は問屋の勝手次第、都会の問屋が田舎の商人を生捕るとはこの事なり。大都会に住居する大商人の眼を以てこの万屋の主人を見れば、亦愍笑[4]すべきに非ずや。然るに今この大都会の大商人なる者、外国人に対しては却て万屋にも恥ずべき所業を為すは何ぞや。万屋の主人その有様は愍むべしと雖ども、時としては都会にも出掛て兎に角に問屋と直談にて事を掛合い、文通も自在なり、差引の勘定も慥なり、恥るに足らざるなり。然るに今の日本の商人は外国の品物を買うにその来る処を知らず、自国の物を売るにその行く処を知らず、横浜、神戸に在留する外国人を仰でその取次を頼むに非ずや。開港場の外国人は問屋に非ず、亦製造家に非ず、正銘[5]の仲買なり。この仲買共を開港場より打払うに非ざれば、日本の商売は迚も盛大の見込あるべからず。その理甚だ明なりと雖ども、方今の景況にては却てこの仲買の為に窘められ、既に主客を異にする程の勢にて「ロンドン」、「パリス」[6]の問屋へ直談などの話は前途尚遥なり。況や今の学問の有様にては外国人と交通も不自由なり、その帳合の法も解し難きもの多きをや。百方より之を観て、商売の事に就ては我国に勝利の見込甚だ少なしと云わざるを得ず。田舎の万屋に及ばざること遠し。

日本の文明未だ進まずして何事も手後れと為りたる世の中なれば、独り商法の拙なるを咎るの理なし。何事も俄に上達すべきに非ず。唯怠たらずして勉強すべきのみ。維新以来、百事皆進歩改正を勉め、文学を講ずる者あり、芸術を学ぶ者あり、兵制をも改革し、工業をも興し、頗る見るべきもの多しと雖ども、今日に至るまで全日本国中に一所の商学校なきは何ぞや。国の一大欠典〔点〕と云べし。凡そ西洋諸国、商人あれば必ず亦商学校あり。猶我武家の世に、武士あれば必ず亦剣術の道場あるが如し。剣を以て戦うの時代には剣術を学ばざれば戦場に向うべからず。商売を以て戦うの世には商法を研究せざれば外国人に敵対すべからず。苟も商人として内外の別を知り全国の商戦に眼を着する者は勉る所なかるべからず。亜国の商法学士「ホウヰ

1 元価　原価。生産費。仕入値段。卸値段。　**2 口銭**　売買の仲介をした手数料。問屋口銭。コミッション。　**3 帳合**　簿記（book-keeping）の福澤訳。　**4 憨笑**　あわれみ笑うこと。　**5 正銘**　正しい銘があるの意から、本物であること。いつわりでないこと。　**6 パリス**　パリ（Paris）の英語読み。

ツニー」氏[1]積年日本に来て商法を教んとするの志あり。森、富田両氏の知る人なり。東京その他の富商大賈、各その分を尽して資金を出すの志あらば、両氏も亦周旋してその志を助け成すべし。森有礼、富田鉄之助君の需に応じて、

明治七年十一月一日

福澤諭吉　記

1 「ホウヰツニー」氏　W. C. Whitney（1825–82）。アメリカの簿記教師。来日して明治八（一八七五）年に商法講習所の御傭教師となり、簿記を教授した。

〔英吉利法律学校開校式の演説〕

今日英吉利法律学校の開場式があるに就きまして、二、三日前、増島君[1]から御案内で参りましたが、先ずこの開校式に就きましては、私はお芽出度と申すは、日本に法律の行われたるは今を去ること十八年以前で在って、決してその前は法律と云うものはなかったが、十八年のその間に漸々と欧羅巴の法律が侵入して来て、今日は政府に於ても文部の大学校や司法省の法学

【明治十八（一八八五）年九月十九日、江東中村楼における開校式祝辞の速記録。『明法志林』一〇五号（十月十五日刊）所収。なお、この「演説の大意」は同月二十二日付『時事新報』に掲載されている。両者を比較すると、語りと筆記もしくは原稿との違いが明らかになる。英吉利法律学校は今日の中央大学。】

1 **増島君**　増島六一郎（一八五七〔安政六年〕年—一九四八〔昭和二十三年〕年）。弁護士、法学者。イギリス留学でバリスター（法廷弁護士）の資格を得る。英吉利法律学校の創立に加わり、明治十八年、初代校長となる。

校にて法律を教えその他私立の法律学校の設(もうけ)は一、二に止(とど)まりません。又高尚の学校に於(おい)ては法律の科を設けて在って、全国至る処隅(すみ)から隅まで法律学校が出来たかと思う位であるに、今度又英吉利(イギリス)法律学校が出来ましたが、法律を教うる所が多ければ多きだけ芽出(めで)たくって祝さないでは居られないと申す訳(わけ)をお話し申ます。

偖(さて)この法律は英吉利の法律であろうが仏蘭西(フランス)の法律であろうが、何方(どちら)が宜(よろ)しいか存じません。私は法律は不案内でありまして法律専門学者でもなく、仏蘭西の法律より英吉利の法律が便利かそこは知りませんが、英国の法律も米国の法律も仏国の法律も独逸(ドイツ)の法律も詰(つま)る処は同じ様であると云(い)ったら私は英吉利の法律を賞(ほめ)なければなりません。何故(なぜ)ならば日本には皆様御承知の通り英語が能(よ)く行わるゝ国であるから法律と語学は一致しなければならぬから、我が国には英国の法律が慥(たし)かに行わるゝことである。別に仏蘭西の法律とか独逸の法律とかゞ特に便利が宜しいと云う償う所があればいざ知らず、同じものであれば私は口を放って英国の法律を賛成致します。

それはお芽出たいとして置きまして、こゝにお出(いで)なさるお方は英国の法律を学ぼうと云(い)う存念であろうが、その人々は何(ど)うするでありましょう。之(これ)は祝詞に就(つい)てのお話しでありますが、大層法律の学者が出来て段々殖(ふ)えるとして、その人々が是(これ)から何うするかと云う一つの疑問が起ります。追々法律を学びてその行く先きは判事になるのが一番先きでありましょう。役人になるのは六ケ敷訳でもないが、そんなに役人にばかりなられては困る。日本の役人は今日でさえ七万五千人余あるから、又その上に飛込むかは知りませんがそうした日には仕方がありますまい。是までは随分拙者は隠君子[1]でやると云っても、何うか斯うか無理にも政府へ潜り込みて役人になり、国民の租税を食むだが、そう沢山入ることは出来まいと思う。そうすると自分の糊口が出来ないからその次ぎは代言人[2]になるでありましょう。それが順当の道であります。

所が代言人と人民との間は丁度医者と病人の割合で、医者の割合に病人がなくては医者ばかり出来ても困りましょう。日本は医者が少ないから宜しかろうと思いますが、段々爰に居る諸君が学問の進むのは存外早いもので、そうすると病家がなくて医者が殖えて困ると云うだろうが、私は少しも恐れない。政府に入らないでも宜しい、代言人にならんでも宜しいと云うのは、自分で法律学校を卒業してずうっと貫いて愈々役人か代言人になって生涯生活を終るものは至って尠い。今日開校式に於て斯う云うことを申すのは芽出たくないが、それを貫くものは尠いことである。医者になろうと云うものが医学校に入って初めはなんでも開業医になる目的に違

1 **隠君子**　世をのがれて隠れ住む有徳の人。

2 **代言人**　弁護士。

いないが、数年脩学して卒業した所で、卒業した時より開業するまでの間に色々の妨害が在って開業が出来ず、漸く開業医になった所が流行するとしないの差いがありて、愈々医者を開業する人の数と最初学校に入った人の数とは百分の一位ではない二百分の一位のものである。

そうすると医者を学んでも無駄のものが多いから法律も同じく無駄であるかと云うに、決して無駄ではありませんから法律はそこで宜いのである。その身分に就て見れば法律を学びてそれから身を起そうと云う人があり。又法律を学びて何か身を立る種にしようと云う人もある。又必らず法律を学びてそれを売って食わんでも宜い人もあります。然らばその人の身になって見れば法律は何になるかと云うに、凡そ法律は何と云ったら宜しかろう。先ず人間の学ぶべき世渡り即ち処世に入用のもので在って必用のものである。譬えば家を一つ買うにも法律が入るし。地面を一つ売るにも法律が入るし。そうして見れば「ペン」一本を買うにも法律が必用でありまして人間世界に居れば法律がなくて宜しいと云う場所はありません。既に法律のいらない所が世界にないとすれば法律を知らなければなりません。鳥渡医者で申せば、医者は出来なくも人間は医者の心得がなくてはならない。苟且にも自分の身体を持って居るからは啻に医者のみに任せて置くのは不安心であります。医者の道を知らなければ唯医者が呑ませる薬を呑み、医者の云う事にのみ随って居て、若し発狂でもした医者に逢うた時は何うしましょうか。医者に一々聞かないでも大抵医者の心得があれば、今日の如き虎列刺病[1]の流行る時分も一々医者に聞かんでも、養生位は出来ましょう。

是と同じで法律を学んで代言人にならないでも、判事にならないでも、法律を知って居れば鳥渡医者で申せば病家のものが満足でなくては却て医者が困り、又代言人でも、頼むやつが誠に粗末なやつで訳が解らんでは代言人も困るし、訴えられた判事も貴様は何を訴えるのだと云っても一向に解らんと云うやつが多くては困るから、銘々自分で法律を心得て居なければならん故、法律を以て身を起し家を起すものと思わず、政府の役人が多いから法律を学ぶことは止めよう、代言人が多くなるから、法律は止そう。それは丁度医者が多くて病家がないのと同じであるから医者になることはよそうと云う心を起すには及びません。法律は実に人間必須の学問であるのみならず最一つ便利のことがあります。法律は鳥渡半分学んでもそれだけの役に立つもので、一寸学べば一寸だけの役に立つものであります。

学問に依ては半分で役に立ぬものがあります。譬えば天文学の如きは半分学んだのでは何に

1　**虎列刺病**　もとインドの風土病で、十九世紀初頭から諸国に蔓延。日本では文政五（一八二二）年、初めて流行した。

もなりません。然るに半分学びでも半分だけ役に立ち、一日学べば一日だけ役に立つものは法律であるから、何卒諸君はこれから一生懸命になって勉強なさいまし。少しも事のないのを憂うるに及びません。人間の身体のある以上は法律が入りますから、是非学ばなければなりません。

是で祝詞は仕舞ですが尚お一言申上たいと云うのは、諸君は孰れも勉強なさるであろう。又教うる人も深切に教えるであろうから、何んでも法律は深く学ぶが宜しいと云うのは、昔し封建時代には刀剣を抜いて人を切る稽古をしたもので、その撃剣家の様子を見るに少しばかり学んだやつは毎時でも抜きたがり、所謂生兵法で無闇に市中へ出て犬抔を切り、或は四つ辻へ出て人をあやめたりするものが在りましたが、能々それを探して見ると極く下手なやつで、この間剣術を初めたものとか又昔は士農工商と分離て居って農工商の如き刀をさすことの出来ないやつが、先生の御蔭で漸く刀をさしたから珍らしがって無闇に刀を抜いて始末に行きませんでした。真実の撃剣家は決して抜きません。生涯刀を抜かん人が多い。そう云う人は抜けば必ず切り損ないません。全体法律の切れることは昔しの武断政治[1]の刀よりも能く切れるもので、今の社会では法律で何んでも殺せます。金持抔を切るのは容易でありますがその切れる刀を使うには深く学び込んで矢鱈にすっぱ抜をしては困ります。すっぱ抜をするものは止めても止らん、禁じても禁じられないのは学び様が足りないのでありますから、法律を学ぶものも深く学べば学ぶ程抜けなくなるから、諸君が法律を学ぶならば深く学んですっぱ抜をしない様にしません と代言人になるにも名前が悪くなり、生兵法は大傷の基でありますから、法律を学ぶにも深く学べは側(そば)ですっぱ抜をしろと云っても自分で抜けなくなりますから、拙者の云うまでもなく勉強はするであろうと思いますが、深く勉強して行先は唯(ただ)人間で居さえすれば、それで法律は役に立つものでありますから、何んでも諸君は深く学ばれんことを望みます。

1　**武断政治**　武力によって支配する政治。

後進生に望む

人事の繁多なる、之を文明開化と云う。左れば文明の人はその心事繁多ならざるを得ず。心事繁多なればその芸能も亦繁多なるべきに、我輩はこの一事に就き今時の後進生に向て聊か不平なきを得ずと申すは、この輩は実に明治の開化世界に成長して文明の学を学び、先人の知らざることを知り、先人の見ざるものを見て、その知見の博きこと文政・天保人[1]の比に非ず。是れは必ずしも他より評論するを須たず、後進生なるその本人が常に四十、五十の老人を浅識固陋と称して之を愍笑すれば、老人も亦これに甘んじて敢て抵抗すること能わざるの事実を以て明白なるものなり。啻に学識に於て先人に超越するのみならず、今の汽船汽車に乗り今の郵便電信を利用して、百里の道を一日に走り千里の消息を瞬間に達するその便利も、後進生の始めて得たる便利にして、文政・天保の夢に見ることも叶わざりし所のものなり。尚細事に亘りて自から一身を顧れば、洋食を食い、洋服を服し、帽子を冠り、靴をはき、時計を懐中にし、巻烟草（タバコ）を喫する等、その需要品の増加したること実に枚挙（まいきょ）に遑（いとま）あらず。後進生は皆これを用いて愉快得々たるものなり。試（こころみ）に今日衣食住の物を計（かぞ）え立てゝ、その中より是れは日本旧来の品なり、其（そ）れは嘉永開国以来、新（あらた）に人間の所用たりし物なりと、新旧の分界を定めてその新らしき物を除き去らんとしたらば如何（いか）ん。日本の旧物その数を減じたるに非ず、依然として文政・天保に異ならずと雖（いえ）ども、今にして嘉永以来の新物を禁じられては実の生活に差支（さしつか）うるほどの感を為（な）すことならん。「ランプ」を廃して暗きを覚え、羅紗（らしゃ）[2]、金巾[3]、「フラネル」[4]を禁じて寒きを恐るゝのみならず、旧来の清酒、焼酎あるも、「ビール」「ブランデー」は廃するに忍びず、旧来の味淋、醤油あるも、「バタ」には代用すべからず、「ストーヴ」の傍（かたわら）に尚火鉢を置き、「ビーフ・ステツキ」と蒲焼（かばやき）と同時に食わんとするは、明治今日の人欲なりと云わざるを得ず。然（しか）り而（しこう）して我輩はこの人欲を咎（とが）めて之を制止せんとする者に非ず。蓋（けだ）し人欲こそ文明開化の元素に

【明治十七（一八八四）年十一月五日付『時事新報』に掲載。】

1 **文政・天保人**　文政・天保年間（一八一八年—四三年）生まれの世代。明治に入ってからは旧弊な老人という意味の「天保の老人」という蔑称があったという。福澤は天保五（一八三四）年生まれだからこの内に入る。　2 **羅紗**　羊毛による厚手の毛織物。　3 **金巾**　細手上質の綿糸で織った薄手の綿布。　4 **フラネル**　紡毛糸で織り起毛してある、柔らかい毛織物。のちには綿ネルもつくられた。

して、その慾多ければ心の働も亦多く、その慾大なれば志も亦大なるべければなり。左れば今の後進生は既に文明開化の世に生れて文明開化の物を知り、その物の数は旧時に幾倍して之を求るの情も亦先人に幾倍するものなれば、之を評して心事繁多なる人と云うべし。必事繁多にして随て需要の数を増すときは、之を取るの法も亦繁多ならざるを得ず。即ち我輩が今の後進生に向てその芸能の繁多ならんことを望む所以なれども、如何せん、この輩は我輩が所望の反対に出で、その芸能甚だ単一にして今日の人事に適せざるもの多きが如し。蓋し爰に申す単一とは、専門の学科に深く入りてその奥義を究めたるものを咎るに非ず、専門に入りたる者にもせよ入らざる者にもせよ、唯学問の一方に単一にして繁多なる人事を度外視し、之が為にその身を不幸の地位に沈むるのみならず、却て人をして学問を厭うの情を起さしむるは、常に遺憾に堪えざる所なり。例えば開業医師の目的は、その曾て専門学に学び得たる術を実際に施して病を救い、随てその身も治療の報酬を得て生計と為すものなるに、その術を知るのみにして患者に接するの法を知らず、その病床喜憂の情を制するを知らずして木石の如くなるときは、患者は治術の巧拙を問わず、先ず医師の顔色を見て之を厭い、医師を厭うに兼て又その治術をも嫌い、遂に仁術の目的を達すること能わざるの例は、世上誠に珍らしからず。畢竟医師が学問に単一にして人事を解せざるの罪なり。

夫れは扨置き、我輩が後進生に芸能の繁多を望むとは、第一に事柄の大小雅俗に論なく、自己専門得意の芸能の外、一般に人間社会の事情に通達し、専門外は毎芸毎能その奥蘊細目を悉すべきに非ざるも、全体にその心得あることと、第二は気転活潑、去就自由にして往々凡俗の意表に出でんことを祈るものなり、鄙事多能[1]は君子の頓着せざる所なりと云うも、その君子は人間社会に居り、その社会は雅ならずして俗なるを如何せん。況やその俗として賤しめ、鄙として度外視せられたるものも、之を学問上に照らして真理原則の縄墨に糾すときは忽ちその趣を変じ、俗をして雅ならしめ、鄙をして厳ならしめ、以て君子の事たるに於てをや。普請造作、これを大工の事として賤しむれば鄙事なれども、一旦学問の域内に入れて之を見れば則ち建築学士の重んずる所なり。金銭の出納、売買の記録等、これを大福帳に任すれば所謂町家の俗事なれども、簿記の縄墨に従て之を記すときは則ち商法学の一部分たるが如し。大工の普請、町家の大福帳[2]、共に鄙俗の事に非ず。然ば則ち左官、屋根屋の事、植木屋、土方の事、醸造、冶金、染物、織物等より、居家世帯の細に至るまでも、一切万事賤しむべきもののあるを

1 **鄙事多能**　つまらぬ仕事がよくできること。福澤は少年時代、手先が器用で内職をまめに手伝った。自らを語る時に福澤はこの言葉を好んで用いた。『福翁自伝』参照。

2 **大福帳**　江戸時代の商家の金銭出納帳。

見ず。既にその賤しからざるを知れば即ち君子の当さに勤むべき事ならずや。固より限ある一個人の心身を以て限なき事業を執て之を実施せよと云うには非ざれども、その事物の性質と働とに就て大凡の知識は無くて叶わぬことと知るべし。如何となれば、文明の人事繁多の時節に生れては、或は実にその事に当るの機会もあるべければなり。又事物大凡の知識を得て、毎事毎物これに逢うて驚くことなきの位に至るも、人智の気転、自由に之に就き自由に之を去るの活潑力あるに非ざれば、その智識も亦用を為すに足らず。即ち俗に所謂人の気軽にして物に臆することなきを貴ぶなり。蓋し人間の心は存外に弱きものにして、何か事を企てんとするに当り、その事の必ず自から利し又他を利すべきを見るも、身に慣れざるの故を以て思い止まるもの少なからず。唯自身に不慣のみならず、世間の耳目に新奇なれば世を憚りて之を断行せず。即ち社会の圧力に制せらるゝものにして、事を知らざるに非ず、又能わざるに非ず、唯為さゞるのみ。例えば書生が商売を企てんとするに、その資本の有無に拘わらず、自から奮て小店の主人たらんとする者は甚だ稀にして、或は他に依頼して共に事を為すも、その事柄の少しく俗眼を驚かすものは之を避けんとするの類にして、気転の活潑力に乏しきものと云うべし。

以上は無芸無能無気力の弊にして、天下の後進生は果してこの弊風を脱したるか、我輩は之を疑わざるを得ず。英国にて始めて鉄道を工風したる「ステブエンソン」[1]氏が、壮年のときは家素より貧にして常に人の為に事を作し、某工場に於ても本職の傍に労役を執り、諸の小細工、理髪、裁縫、靴の繕いに至るまでも曾て之を辞せず、凡そ尋常一様職人の為すべき事は氏の手に成らざるはなく、仲間の中にても最も重宝なる男とて一入愛せられたりと云う。又北米合衆国独立のときその首謀の一名なる「フランクリン」[2]氏は、当時の政治家第一流の人にして、兼て理学に精しく、その発明少なからざる中にも、今日世界普通に用る避電〔雷〕針の如きは著しきものなり。この大家先生が曾て新聞局を起し、縦横筆を走らして事を論ずるの傍、局の用紙を買入るゝときは紙屋に行て価を押合い、敝衣敝履[3]、自から紙の荷車を引て市街を通行すること常なりしと云う。二氏の如きは実に学問に単一ならずして能く世事を知り世事を行うたる名士と称すべし。蓋しその心事多きが故にその慾も亦多く、その慾多きが故にその芸能も亦多かりしことならんのみ。今日後進の学者輩は果してこの二名士に対して愧る所のものあるべし。凡

1 **ステブエンソン**　George Stephenson（1781–1848）ジョージ・スティーブンソン。イギリスの技術者。炭鉱の安全灯を発明。また実用的な蒸気機関車の製造、営業運転に初めて成功。その略伝は『西洋事情 外編』にある。　2 **フランクリン**　Benjamin Franklin（1706–90）ベンジャミン・フランクリン。アメリカの科学者、政治家。このエピソードは『童蒙教草』巻之一にある。　3 **敝衣敝履**　破れた粗末な衣服と靴。

その志士の身を立て名を成すの要は、その芸能、〔人の〕人意表に出るに在り。関羽[1]が書を能くして加藤清正[2]が和歌に妙なりと聞けば世人は之に驚き、この人にしてこの芸ありとて益その人物に心酔するの外なかるべし。如何となればその武勇単一ならずして文飾これに和するの妙処あればなり。然るに今時の後進生が文明の学問を学びたりとて、読書技術の一偏にしてその心の働を他事に及ぼすこと能わざるは、所謂碁智恵算勘[3]なるものに非ざれば、関羽が単に青竜刀[4]を揮い、清正が虎を刺したるに等しきのみ。未だ以て世人を心酔せしむるに足らざるなり。

1 **関羽** 中国三国時代、蜀の武将。劉備に仕え、張飛とともに名を馳せた。中国の国民的英雄。 2 **加藤清正** 一五六二(永禄五)年—一六一一(慶長十六)年。豊臣秀吉に仕えた武将。 3 **碁智恵算勘** 碁を打つ時、金銭などの勘定をする時の、先を読む能力。 4 **青竜刀** なぎなた形の中国の刀。

学校教育の独立

政事と教育と分離すべし

政治は人の肉体を制するものにして教育はその心を養うものなり。故に政治の働は急劇にして教育の効は緩慢なり。例えば一国に農業を興さんとし商売を盛ならしめんとし、或は海国にして航海の術を勉めしめんとするときは、その政府に於て自から奨励の法あり。蓋し農なり商なり又航海なり、人生の肉体に属する事にして近く実利に接するものなれば、政府はその実際の利害に就き或は課税を軽重し保護を左右する等の術を施して、忽ち之を盛ならしめ又忽ち之を衰えしむること甚だ易し。即ち政治固有の性質にして、その働の急劇なるは事実の要用に於て免かるべからざるものなり。その細目に至ては、一年農作の饑饉に逢えば之を救うの術を施し、一時商況の不景気を見ればその回復の法を謀り、敵国外患の警を聞けば直に兵を足し、事平和に帰すれば復た財政を脩る等、左顧右視、臨機応変、一日片時も怠慢に附すべからず、一小事件も容易に看過すべからず。政治の働活潑なりと云うべし。

又政治の働は右の如く活潑なるが故に利害共にその痕跡を遺すこと深からず。例えば政府の議定を以て一時租税を苛重にして国民の苦しむあるも、その法を除くときは忽ち跡を見ず。今日は鼓腹撃壌[1]とて安堵するも、忽ち国難に逢うて財政に窘めらるゝときは復た忽ち艱難の民たるべし。況や彼の戦争の如き、その最中には実に修羅の苦界[2]なれども、事平和に帰すれば禍を免かるゝのみならず、或は禍を転じて福と為したるの例も少なからず。古来暴君汚吏[3]の悪政に窘められて人民手足を措く処なし[4]などゝ、その時に当ては物論甚だ喧しと雖ども、暴君去り汚吏除くときはその余殃[5]を長く社会に留ることなし。蓋し暴君汚吏の余殃斯の如くなれば、仁君名臣の余徳も亦斯の如し。桀紂を滅して湯武の時[6]に人民安しと雖ども、湯武の後一、二世を経過すれば人民は国祖の余徳を蒙らず。和漢の歴史に徴しても比々見るべし。政治の働は唯そ

【明治十六（一八八三）年十二月七日、八日付『時事新報』に掲載。】

1 鼓腹撃壌　腹鼓を打ち大地をたたいてうたうこと。太平を謳歌するさまのたとえ。　**2 修羅の苦界**　仏教における六道の一つ。怒りや争いが絶えることのない世界。　**3 汚吏**　不正な事をする役人。　**4 手足を措く処なし**　安心して過ごすことができないこと。『論語』子路篇に見える言葉。　**5 余殃**　先人の悪事の報いとして世に残るわざわい。余慶の対語。　**6 桀紂を滅して湯武の時**　「桀紂」は夏の桀王と殷の紂王。「湯武」は殷の湯王と周の武王。徳を失い悪政を行った桀王、紂王を討って、湯王、武王が新たに王朝を起こした。

の当時に在て効を呈するものと知るべきのみ。

之に反して教育は人の心を養うものにして、心の運動変化は甚だ遅々たるを常とす。殊に智育有形の実学を離れて道徳無形の精神に至ては、一度びその体を成して終身変化する能わざるもの多し。蓋し人生の教育は生れて家風に教えられ、少しく長じて学校に教えられ、始めて心の体を成すは二十歳前後に在るものゝ如し。この二十年の間に教育の名を専にするものは唯学校のみにして、凡俗亦唯学校の教育を信じて疑わざる者多しと雖ども、その実際は家に在るとき家風の教を第一として、長じて交る所の朋友を第二とし、尚これよりも広くして有力なるは社会全般の気風にして、天下武を尚ぶときは家風武を尚び朋友武人と為り学校亦武ならざるを得ず。文を重んずるも亦然り、芸を好むも亦然り。故に社会の気風は家人を教え朋友を教え又学校を教るものにして、この点より見れば天下は一場の大学校にして諸学校の学校と云うも可なり。この大学校中に生々する人の心の変化進歩するの様を見るに、決して急劇なるものに非ず。例えば我日本にて古来足利の末葉、戦国の世に至るまで、文字の教育は全く仏者の司どる所なりしが、徳川政府の初に当て主として林道春[1]を採用して始めて儒を重んずるの例を示し、之より儒者の道も次第に盛にして碩学大儒続々輩出したりと雖ども、全国の士人が全く仏臭を脱して儒教の独立を得るまでは凡そ百年を費し、元禄[2]の頃より享保[3]以下に至て始めて世相を変じたるもの丶如し（徳川を始として諸藩にても新に寺院を開基し又は寺僧を聘して政事の顧問に用るが如き習慣は、儒教の漸く盛なると共に廃止して享保以下に之を見ること少なし）。又近時の日本にて、開国以来大に教育の風を改めて人心の変化したるは外国交際[4]の刺衝に原因して、その迅速なること古今世界に無比と称するものなれども、尚且三十の星霜を費し、然かも識者の眼には今日の有様を以て変化の十分なるものとせず。如何となれば世間往々旧時の教育法に恋々する者あるを以て、新教育の未だ洽ねからざるを知るべければなり。教育の効の緩慢にして一度び之に浸潤するときはその効力の久しきに持続すること明に見るべし。

政事の性質は活潑にして教育の性質は緩慢なりとの事実は前論を以て既に分明ならん。然ば則ちこの活潑なるものと緩慢なるものと相混一せんとするときは、自からその弊害を見るべきも亦免かるべからざるの数なり。譬えば薬品にて「モルヒネ」は劇剤にして肝油、鉄剤は尋常の強壮滋潤薬なり。劇痛の患者を救わんとするには「モルヒネ」の皮下注射方最も適当にして、

1 **林道春**　林羅山（一五八三〔天正十一〕年―一六五七〔明暦三〕年）。幕府の儒官。藤原惺窩に朱子学を学び、家康以後、四代の将軍の侍講となる。上野忍ヶ岡に学問所および先聖殿を建て、昌平黌の起源をなした。『本朝神社考』などの著書がある。　2 **元禄**　一六八八―一七〇四年。　3 **享保**　一七一六―三五年。

4 **外国交際**　外交関係。

医師も常にこの方に依頼して一時の急に応ずと雖ども、その劇痛の由て来る所の原因を求めたらば、或は全身の貧血、神経の過敏を致し、時候寒暑等の近因に誘われて頓に神経痛を発したるものもあらん。全身の貧血虚脱とあれば肝油、鉄剤の類これに適当すべきなれども、目下正に劇痛を発したる場合に臨てはその遠因を求めて之を問うに遑あらず、即ち「モルヒネ」の要用なる由縁なり。然るにその医師が劇痛に投ずるに「モルヒネ」を以てするのみならず、患者の平生に持張して徐々に用うべき肝油、鉄剤をも、その処方を改めて鎮痛即効の物に易えんとするときは、強壮滋潤[1]の目的を達すること能わずして、却て鎮痛療法の過激なるに失し、全体の生力を損することあるべし。故に今一国の政治上よりして天下の形勢を観察したらば、所望に応ぜざるものも甚だ多からん。農を勧めんとして農業興らず、工商を導かんとして景気振わず、或は人心頑冥固陋に偏し、又或は活潑軽躁に流るゝ等にて、之を見て堪え難きは医師が患者の劇痛を見て之を救わんとするの情に異ならざるべしと雖ども、之を救うの術は唯政治上の方略に止まるべきのみにして、教育の範囲に立入るべからず。即ち農工商等の事を奨励せんとならば、有形の利害を示して之れを左右すべし。その効験の著しきは「モルヒネ」の劇痛に於けるが如きものあらんと雖ども、今年今月の農工商を振わしめんとて俄にその教育の組織を左右すればとて何の効を奏すべきや。又或は天下の人心が頑冥固陋なり活潑軽躁なりとて、その頑冥軽躁の今日に於て今の政治上に妨あるものを改良し、正に今日の所望に応ぜしめんが為にとて之を政治の方略に訴るは可なり。例えば日本士族の帯刀は自からその士人の心を殺伐に導き且又その外面も文明の体裁に不似合なればとて廃刀の命[2]を下だしたるが如く、政治上に断行して一時に人心を左右するは劇薬を用いて救急の療法を施すものに等しく甚だ至当なりと雖ども、この救急の政略を施すに兼て又これを教育の組織に求めんとするは、肝油、鉄剤に求るに鎮痛の即効を以てするに異ならず。この薬剤にして能くこの効を奏すべきか、若しも然らしめんとするには、先ずこの薬に配合するに他の薬物を以てしその性質を変化せしむることなれば、徐々たる滋潤強壮の効力は失い尽さゞるを得ず。即ち教育緩慢の働を変じて急劇と為し、十年二十年に収むべき結果を目下に見んとするものなれば、教育本色の効力は極めて薄弱たらざるを得ざるなり。加之その政治上に於て目下の所望は、或は十年を出でずして大に望むに足らざるの日に会することもあるべし。例えば今日こそ農業々々と云えども、三、五年の中には農よりも商の欠典〔点〕の見出すことのあるべきが如し。実に政治は臨機応変の活動にして、到底教育

1　**強壮滋潤**　栄養をとって体力をつけ、身体を健康にすること。　2　**廃刀の命**　明治九（一八七六）年に公布された廃刀令のこと。

の如き緩慢なるものと歩を共にすべき限りに非ず。若しも強いて之を一途に出でしめ、今年今月の政治の方向と今年今月の教育の組織とを併行せしめて、教育の即効を今年今月に見んとするときは、その教育は如何様にして何の書を読ましめ何の学芸を授るも純然たる政治教育と為りて、社会物論の媒介たるべきのみ。昔者旧水戸藩に於て学校の教育と一藩の政事とを混一して所謂政治教育の風を成し、士民中甚だ穏かならざりしことあり。政教混一の弊害、明に証すべし。唯我輩の目的とする所は学問の進歩と社会の安寧とより外ならず。この目的を達せんとするには、先ずこの政教の二者を分離して各独立の地位を保たしめ、互に相近づかずして遥に相助け、以て一国全体の力を永遠に養うに在るのみ。諸外国にても亜米利加の政治、共和なれども、その教育は必ずしも共和ならず。日耳曼の政治、武断なれども、その学校は武断の主義を教るに非ず。仏蘭西の政体は毎度変革すれども教育上には毫も変化を見ず。その他英なり荷蘭なり又瑞西なり、政事は政事にして教育は教育なり。その政事の然るを見て教育法も亦然らんと思い、甚しきは数十百年を目的にする教育を以て目下の政事に適合せしめんとするが如きは、我輩は学問の為にも又世安の為にも之を取らざるなり（以下尚余論あり[1]）。

1　**以下尚余論あり**　明治十六（一八八三）年十二月十二日から十四日にかけて『時事新報』に掲載された「文部省直轄の学校をして独立せしめんことを祈る」をさす。

教育の方針変化の結果

明治十四年来[1]、政府の失策は一にして足らずと雖も、我輩の所見を以てすれば、教育の方針を誤りたるの一事こそ失策中の大なるものと認めざるを得ず。蓋し政治上の失策は影響する所少なからざれども、一旦その過に心付て之を改むるときは、恰も鏡面の曇と一般にして、痕跡を拭い去ること難からずと雖も、教育の誤に至りては之に異なり。喩えば阿片烟の如く全身に毒を感じて、表面の徴候に現わるゝは幾多の歳月を費すが故に、その中毒の甚だしきに至り、遽に心付て非を改むるも、愈々回復の効を見るまでには又幾多の歳月を費さゞるを得ず。経世家の最も心を用いて避くべき処なるに、政府の当局者は十年以前に軽々その過を犯して、今日は正に中毒の眼前に現わるゝを見ながら、尚お治療の手段に思い到らざるものゝ如し。過て改むるを知らざるか、改めんと欲してその方法に窮するか、何れにしても責任は免れざるものと云うべし。抑も十四年以来、政府の当局者は何の見る所ありてか遽に教育の方針を一変し、維新以来多少の艱難を経て漸く社会に跡を収めんとしたる古学主義を復活せしめ、所謂鴻儒碩学[2]の古老先生を学校の教師に聘し、或は新に修身書を編輯撰定して生徒の読本に充て、甚だしきは外国語の教授を止むる等、専ら古流の道徳を奨励して、満天下の教育を忠孝愛国の範囲内に跼蹐[3]せしめんと試みたる尚おその上に、学校の教育のみにては未だ充分ならずと心得たることならん、窃に資金を投じてその流に不似合なる新聞紙演説等の事を奨励し、以て文明進歩の大勢を留めんとして余念なかりしは、世人の今日尚お忘れざる所なり。忠孝愛国の説、決して不可なるに非ず。平素家に居り世に処するに臣子たるの心得を守り、又国に対して国民たるの本分を尽すは、即ち忠孝愛国の精神にして、我輩の大に望む所なれども、左ればとて古流の輩の如く、その忠愛の意味を窮屈に解し、君に忠ならざるものは即ち不忠なり、国を愛せざるものは即ち国を害するものなり云々とて、極端より極端に走りて是非黒白を争うときは、その弊害却て大ならざるを得ず。維新前旧水戸の藩士が正奸の二派に分れて相争うたる末、互に殺戮

【明治二十五（一八九二）年十一月三日付『時事新報』に掲載。】

1 **明治十四年来**　明治十四年の政変以降をいう。　2 **鴻儒碩学**　すぐれた儒学者、大学者。　3 **跼蹐**　跼天蹐地。頭が天にふれるのを恐れて背をかがめて歩き、地が落ちくぼむのを恐れて抜き足で歩くこと。身の置き所のない思いをすること。慎みおそれ、自由に行動できないこと。『詩経』小雅に見える言葉。

を恣にしたるが如きは、その思想極めて狭隘にして、政治の主義を極端に解し、正に非ざれば奸、奸に非ざれば正、正奸到底両立せずと認めたるが為めに外ならず。極端論の厭うべき適例として見るべし。言、不祥なるに似たれ共、彼の不敬罪[1]を以て罰せられたるものが十四年以後に最も多かりし一事の如きも、或は社会に極端論の流行したる兆には非ずやと窃に疑を存する所なり。事態既に斯くの如くにして、我輩はその当時に於て世の識者と共に予後の結果必ず妙ならざるべきを察したるが故に、教育の害は酒を飲むに異なり、酒の酔は直に発すれども教育の酔は容易に発せず、即ち容易に発せずと雖もその毒は次第に全体に浸渡りて他年一日大に発するの時あるべしとて、屢ば忠言を試みたるは、当時の時事新報を読みたるもの丶今に記憶する所ならんなれ共、当局者は之を読まざりしか、或は之を読むも意に留めざりしものか、漫然経過して十年後の今日に至り、果して我輩の言を実にせしめたるこそ遺憾なれ。近年来の事相を察するに、古学流の説は次第にその声を高め、啻に臣子国民たるの心得として之を唱うるのみならず、実際に運動して益々その意味を苛烈にし、苟も己れの信ずる所に反するものは之を乱臣賊子[2]視して、敵なきに敵を求め、甚だしきは三十年前の旧夢を想起して攘夷的の精神を回復し、漫に外人を敵視する等、往々事実の上に現われて間接に世の安寧を害するもの少なからず。今日に至りては当局者と雖も実はその始末に困却するものに非ずやと、我輩の余所ながら推察する所なり。或は右の現象は学者の推測談にして、実際の証拠に乏しとの説もあらんか、我輩は明にその証拠を示すべし。試に明治十四、五年を界にし、前後の新聞紙を把りてその紙面に注意するときは、前年の紙面にも随分危激の文字あれども、尚お未だ極端に至らずして耳に逆うもの少なきその反対に、後年の諸新聞紙上には乱臣賊子、夷狄禽獣[3]等の文字甚だ多くして、所謂病なきに呻吟する[4]の句調盛なるを発見すべし。即ち前後の相違は社会の気風一変したるの兆と認めざるを得ず。蓋し新聞紙は社会の先導を以て任ずるものなれども、又自から社会の気風を代表するその趣は、天下の人心を導くの地位に在る政府が、一方に於てはその人心を代表するに異ならず。今の新聞記者たるものは決して古流の説に酔いたるに非ず、寧ろその非を知るものこそ多けれども、何を云うにも一般の社会を相手の商売なるが故に、自から社会の気風と共にその筆鋒を変ぜざるを得ざるの事情なきに非ず。新聞紙の句調は取も直さずその気風を代表するものと見て差支なければなり。以上の事実果して相差なきに於ては、十年前教育方針の一変は次第にその毒を逞うして、今日に至り愈々苛烈の徴候を呈したるものにこそあれ

1 **不敬罪** 天皇や皇族などに対して不敬の行為をした罪。 2 **乱臣賊子** 主君に反逆をくわだてる者。 3 **夷狄禽獣** 野蛮な異民族と鳥獣。恩義や道理を知らない人をののしっていう語。 4 **病なきに呻吟する** 病気でもないのに苦しんでうめくこと。転じて、些細なことで大げさに騒ぎたてること。

ば、今よりその非を改めて回復の療法を講ずるも、その効を見るまでには又幾多の歳月を費すことならん。誠に堪え難き次第なれども、事物自然の因果にして如何(いかん)ともすべからず。思うに当時その事を発企し[1]又は之(これ)を賛成したる人々は、今日に生存するのみならず、現に政府の部内に在りて枢要の地位を占むることなれば、その責任は到底免(まぬ)るべからざることゝ覚悟して、一日も早く前非を改め、及ばずながらも天下後世の為(た)めに失策回復の手段を講ずべきものなり。

1 **発企**　発起。

教科書の編纂検定

小学校の教科書を自由選定に一任すべしとの次第は前号[1]に於て一寸述べたる所なり。尚おその編纂の事に就て一言せんに、国費を以て教科書の図書を編纂すべしとの議は、貴族院などにては兼ね〴〵唱うる所にして、或は新潟県などの不始末もありしが為めに、貴院の意見の如く国費を以て編纂して一般に売捌かしむべしとの説もなか〳〵盛なりと云う。抑も国費編纂の理由は如何と云うに、教科書は国民教育の盛衰、国家の隆替に関するものなるに、今の図書には字句を誤り意味の通ぜざるものなきに非ず、且つその価も不廉[2]なるが故に、政府は国家事業として適当の方法を設け国費を以て完全なるものを編纂すべしと云うに在り。適当の方法とは如

【明治三十（一八九七）年四月二日付『時事新報』に掲載。】

1 **前号**　三月二十七日付『時事新報』の雑報記事「教科書審査会を廃すべし」において、新潟県の教科書選定中に不正が行われたことが記されている。 2 **不廉**　ねだんの安くないこと。高価。

何なる方法なるや知らざれども、国費を以てするとあれば差当り先ず文部省の辺にて編纂せしむることとならん。果して然らば従前同省にて自から編纂したる当時に立返るまでにして別に新案にも非ず。その編纂は何人の手に成るも差支なけれども、文部省の官吏とても尋常普通の人間にして特に博学多識にも非ざれば、果して所望の図書を得べきや否や甚だ疑わし。今日世間の実際には頗る不完全の図書も行わるゝことならんなれども、従来の実験に拠れば文部省編纂とても五十歩百歩にして特に完全のものとは認むべからず。文部省に依頼して安心するは政府過信の迷を脱せずして尚お昔しの夢を夢みつゝあるものと云うべし。然らば他に方法を求めて民間の学者教育者に委託せんか、今の世間の著書飜訳書の中には教科書として随分適当のものもあらん、然るに文部省が検定規則を設けて一応の検定を為すは妨なけれども、実際には当局者の偏見を以て、苟もその意に適せざるか又は何か時の事情に妨げらるゝものは、排斥して顧みざるの有様なれば、真実独立なる学者の著書は迚も気に入るべからず（例えば前年、[1]文部省にて検定を始めたるとき、福澤氏の著訳書はその種類の如何に論なく一部も残さず都て見事に排斥せられたり。氏は固よりその採用を頼みたることもなし、唯時の事情を伝聞して窃に文部の腐敗を歎息し俗吏輩の鄙劣狂態を冷笑したることありと云う。当時その検定に関係したる吏輩は今尚お生存して自から記憶することとならん）。何れ官の依託に応じ又は月給を貰うて筆を執る者は俗吏以下の人物にして、唯官辺の意を迎えて編纂することなれば到底完全は望むべからず。国費の編纂は何れにしても実際に効能なかるべし。或は国費を以てするときは廉価に発売の利益ありと云えども、政府にて本屋の店を開くことも出来ざれば、その売捌は矢張り本職の書肆[2]に託することゝなるべし。而して之を引受るものは恰も専売の姿にして自から利益も少なからざるべきが故に、世間の書肆輩はその引受を争うが為め又々官吏との間に例の手段[3]を見るに至ることならん。果して然らば今の各地方の醜態を中央に集むるまでのことにして、その醜態は寧ろ却て大なるべし。只是れ小の虫を殺して大の虫を喜ばしむるの愚策のみ。左れば我輩の所見を以てすれば、国費の編纂売捌の如きは全く無用にして、教科書の編纂選定は一切自由に一任し、只文部省にて検定を行い不都合の図書を用いしめざるまでにて差支なきを信ずるものなれども、その検定の一事に就ては更に一言せざるべからざるものあり。

1 **前年**　福澤の著作をはじめ洋学者の多くの著作が教科書として使用禁止になったのは明治十三（一八八〇）年で、そのなかには、かつて文部省から出版されたF・ウェーランド『修身論』の抄訳（阿部泰蔵訳）まで含まれていた。なお、教科書認可制、検定制になるのはそれぞれ明治十六年、十九年であり、国定教科書は福澤没後の明治三十六（一九〇三）年以降となった。　2 **書肆**　書店。出版社。　3 **例の手段**　賄賂などの不正。

抑も教科書の完全不完全と云うも、実際に完全のものは望むべからざるのみか、又如何に完全のものを用うるも、書籍の力に由て生徒を導かんとするが如きは到底人力に及ばざる所なれば、文部省の検定は只その有害を認めたるものを排斥するに止めて、苟も無毒のものは一切不問に付すべきのみ。喩えば衛生法を説くに暴飲暴食等の不養生を戒しむるは必要なれども、更らに其以上に及ぼして美衣美食を勧むるは不可なり。又彼の議員の選挙法なども自から資格の制限はあれども、苟も白痴狂癲の病人か若しくは破廉恥等を犯したる輩に非ざれば、一様平等に選挙被選挙の権を与うるが如し。衣食を美にして養生を豊にし、選挙の資格を高くして高尚の人物を選ばしむるは、固より望ましきことなれども、斯くの如きは到底事実に行うべからざるものなればなり。児童の教育法にも、例えば花合せ[1]を為し又人情本[2]を読む如き怪しからぬ挙動は断じて許すべからずと雖も、幾多の児童をして悉く忠臣孝子たらしめ又悉く英雄豪傑たらしめんとて非常に多を望むが如きは、恰も稲の穂に牡丹の花を咲かせんとするに異ならず、無益の骨折にこそあれ、教育法の根本としてその事に当るもの丶常に心得べき所なれば、教科書の検定の如きもこの心得を忘れずして、古学者流の著述に係る頑陋苛烈[3]の事を記したるもの、若しくは今人の書にても児童に読ましめて真実有害と認むるものに限りて之を排斥し、その他は一切看過して自由に選定せしむべし。世間の人は案外に眼識に乏しからず、銘々に取捨して適当のものを用うるに他人のお世話は待たざるなり。若しも文部省が漫(みだり)に検定を窮屈にするのみならず、一種の偏見を構えてその間に我意を調合すること是(こ)れまでの如くならんには、只(ただ)教育の発達進歩を妨害するに過ぎざるのみ。自(みず)から省みて自(みず)から悔悟[4]すべきものなり。

1 **花合せ** 花札。 2 **人情本** 江戸時代後期の風俗小説。 3 **頑陋苛烈** 非常に頑固であること。 4 **悔悟** 前非を悔い改めること。

社会教育

〔時事新報発兌の趣旨〕

我学塾[1]は創立以来二十五年[2]、その名称を慶應義塾と改めてより既に十五年を経たり。前後生徒を教育すること今日に至るまで三千五百名、その教則の如き、年を逐うて変換するもの尠なからずと雖ども、専ら英米の書を講じて近時文明の主義を採り、傍に和漢の字を教えて日常文書の技芸を脩め、三、五年の勉強を以て卒業するときは、去て故郷に帰て父祖の家業を継ぐ者あり、或は朝野に周旋して自[3]から一家を起す者あり、又或は本塾の卒業を以て満足せざる者は尚塾に留て同志相互に切瑳研究するあり、他の専門校に入て更に業に就くあり、各その志す所に従てその為す所も亦同じからずと雖ども、概して二十五年間の成跡如何を視れば、我学塾の旧生徒にして今日社会の表面に立ちよく他の魁を為して事を執る者甚だ尠なからず。凡そ今の諸官省なり、地方庁なり、又府県会なり、或は学校に、新聞社に、又諸工商会社に、日本全国到る処として苟も社会公共の事を理するその場所に於て我旧生徒を見ざる所なし。蓋し全国の男子一千七百万の中に、我学友の数を三千五百名とすれば、僅に五千中の一にして誠に寥々[4]見るに足るべき数に非ざれども、その実際に於て寥々たるを覚えざるは、我学塾の教育、よく人の子弟を導て有為の人物と為したるか、或は天資有為[5]の人物にして偶然本塾に来る者多きの故ならんのみ。

抑も我慶應義塾の本色は前記の如く唯人を教えて近時文明の主義を知らしむるに在るのみ。即ち生徒入社の初より卒業の時に至るまでその訓導の責に任するのみにして爾後は全く関係なきものなれども、講堂有形の教授を離れて社中[6]別に自から一種の気風なきを得ず、所謂無形の精神にして、独立不覊[7]の一義、即是なり。この精神は形以て示すべきに非ず、口以て説くべきに非らずと雖ども、創立のその時より本塾の全面を支配して、二十五年一日の如く、如何な

【明治十五（一八八二）年三月一日付『時事新報』創刊号に掲載。】

1 **我学塾**　「我」ならびに後出の「我輩」は「われわれ」を意味している。 2 **創立以来二十五年**　福澤が藩命で江戸に下ったのは、アメリカとの修好通商条約が調印された安政五（一八五八）年の秋のことであった。 3 **朝野に周旋して**　社会でさまざまに働いて。 4 **寥々**　ものさびしいさま。また、空虚なさま。寂寥。 5 **天資有為**　生れつき才能があること。 6 **社中**　慶應義塾では塾生、教職員、卒業生の総称。 7 **独立不覊**　「不覊」は束縛されないこと。独立自尊におなじ。

る世上の風潮に遭遇するも曾て動揺したることなきものなり。然りと雖ども二十五の星霜久しからざるに非ず、三千五百の社中多からざるに非ず。この年月の間にこの社中の人々が各その志す所に従てその事を為す、方向一ならんと欲するも固より得べからず。同窓の友誼こそ終身忘るべからざるも、社会の人事を処するに当ては、啻に方向を一にせざるのみならず、或は全く相反対するものも尠なからず。宗教の信心を異にする者あり、政治の主義を異にする者あり、著書新聞紙に論説を異にする者あれば、商売工業に競争の敵たる者もあり、甚しきは国事犯罪吟味の法庭に於て、糺問せらるゝ者と糺問する者と初て相対すれば、四目相見て両心愕然、何ぞ計らん、共に是れ旧同窓の親友たりしが如き奇談もあらん。何れも皆自然の勢にして、人間社会に免かるべからざるの数なり。

斯る事の有様にして、漫然たる江湖の眼[1]を以て観るときは、我義塾の社中には幾多の主義を存して幾多の方向を取る者の如く、又その主義方向の多きは却て無主義無方向の如くに認る者もなきに非ざるべし。蓋し我学友社中の一部を以て商人の眼に映ずるときは商会の如くに見えん、我社実に商人多ければなり。又その一部を以て政治家の眼に映ずるときは我社中は政党の如くならん、社中実に政談客多ければなり。或は我れを民権家なりとて嫌悪する者あれば、又一方には官権党なりとて誹る者もあり。その趣は一線の源泉、山間を走れば渓流にして、断岸より落れば則ち瀑布なるものを評して、この水は渓なり瀑布なりと鑑定するに異ならず。水は元と唯水なれども観客の地位の異なるに由て評論を異にする者なり。漫然たる江湖、その漫、実に笑うに堪えたりと雖ども、この妄評決して之を一笑に附すべからず。虚よく実を生ずるは人事の常にして、世人が斯く一部分の運動を見て我社の全面を卜するとき[2]は、遂にその名声を成して、又遂には学塾中の少年輩をして実に方向に迷わしむるの害なきを期すべからず。去迚は本塾多年の精神に背き、有形の教育上にも容易ならざる禍を蒙るに至るべし。黙止すべからざるなり。依て今この弊害を未発に防ぐの策を案ずるに、我に如何なる主義あるも、毎日に語るべきに非ず、毎人に告ぐべきに非ざれば、今回社中の同志脇〔協〕議を遂げて、義塾邸内の出版局[3]に於て毎日の新聞を発兌することに決したり。その名を時事新報と命じたるは、専ら近時の文明を記して、この文明に進む所以の方略事項を論じ、日新の風潮に後れずして、之を世上に報道せんとするの旨なり。即ち我同志の主義にして、その論説の如きは社員の筆硯に乏しからずと雖ども、特に福澤、小幡両氏の立案を乞い、又その検閲を煩わすことなれば、大方の君子も

1 **江湖の眼**　世の中の目。世間の評判。　2 **卜する**　将来を占い、定める。　3 **義塾邸内の出版局**　慶應義塾出版局。この時は他からの出資も加えて慶應義塾出版社と称していた。ただし、のちには時事新報社を設立し、同社が発行母胎となったが、その資本金は福澤の個人出資であった可能性が高い。

この新聞を見て、果して我輩の持論如何を明知して、時としては高評を賜わることもあらん。又全国の各処に布在する我学友諸君も之を見て、果して我輩の精神は、諸君が昔年本塾に眠食し手を携えて遊び灯を共にして読書したるその時に比して、毫も独立の旨を変換したるなきを証するに足るべし。諸君に於ても亦これを変換せざるは我輩の今日深く信じて疑わざる所なり。

本紙発兌の要用にして止むべからざるの理由は前既に之を記したり。今又向後の目的を述べて聊か他に異なる所以のものを示さん。我同志社中は本来独立不羈の一義を尊崇するものにして、苟もその志を同うせざる者に対しては、一毫も与えず一毫も取らず、勤倹以て一家の独立を謀り、肉体の生計既に安きを得るときは兼て又一身の品行を脩め、俯仰天地に恥るなき[1]を勉めて人の譏誉に依頼せず、以て私徳の独立を固くし、一身一家既に独立して私の根拠既に定るときは、乃ち眼を転じて戸外の事に及ぼし、人を教えてこの独立の幸福を共にせんことを謀り、我学問は独立にして西洋人の糟粕[2]を嘗るなきを欲し、我商売は独立して彼の制御を仰ぐなきを欲し、我法律は独立して彼れの軽侮を受るなきを欲し、我宗教は独立して彼れの蹂躪を蒙るなきを欲し、結局我日本国の独立を重んじて、畢生の目的、唯国権[3]の一点に在るものなれば、苟もこの目的を共にする者は我社中の友にして、之に反する者は間接にも直接にも皆我敵なりと云わざるを得ず。我輩の眼中、満天下に敵なし又友なし、唯国権の利害を標準に定めて審判を下だすのみ。例えば我輩は国会の開設を賛成する者なりと雖ども、徒にその開設を見て之を楽しむに非ず、又これに参与して権を弄ばんと欲するにも非ず、唯国会の開設あらば、由て以て我政府の威権を強大にして全国の民力を一処に合集し、以て国権を皇張[4]するの愉快を見るべしとの企望にて、中心に之が賛成を為し、国会論者を友として、その反対論者を敵とするのみ。或は内国の施政に就ても往々然るべからずと思う所のものは遠慮なく之を論駁することもあらん、又然るべしと認る所のものは大に之を賛誉することもあらん。その然るべし然るべからずとて之を是非するの標準は、他なし、結局に至れば亦唯国権の一点あるのみ。然るに近来世間の新聞紙等を見れば、党派の議論漸く喧しくして、各自から為にする所のものあるが如し。我国にも既に国会開設の命[5]ありて、数年の中には立憲の政体とこそ為るべければ、自から政党

1 **俯仰天地に恥るなき**　上を向いて天上の神々に対し、下を向いて地上の人々に対して、少しも恥ずかしくない。自分の心や行動に少しもやましいところがないこと。『孟子』尽心章句上に見える言葉。 2 **糟粕**　のこりかす。役に立たないもの。 3 **国権**　民権の対語。国際社会における一国の主権。 4 **皇張する**　積極的に強く主張する。 5 **国会開設の命**　明治十四（一八八一）年十月に発布された国会開設の勅諭のこと。前年来の国会開設運動の高まりや開拓使官有物払下げ反対の声などを沈静化させるため、明治二十三（一八九〇）年を期して憲法を公布し、国会を開設することが約束された。

も分るゝことならん。権を好むは通常人類の天性なれば、進で権力を得んとして政党の催しも至極尤なることなれども、今の所謂政党論者はその着眼する所、専ら内国施政の一方に偏して、その是非論駁に力を尽し、甚しきは之を論ずるにその事を問わずしてその人を評するに忙わしく、却て国権の利害如何を問えば漠然として忘れたるが如き者なきに非ず。我輩の最も感服せざる所にして、我輩と思想を異にするものなり。

然りと雖ども方今政党の団結は漸く各地方に行わるゝの勢なれば、諸党各自から結営して互に相競い、漸く歳月を経るのその間には、衰弱して斃るゝ者もあらん、又新に大に起る者もあらん、又或は幾多の小党相合して一大政党たる者もあらん。何れにも国会開設の日には必ず二、三の政党にて我政治社会を組織することならん。日本には先例もなきことにて預め明言し難しと雖ども、西洋諸国の慣例なれば先ず斯の如くなるべしと信ずるより外なし。扨この場合に至ても我輩は全く他に異なる所のものあり。何となれば則ち我輩は所謂政党なるものに非ざればなり。抑も政党とは純然たる政治家の結合にして、その党中より一名の長者を推撰し、之を首領に仰でその党派の意見を天下に示し、専ら当路[1]の政党に反対して政略の得失を述べ、その主義よく衆庶の所望に協うときは、多数を得て政府の壇上に昇り、その首領は即ち新政府の首相にして、政権は挙てその党派の人に帰し、曩の当路者は罷て落路の政党たるべし。又この昇進の政党が既に政権を得るも、数年を経るの間に人心の向う所自然に変遷するときは、更に落路の党派に交代を促されて地位を譲らざるを得ず。斯の如く一進一退の際には、互に力を尽して先を争い、結局他の権を奪て之に代らんとするの活劇とも云うべきものなり。その争や固より公明正大、君子の争なりと云うが故に、敢て之を賤しむには非ざれども、我新紙社中に於ては他の権を取て之に代らんとするの念なし。或は社中にも人員少なからざることなれば、直に政権に参与して平生の伎倆を呈〔逞〕せんと欲する者もあるべければ、時に応じて本社を去り何かの政党に加入するも可なり、又或は新に政党を団結するも妨なし。仮令い之を去るも、唯我新聞社を去たるのみにして、等しく同窓の学友、同学の社中なれば、その友誼は死して而して後に止むべきのみ。又前段に政党には必ず一名の首領を要すと云えり。然るに我党の長者は福澤先生なれども、先生は本来青雲の志なくして、今後も生涯政治に参与することなかるべしと明言したる者なれば、固より之に向て政党の首領たらんことを求むべからず。是亦我輩がこのまゝの有様にて直に政党たるべからざるの原因なり。

右の次第なるを以て、我社固より政を語らざるに非ず、政も語るべし、学事も論ずべし、

1 **当路** 重要な地位にあること。また、その人。

工業商売に、道徳経済に、凡そ人間社会の安寧を助けて幸福を進むべき件々は、之を紙に記して洩らすなきを勉むべしと雖ども、他の党派新聞の如く一方の為にするものに非らざれば、事物に対して評論を下だすにも、故さらに譏誉抑揚の節を劇にして一時人をして痛快を覚えしむるが如き文章の波瀾には乏しかるべし。唯我輩の主義とする所は一身一家の独立より之を拡めて一国の独立に及ぼさんとするの精神にして、苟もこの精神に戻らざるものなれば、現在の政府なり、又世上幾多の政党なり、諸工商の会社なり、諸学者の集会なり、その相手を撰ばず一切友として之を助け、之に反すると認る者は、亦その相手を問わず一切敵として之を擯けんのみ。人の言に云く、人間最上の強力は求るなきに在りと。我輩は今の政治社会に対し、又学者社会に対し、商工社会に対して、私に一毫も求る所のものあらざれば、亦恐るゝに足るものなし。唯大に求る所は国権皇張の一点に在るのみ。我輩は求るなきの精神を以て大に求る所のものを得んと欲して敢て自から信ずる者なり。

時事新報第五千号

時事新報は明治十五年三月一日第一号を発兌して、本月本日正に五千号に達したり。凡そ十五年間五千日の紙上、日々の論説は別に掲ぐる本紙発兌の趣旨に外ならずして、初号以来丁寧反覆、既に五千回の筆を労しながら、苟めにもその趣旨を変じたることなし。世間の新聞紙を見るに、執筆者と持主と人を異にするものあり、又は屢ば持主を変じて随て論旨を変じたるものあり、新聞紙の種類の多きと共にその変遷も亦限りなきその中に、独り我時事新報は十五年来嘗て趣旨を変ぜざるのみか、社中の仕組も一切当初の儘にして、事を執るものは孰れも慶應義塾の同社に非ざるはなし。変化なきも固よりその筈にして、他に見る能わざるの特色として窃に自から誇る所のものなり。左れば時事新報は真実独立不羈の新聞紙にして、発兌の趣旨に

【明治三十（一八九七）年九月一日付『時事新報』社説。筆者は主筆の石河幹明。】

従て固く自から守るの外、苟めにも他を敵視したることなし。素より事を論ずるに当りては自から是非の弁なきを得ざれども、その是非は利害の本体より判断するものにして、例えば政治論にしても、彼の機関新聞紙の如きは、事の利害に拘わらず、その人の如何に由て賛成もし反対もするの常なれども、時事新報に限りては眼中、人なく、見る所は只全体の利害のみ。苟も国家の為めに害とあれば何人の処置と雖も之を恕せざると同時に、国家の利と認めたらんには直に賛成するに憚からず。是れは誰れの処置なるが故に理でも非でも反対せざるべからずなど、人に由て是非を殊にするが如き、我輩の敢て為さゞる所なり、左れば時事新報は平生の主義として曾て人を敵視したることなきが故に、又自から他に敵視せらるゝこともなき筈なるに、世の中は不思議なるものにして、俗に云う犬も歩けば棒に当るの喩に漏れず、此方にては敢て他を敵とせざる考にても、紙上の論説端なく他の怒に触れて偶然にも敵を得たることなきに非ず。年来政党の新聞紙などより憎まれて屡ば攻撃せられたる中にも、時の政府より敵視されたるは著しき事実にして、度々発行停止を命ぜられたるこそ明白の証拠なれ。その二、三の例を記せば、本紙の発兌、間もなく、明治十五年五月の頃より「藩閥寡人政府論」[1] を掲げ、官民調和の必要を論じて、その論未だ終らざるに、民間の新聞紙中には我輩の論旨を政府の為めにするものと認めて大に攻撃を逞うしたるものあるその一方に、政府よりは同時に治安妨害と認められて発行停止を命ぜられたり。その治安防害と認められたる論説（六月七日八日の紙上）の趣旨は如何と云うに、政府は国会の開設を約しながら、前後の挙動を見れば、自から政友を放逐して化して政敵と為し、以てます〳〵官民の軋轢を増したり、今の官民の針路にて平穏に国会を開かんと云うは信ずべからず、国会の準備は官民の調和こそ大切なるに、今の準備は双方互に目的を異にするものゝ如し、その目的を異にするときは準備整頓するもます〳〵双方の不調和を増すに足るべきのみ云々とて、只管双方を戒しめて調和の必要を説きたるものなり。当時政府は之を以て治安妨害と認めたれ共、その後の成行果して如何。国会は幸にして無事に開けたれ共、爾来官民の軋轢ます〳〵甚だしく、政府の意見は一として行われず、予算は毎年殆んど不成立に帰して、この上もなき困難不始末を極めたるは、畢竟我輩の所謂準備を怠慢に付して官民の調和に注意せざりし結果に外ならざるのみ。事実明白、疑うべからざる所なり。次は十八年八月十三日の紙上に「朝鮮人民の為めにその国の滅亡を賀す」と題して、朝鮮の近状を見れば他の強大国に迫られて独立の運命旦夕[2]に在り、本来人間の身に大切なるものは財産、生命、

1 **藩閥寡人政府論**　明治十五（一八八二）年五月十七日から連載していたが、六月八日に発行停止の命を受け、第十三〔編〕で中断。六月十二日に発行停止解除となり、六月十四日より第十四〔編〕以下を掲載し、六月十七日、第十七〔編〕をもって完結。　2 **旦夕**　危難がさしせまっていること。

栄誉の三つなるに、朝鮮人民は政府貴族の圧制収斂に苦められて財産、生命の安全、皆無のみならず、栄誉には自から内外の別ある、内の栄誉とは所謂四民同等の権利にして、外の栄誉とは他国に対して独立国民の面目を全うするものなり、然るに朝鮮の実際には貴族士族の流と平民社会とは殆んど人種を別にするの姿にして、平民の境界は全く奴隷に異ならざるその上に、政府自から売国の実を演じつゝあるその国の人民が、外に対して面目を全うするの望はあるべからず、左れば彼の政府の為めには気の毒なれども、人民幸福の点より見れば他の文明強国の政府の下に、責めては財産生命の安全を保護せらるゝこそ仕合せと云わざるを得ず、その国の滅亡は寧ろ人民の為めに賀すべしとの次第を述べて、更らに引続て論ずる所あらんとしたるに、直に発行停止を命ぜられて続稿の掲載をも見合せたり、朝鮮の滅亡論、何故に日本の治安に害あるか。或は政府の考にては、隣国の存亡は此方の預り知る所に非ず、その人民が苦むも楽むも自から他国の事なるに、若しもその滅亡を云々して朝鮮政府の忌諱[1]に触るゝこともあらんには、夫れこそ外交に関する大事件にして容易ならざる次第なりと認めて発行を停止したるものならん。当時の政府の考は多分この辺に存したることなりしならんに、その後明治二十七年に至りて、朝鮮国の弊政は自から他国の事なれども、その結果は我国にも害を及ぼすものなるが故に、その儘に差置き難しとて、彼の政府に向て弊政改革の勧告を試み、遂に之を実行せしめたるは、当時時事新報の説を治安妨害と認めたる同じ政府にして、即ち政府は殆んど十年の後に至りて始めて悟りたるものなり。而して隣国の情態を如何と云うに、二十七年の改革は一時の夢のみ、人民の惨状は今尚お旧の如くにして、到底独立の見込はあるべからず。我輩は今日に於ても尚おその政府の滅亡を以て人民の幸福と認むるものなり。又その次は明治廿年、政府に於ては正に条約改正談判[2]の最中、事は固より秘密にして知るに由なけれども、若しもその談判が次第に進行するときは、勢い、法律の改正談に及ぶことならん、条約を改正して外国人の内地雑居を許すに、現在の法律に改正の必要あるは勿論にして、我輩の素より認むる所なれども、日本には自から固有の民情習慣を存して、今日尚お未だ純然たる西洋流の法律に慣れざるが故に、単に外国人を目的として法を製するときは、その良否如何に拘わらず実際に無害を保つべからず、且つ又法の寛厳良否に論なく、之を議定して之を施行するは自国の主権にして、断じて他に顧みる所あるべからず、独立国の本色は只この一点に在て存するのみ、然るに若しも条

1 **忌諱**　いみきらうこと。おそれ避けること。　2 **条約改正談判**　幕末に幕府が欧米諸国と結んだ不平等条約改正の交渉をさす。その中心は治外法権の撤廃と関税自主権の回復にあった。明治初年以来、たびたび試みられたが挫折を繰り返し、明治二十七（一八九四）年の日英通商航海条約で治外法権を撤廃し、明治四十四（一九一一）年には他の国とも関税自主権の回復に成功した。

約改正の為めに法律を改正するその際に、我要用の境に超過して我本意に非ざる部分にまで及ぶが如きことありては、実に容易ならざる国権の大事にこそあれば、今後談判の模様に由り万々一も斯る大事の問題に会することもあらんには、事の行掛りに拘わらず、条約改正の根本より断念すべしとの旨を論じたり。即ち同年六月二十四日の紙上に「条約改正は事宜に由り中止するも遺憾なし」と題したるもの、是れなり。実際に談判の成行は固より知るべきに非ず、我輩に於ては若し万々一も斯る次第もあらんには大変なりとて、何の気なしに論じたることなれども、政府にては何か微妙の辺にても犯されたるものとして大に感じたることならん、忽ち発行停止を命ぜられて独り自から驚きたるのみなりしが、間もなく政府の改正談も忽ち自から停止したり。その後明治二十二年に政府は再び同じ談判に着手しながら、又も自から停止したるその次第を後にて聞けば、前後の談判いずれも法律の一条に付き我国権を傷くるの嫌ありとの反対に遭うて停止したるものなりしと云う。然るに明治二十七年に至り、日英条約改正の効を奏したるを始めとして、その後他の諸国との条約も之を標準として続々改正を告げ、今正に談判中のものあれども、日ならずして全く終らんとするその条約は所謂対等条約にして、法権の一事に就ては先ず以て遺憾なきに似たり。左れば時事新報の改正中止論にして果して治安を妨害したるものならんには、政府が自からその改正を停止したるも又等しく治安妨害を免かれざる次第なれども、実際は全く然らずして、政府が一方には治安妨害と認めたるその中止論に同意して自から改正を中止したるこそ、今日の改正条約を見たる原因にして、我輩の窃に自から国の為めに賀する所のものなり。抑も官民調和論と云い、朝鮮存亡論と云い、又条約改正論と云い、時事新報発兌の趣旨より産まれたる我輩の素論にして、敢て為めにする所あるに非ず。左れば之を論ずるにも只事の利害を見たるのみにして、毛頭も人を非難したることなし。自から信ずるのみならず、世人に於ても明に認むる所ならんに、人心、面の如く、[1]自から思う所は他の思う所に異なり、政党者流の反対攻撃を免かれざりし中にも、殊に政府より讐敵視せられて屡ば発行停止を命ぜられたるは、右に記したる次第の如し。我輩の自から了解に苦しみたる所なれども、実際の成行を見れば着々我輩の所論を証して一点も違うことなし。政府の輩も今より省みたらば茫然自失することならん。而して時事新報の趣旨は十五年一日の如く、発兌以来今日に至るまで、日々の所論は同一の筆意に成りて曾て変化なきに拘わらず、前年は之を記して政府より停止されたるものが、今日は同様の事を論じながら停止の心配なきのみか、仮令

1 **人心、面の如く**　人の顔が同じでないように、人の心もそれぞれに異なっていること。『春秋左氏伝』に見える言葉。

い之を命ぜんと欲するも実際に得べからずと云う。自から是れ時勢の進歩にして、日本の新聞紙も稍や佳境に入りたるものと云うべし。この一段に至れば我時事新報の如き、第一号発兌の当初に於ては、紙面は僅に四頁にして、日々の発売紙数の如きも数千に過ぎざりしものが、今日は現に十二頁以上の新聞紙を印刷して、発売の紙数も幾万を以て計うべし。是れ亦時勢進歩の徴候にして、変化の大なる、驚くに堪えたり。今後ます〳〵進んで怠らざるべしと雖も、然れどもその変化は紙面紙数の変化のみ。紙上の論説に至りては十五年間五千日、発兌当初の趣旨を一貫して曾て変化なく、苟も我社の存する限り又我義塾の存する限り、今後幾千万号を重ぬるも亦同様なるべし。世間或は我輩の説に対して喜ぶものもあらん、又怒るものもあらんなれども、その喜怒は他に一任して、我輩は終始、一を守るのみ。本日五千号の発行に際し、初号に掲げたる本紙発兌の趣旨を再記するの序に、聊か事の次第を記して読者の清覧を煩わすものなり。

【この社説は当時、主筆を務めていた石河幹明が福澤の意を受けて起草したものであるが、過去において蒙った主な発刊停止処分を簡潔に顧みた上で、同紙の不偏不党の立場をはっきり示しているので、ここに収録した。】

交詢社発会之演説

交詢社設立の速にしてその社員の多きは、実に近年の一大盛挙にして人を驚かすものと云うべし。蓋しその然る由縁は創立社員諸君の才学勉強とその誠意徳望とに由ると雖ども、亦一方より論ずるときは社会の時勢に乗じたるものと云わざるを得ず。我封建の時代には三百の諸侯各一藩の土地を領し、今日を以て云えば恰も一会社の体を成して[1]人心を結合し、上藩士より下領民に至るまで、有形の物、無形の事、皆一処に集らざるはなし。即ち知識交換、世務諮

【『交詢雑誌』第二号（明治十三〔一八八〇〕年二月十五日刊）に掲載。発会式は同年一月二十五日、愛宕下の青松寺で行われた。】

1 恰も一会社の体を成して　『西洋事情 初編』では民間における共同事業をすべて「会社」としていたが、その後「会社」は商人会社あるいは営利会社に限って使われるようになった。交詢社そのものは非営利の紳士クラブであったので、広い意味での「会社」として使っている。

詢の中心と称すべし。三都[1]に在る藩邸は即ちその藩邑[2]の支社にして、常に本社の「コルレスポンダント」[3]と為り、人物の往来、書翰の交通より、金銭の為替、物品の売買に至るまでも、一切万事皆直に藩に依頼するか、或は間接に藩名を用いて便とせざる者なし。又三都の藩邸は以て他各藩との交通に便利にして、全国の景況はこの支社の方便を以て本藩に通ずべし。内外の便備わらざるはなし。然り而してこの藩なる者は、元と新聞探偵の事を行うに非ず、商売運送の事を司どるに非ず、智者の叢淵に非ず、学士の集会に非ずして、その藩士藩民の之に依て便利を得たるは何ぞや。唯衆知識[4]を集めて又これを散ずるの中心たるに過ぎず。藩必ずしも智ならざるも衆智を集めれば以て智者の用を為すべし。之を譬えば銀行必ずしも富豪ならざるも衆資本を集めて又これを散ずれば亦以て富豪の用を為すが如し。斯の如く衆智集散の中心と為りて次第に習慣を成すときは自から世の信任を取り、世人藩に表するに信を以てすれば藩も亦人に告るに信を以てし、遂には人の言行苟も藩の名義を帯るときは直に信任確実の位を得るの風を成して、知識交換の事を行うに益容易なりしが故なり。

　政治上の得失を離れて単に社会上の利害に入り、封建三百藩の働を論ずればその便利も亦少なからざるものと云うべし。然るに今や既に天下に藩なし。即ち人民の知識集散三百の中心を失うたるものと云うべし。この度び交詢社の設立に付その目的を聞けば知識を交換し世務を諮詢[5]すと云うに過ぎず。字義のみを解するも細目を知るに由なし。同社諸君に於ても或はこれに疑なきを保すべからず。創立社員の所期は果して何れの辺に在るか、余は之を知らずと雖ども、臆測を以て本社今後の成行を想像すれば、この社は必ず交詢の字義に違わずして、全国人民の為に知識集散の一中心たることならん。本社固より新聞局に非ず、亦代言社に非ず。常議諸員も亦必ずしも常に自からその所見を述べて人に告るのみの職分に非ざるべしと雖ども、既に交詢社の名あれば全国の社員は必ず本社に向て諮詢することあるべし。本社は必ず之を受けて丁寧に之を討議し、又これを他の社員にも諮詢することならん。之を諮詢し之を報知し、全社員の運動は常に中心の本社を経て互に相知ることならん。然り而してそのこれを諮詢し又報知する所のもの、中心の本社を経て此彼の間に相通ずればとて、之がため必ずしも一層の高尚を増すには非ずと雖ども、都て事物の運動に中心を得ざれば用を為すべからず。地心に引力あり、万物皆地面に向い、国に政府あり、国民皆政治の方向を一にす。兵隊に旗章あり、汽車に「ステーション」あり、電信郵便に中央局あり、財貨資本に銀行あるが如し。何れも皆運動流通の

1 **三都**　江戸、京都、大阪。　2 **藩邑**　城下町。　3 **コルレスポンダント**　correspondent（通信員）。
4 **衆知識**　数多くのさまざまな知識。　5 **知識を……諮詢す**　交詢社の名はここから取られている。

際に一度びその中心に集り又散じて始て用を為すべきものなり。人の知識精神の運動も亦斯の如し。爰に一の問題あり又一の所見ありて、之を一人に質すは百人に諮詢するに若かず、百人に告るは千人に謀るに若かず。その百に諮詢し千に謀るの法は唯集散の中心を得るに在るのみ。例えば我社中幾百千名のその身の有様は亦千様百態にして、或は工業を起してその事に付き不審を質さんと欲する者もあらん、商売に従事して取引の便を求る者もあらん、書を読で理を解せざる者もあらん、世務を推考して疑を抱く者もあらん、或は器械を工夫し物を製作して世に公にせんと欲する者もあらん、物理を発明し新主義を記して人に告げんと欲する者もあらん、医師の開業する者あれば旧痾[1]に悩んで医を求る者もあらん、代言士の結社する者[2]あれば裁判に不平を抱て曲を伸さんと欲する者もあらん。皆是れ人の精神の正に動き正に発して通達の路を求めんとするの機なり。この時機に際しこの路を求るに当て果して何等の方便あるや。唯他人に諮詢して所得所知を交換するの一法あるのみ。尚細事に亙れば、地方の社員が始て都会に出でゝ旅宿を求め買物の方角を相談するも諮詢の一箇条なり。或は都下の社員が国中に旅行するとき、各地方の景況を視察せんとて、僅に旅店の主人に質問するが如き迂闊の旧套も之を用るに及ばざるべし。地方到る処に事物を諮詢すべき同胞の社員あればなり。

右等を計れば実に枚挙に遑あらず。人間世界多事にして何れも諮詢を要することなれば、爰に一社を設けてその諮詢の中心と為し、十問題を集めて百方に質し、百意見を集めて千人に報じ、之を口に伝え又郵便電信に附し、又或は之を集めて随時発兌の雑誌[3]に記し、衆智を合して大智と為すの便利は決して少々に非ざるべし。之を彼の一隅に僻在して世間の交通を絶ち、僅に近隣合壁[4]二、三の人を友として心事世務を談ずる者に比すれば亦同年の論に非ず。蓋し維新の一挙三百の藩を廃してより、その形を変じて代用を為すものあるべきは固より時勢の必然、況や爾後日新進歩のこの社会に於て交通の一事は蓋し止むを得ざるの要なれども、世間皆その必要を感じて之に応ずるの術を得ざりしのみ。我社員の如きは既にその要を知て又随て之に応ずるの方便を事実に施し、恰も人知交通の一大機関を発明工夫したる者と云うべし。凡そ天下の人民、昔日藩制の時代に当て政治の外に一種の便利を得たる者か、或は今日に在てよく天下の大勢を解し近隣合壁の小乾坤[5]に安ぜざる者は、必ず亦来て本社に入ることとならん。今後社の盛大を致すべき、疑を容れざるなり。

1 **旧痾**　久しく治らない病気。持病。　2 **代言士の結社する者**　代言人の結社。弁護士事務所。　3 **随時発兌の雑誌**　月三回発行されていた『交詢雑誌』のこと。同誌では問答欄が社員の知識交換の手段として重視され、多くの頁がさかれていた。その内容は社会産業のあらゆることに及んだ。　4 **近隣合壁**　隣り近所。　5 **小乾坤**　小さな社会。「乾坤」は天地、世界のこと。

交詢社第十三回大会に於て演説

福澤諭吉

人生の教育大切ならざるに非ず、明治の初年より特にその声を高くして、今日に至るまで曾て退歩の状を見ず。甚だ盛なりと雖も、その教育とは少年子弟を学校に入れて数年の間教場の教を受けしむるの意味にして、その前後に於ける学校外の関係には重きを置くもの少なきが如し。抑も学校の教育は三、四年より七、八年間を限り、人間生涯の一小部分にして、その間に学ぶ所は読書推理の外ならず、この短日月に学び得たる智識見聞を以て居家処世終身の資に供せんとするが如き、固より望むべき事に非ず。幼にして家に在れば父母の訓あり、稍や長じて学校に入れば教師の教を受け、学校を去て社会に出れば社会の教育[1]あり。古人の言に学問は生涯せよとは是等の意味なるべし。扨こゝに満場の諸君と御相談と申すは、この生涯の学問の事にして、御同前に家庭の教訓は一夢のむかしに属し、学校の教育も亦既に過ぎ去り、今は正に社会学校に入学の身分にして、その学科を見れば、家に居るの法、人に交るの法、子孫を教るの法、生計を理するの法より、商売工業、尚お進んで政治の事に至るまで、千差万別、限りなき繁雑なれども、之を教るに定まりたる教師とてはなく、唯自から工風して社会の事情を視察し、物に触れ事に当りて一聞一見の智識を利するの外あるべからず。浮世の事相を軽々看過すれば誠に意味もなく、風声水色、我利害に関せざるが如くなれども、子才に之に注意するときは、その風声水色の中に無限の意味あるを発明すべし。百姓の一言、以て年の豊凶をトすべし。車夫の嘆息、以て商界の景況を察すべし。都て是れ社会学校の教師にして、そのこれを口に発する者は無意なるも、之を耳に聞く人の心に明あれば不亀手の薬[2]として利用すべきものなり。左れば我交詢社は当初より社員相互に智識を交換し世務を諮詢するの目的を以て創立したるものにして、社中に是れと定まりたる教師はなしと雖も、その相互に諮詢して答うる所のものは、

【明治二十五（一八九二）年四月二十四日に行われ、同月二十六日付『時事新報』に掲載。】

1 社会の教育 「社会教育」という章題はここから取ったものである。 **2 不亀手の薬** あかぎれの薬のこと。あるものを用いるにはそれ相応の用い方があるという意味で用いられる。『荘子』逍遥遊に見える、よく効くあかぎれの薬を作る綿さらしの者から、わずかな金で薬を買いとった旅人が、それを用いて冬の海上戦で呉の国を勝利に導き、諸侯に取りたてられたという故事にもとづく。

啻に百姓の一言に非ず、又車夫の嘆息に非ず、社員が身躬から目撃し実験したる事実の報告なれば、是れぞ所謂活社会の活教師にして、尋常一様の学校教場に求むべからざるものなり。例えば社員の某は何々会社の創立に会し、夫れとなく本社に諮詢して株主たるを辞し、後にして奇禍を免かれ、又某は何々の醸造に付き同社員の指示に従て大に利したることあり。誰れは何地方の巡遊に本社の添書を以て大に便利を得たることあり。彼れは何の国に何品を買わんとしてその地方の社員に依頼して容易に弁じたることあり。凡そ是等の細件を計うれば枚挙に遑あらず。交換諮詢の利益大なるを見るべし。前節に云える如く、人間社会を以て一場の学校と認むべきは事実の示す所なれども、交詢社は恰もこの学校に規律を設けて教授法を便利にしたるものなれば、その働の活潑なるも亦謂れなきに非ざるなり。人事の繁忙は日一日に甚だしくして底止する所を知らず。去年の智識は茲年に適せず、前月聞き得たるものは今月の用を為さず。諭吉の如き老余の身には煩わしきに堪えざる次第なれども、是れも文明の進歩とあれば遁るゝ訳けにも参らず、先ず本社の機関を頼みにして死に至るまで時勢に後るゝことなきを期するのみ。満場の諸君は年尚お若し。飽くまでもこの機関を利用して、啻に時勢に後れざるのみならず、時勢に率先して交詢社の利益を利し尽されんこと冀望に堪えざるなり。

以上は唯交詢社の性質とその有形の功能とを述べたるまでのことなれども、尚おこの外に無形の利益を云えば更に大なるものあるを発見すべし。近年は立憲政体創立の時節にして、政論の喧しきこと殆んどその頂上に達し、政党の競争と云い、撰挙の騒動と云い、天下の人心恰も酔えるが如くにして、その競争騒動の余波は広く他の人事にまで差響き、商売上の取引、商人の組合等にも、自から政党の意味を含み、親戚朋友の附合までも之が為めに動揺するの奇談なきに非ず。尚お甚だしきは宗教の坊主が窃に政事の為めに奔走したりなど伝うるものさえあり。実に今日は政熱病の流行伝染の最中なるに、この最中に居て独り感染せざるのみか、悠然として世務人事の間に言論を逞うするものは、天下唯一の交詢社あるのみ[1]と公言して、争う者はなかるべし。斯く申せば本社社員は感触力に鈍くして病を免かるゝかと云うに、決して然らず。吾々は夙にその病性を詳にして、有毒の部分を避るのみ。即ち政治の要を知ること穎敏なるが故に、毒を防ぐにも亦穎敏なるのみ。左れば吾々社員は既にこの伝染毒を防ぎ得て言行を自由自在にするの利益を博したる者なれども、未だ以て足れりとせず、尚お進んで社会無数の患者を軽躁無分別の煩悶中に救うて、至当なる摂生法を授け、仮令い政治に奔走するも、その奔走に堪うる丈けの生力を得せしめんと欲する者なり。

1 **政熱病の……交詢社あるのみ**　交詢社はその副規則に「大小会に於ては政事に関する問題を議決することを得ず」と明記されていたように、設立の当初から政治活動と一線を画していた。

〔交詢社第十九回大会に於て演説〕

左の一篇は一昨日交詢社大会に於ける福澤先生の演説を速記[1]したるものなり。

度々御目に掛ります。今聞けば去年が十八回、今年が十九回の大会と、斯う云うことでありますが、大変な古い話だ。爾うすると十九年経ったのでしょう。その十九年の間には私などは何時の間にか歳を取って仕舞った。毎歳御苦労な話で、会のある毎にこちらに出て来る。実はこの間から私は箱根に参って居りました。けれども大会があるから是非帰って来いと云うので、一昨日一寸帰って、今日出ましたので、何時も私は文章で少し分るような塩梅式に書いて来るのであるが、そりゃ蒼蠅くて出来ない。今日は只覚書を持て来ましたから、夫れに就て……

扨この交詢社の創立以来十九年のその間に、世の中の進歩は甚だ著しいと、斯う云って宜うございましょう。何うも十九年前と今日と較べると大層な違い。扨その進歩と云うは何の事を云うのかと斯う云って見ると、進歩は事物の変遷で、小児は大人と為り、大人は老人と為り、老人は死んで仕舞うと、マア斯う云うような簡単なものじゃなかろう。それも進歩には違いない、変って行くから。けれども進歩と云うものはそれ位な簡単なものではなかろう。実を申すと追々人事世務（せいむ）が繁多になる、繁多になると同時に綿密になる、綿密になると又その上に喧し（やかま）くなる、と云うのが、マアその進歩であろうか。人事世務が繁多になり、綿密になり、喧しくなるその間に、間違いと云うものは如何（どう）だと云うと、少しもなかりそうなものだ。人が綿密になって喧しくなれば間違いは少なかりそうなものだ。例えば今大鳥先生[2]の云われる通りに、間違いのないように一時なら一時に来る、三時解散と云えば三時に去って仕舞うと云う塩梅式に、如何（いか）にも間違いは少かりそうなものであるが、何うも爾う旨く往かない。マア今日のこの文明開化と唱うるこの人間の智恵は誠に詰らないものじゃ。如何にも微弱なもので、その微弱な所からして決して爾う旨く往かない。爾う旨く往かない所ではない、世の中が段々進歩すればす

【明治三十一（一八九八）年四月二十六日付『時事新報』に掲載。】

1 速記　冒頭で福澤が断っているように、原稿なしの覚書による演説であり、福澤の演説口調を知るよすがとなる。　**2 大鳥先生**　大鳥圭介（一八三三［天保四］年—一九一一［明治四十四］年）。播州出身。戊辰戦争の際に函館を占拠して新政府に抵抗したが、捕えられ投獄。出獄後、新政府に出仕し、工部頭、元老院議員、枢密院顧問官などを歴任。明治三十四（一九〇一）年、交詢社常議員長となった。

る程、間違いも亦進歩する。即ち間違いがプログレスシーヴ[1]に段々出来て来ると云うのは何うも可訝しい。ソコで之を物理学に喩えて云うと新に茲に物を発明する。発明すると同時に未発明のものが湧いて来る。如〔何〕時までも際限がない。熱を発明して熱を研究し、もう是れより上に熱の事に付ては詮議の為ようがないと云うと、今度は電気を発明して、さあ電気の研究を為ると云うような訳で、一ツを発明すると二つ分らん、その二ツを捕えると、サア二十も二百も分らぬ事が湧き出して来ると云うようなもので、段々に世の中の事が繁多に為り綿密に為り喧しく為ると、間違いが又その通りにドシ〳〵世の中に出来ると云うのは可訝しい。到頭仕舞には戦争などを遣ると云うような事も出来て来る。

其処でその沿革——先ず政治上の変遷沿革と云うものを見ますと、王政維新のその際に戦争を為て勝った、勝った者が政府を造って政治を為る、その政治は所謂藩閥政治、尤も至極、左もあるべき事、勝ったら勝った者が威張る、何でもない。博奕に勝った奴が金を持ち、喧嘩に勝った奴が大将になり、戦争に勝った奴が政府を取って威張る。至極簡単な話だ。所が何うも爾うでない。段々事が繁多に為り綿密に為り喧しく為って来る。喧しくなって来ると云うと、到頭その藩閥と云うものが悪いばかりじゃない、何の斯のと云うような事で、お仕舞には帝国議会と云うものが出来て来た。是れで万々歳、大きに間違いが少なくなって、もう是れで宜いかと云えば、又その議会に間違いの多い事と云うものは、イヤ爾うでない、昔の方が宜かったなどゝ云うことを云い出すものがあるではないか。爾うすると世の中のプログレスと共に間違いの進んで行くと云うことは明かな証拠。それから又この商売社会もその通り。多年来一定不変、金持は金持、貧乏人は貧乏人、天下第一の金持は大阪の今橋通りにある鴻ノ池、[2]是れは日本国中第一番の金持、以下之に準じて、その次には誰、その次には誰、十年前の鴻ノ池を見ても百年前の鴻ノ池と少しも変ったことはない、その次の金持もちゃんとその通り、その次も亦その通り、何時も同じ事で少しも変ることなく、百年も二百年も掟のように定まって居た所が、爾う何時までも簡単に往かない。人事が段々繁多になって夫れから綿密になって来る。綿密になって来ると同時に又喧しく、殊に法律などが無闇に喧しくなって来たかと思うと、鴻ノ池を差置いて大間違いの金持が又出来て来る。出来て来るのはマダ宜しい、それが又不意と消えて亡くなる。〔昔〕者は一度金持になれば百年も二百年も続いたが、今は然らず、一昨年まで金持であったと云うものが不意と失くなって、今如何して居るかと云えば大層貧乏になって居どころも

1　**プログレスシーヴ**　progressive（進歩的）。　2　**鴻ノ池**　鴻ノ池家。江戸時代には、三井や住友と並ぶ、大阪の豪商であったが、明治期には衰退した。

ないと云うようなものが出来て来る。人事が繁多になれば従って間違いが多くなると云う次第はこの通り。学問も亦然り。論語や大学の仁義忠孝の教えを子々孫々に繰返して教えると云う訳けで、親仁の読んだのも祖父さんの読んだのも皆同じ事。講釈の仕振りもその通り、ちゃんと繰返して行けばそれで済んで居た。所が洋学と云うものが出来て、そうしてその学科と云うものは、なか〳〵昔のように左国史漢[1]なんと云うものを読んだ丈けでは治まりが付かない。色々様々な、何の事はない、目に染みる程喧しくなって来た。こんな学問、あんな学問と、大層繁多になり綿密になり喧しくなって来た。所でもう是れで宜しいかと云えば、今の西洋流の学問と云うものは種々様々な大間違いを生ずる。大間違いを生ずる所の話ではない。段々西洋流義の文明の学問を為て見た所が、昔の論語、大学の方が宜さそうだ、聊か乃公も学んだが堪らなく面白い、あれは西洋人が知て居る事ではない、如何しても乃公はあの方が面白い、爾うか知ら、と云うのは、何方が間違いか間違いでないか、何しろ間違いが多いと云わなければならぬ。この通り学問の進歩に従って間違いが多くなって来た。只今大鳥先生のお話のように、私に数えさせれば一日でも饒舌って居られる。幾らもある。

斯う云うように段々数え立てゝ来ると、人間世界の進歩と云うものは、ます〳〵事を多くして、ます〳〵事を綿密にし、議論を喧しくして、そうして段々進めば進む程、間違いが多くなると、斯う云うことになる。結論は如何しても爾うならなければならぬ。次第々々に進歩して、次第々々に事が喧しくなって、何とも云われない種々様々な複雑した世の中になって来る。斯う云う世の中になって来ては、之を要するに、何でも馬鹿では世は渡られないと云うことになる。昔のように簡単な世渡りは出来られない。鴻ノ池の金は先祖の拵えた金を二代も三代も四代も五代も伝えて来たゞろう。この節は親から譲られた金を持て居る丈けでは金持と云うことは出来ない。又昔は学校で習った論語、大学を口移しに教えて貰って、乃公は学者だと云ってソレで済んだが、今日はそんな事では決して学者とは云われぬ。金持も学者も政治もその通り。藩閥と云うような政治が万歳も続けば、そりゃ誠に楽な話だが、それも続かない、一切万事、何としてもどうも進んで行くんで行てコネクリ廻わした所で詰るところ馬鹿では世が渡られないと斯うなる。

其処でその人間と云うものが如何だ大に変ったかと云うと、矢張り同じ事だ。それ程変りもしない。日本の王政維新以後の人が維新以前の人とどら程の差があるか。あの時から境が付いて維新以後の人が皆エライとは云われぬ。又それ以前の人が皆大箆棒とは云われぬ。孰れも相

1 **左国史漢** 中国史書の代表的なもの。春秋左氏伝、国語、史記、漢書。

応の人間、普通の人間、それほど段は違って居ない。そうして人間の天稟にどら程の智恵があるか、何も変ったことはない。詰るところ人間社会は貿易の筆法で行かなければならぬ。何でも人々自分の知って居ることは人に語り、自分の知らない事は人に聞くと云うことが、如何してもなくてはならぬ、と云うのは、以前のように智恵がなくても親の造って呉れた身代を守って居れば宜しい、先祖の教えて呉れた本を復読して居れば宜しいと云う時代ならば兎も角も、左もなくば如何しても智恵が要る。要るけれども人々の智恵には限りがある、限りがあれば換える外に仕方がない。お互に持て居る智恵を換えなければならぬ。ソコで結局が交詢社だ。交詢社と云うものは――交詢社員と云う者は、この席に連なってお出なさる方々、この交詢社員と云うものは、こりゃ決してお世辞で云うのではない、本当だ、日本国中で云えば粒選り。随分世の中には馬鹿の多いもので、イヤもう実に驚いた程馬鹿な者で、始終交際って居る人の中にも随分――日本国中の者が皆こんな者かと思えば情けない。それ以下にまだどんな奴が居るか知れぬ。驚入ったものだ、馬鹿者の多いには。――だから私は明言する、全く日本国中の粒選りではないか。粒選りで、何れも多智多能な人。だからして私は逆捩じに之を云って遣りたい。この後はます〳〵交際を繁多にするが宜い、繁多になってもならぬでも、ます〳〵此方から繁多に出掛け、そうして詮索することがあれば極めて綿密にするが宜い。一言二言の話では聞かぬ、是れから先は如何だ、どう疝気筋[1]が繋がって居るか、爾う旨くは往かんぞと、恐ろしく詮索をして、成たけ議論を多くするが宜い。決して大人君子が一声を発したからと云って草木の風に靡く如く承知するでない。誰が何と云っても論議を喧しくして、そうして世の中の進歩に伴うではない、イヤ世の中が進歩するから乃公達は斯うしては居ら〔れ〕ぬなどゝ、そんな事では往かない、世の中が進歩しなければ此方が先に進歩する、啻に進歩に伴うばかりでなく、自分で新工夫を運らして、進歩の先陣にならなければ往かない。だからます〳〵世の中の交際を恐しく綿密にし、議論を喧しくして、人の言うことには一度や二度では承服しないように捏ね繰り廻わして、そうして進歩の先陣となって世の中をデングリ返す工夫をすると、斯う云うことに皆さんも私も遣りたい。私は死ぬまでそれを遣る。貴方がたは命の長い話であるから、何卒してこの人間世界、世界は率ざ知らず、日本世界をもっとわい〳〵とアヂテーション[2]をさせて、そうして進歩するように致したいと思う。それが私の道楽、死ぬまでの道楽。何卒皆さんも御同意下さるように。

1 **疝気筋** 傍系。さまざまな筋道。 2 **アヂテーション** agitation（扇動）。

付録　修身要領

修身要領

文明日新の修身処世法は、如何なる主義に依り如何なる方向に進むべきやとは、今の青年学生の大に惑う所にして、先輩に対して屡々質問を起すものなり。福澤先生之に答うる為めにと、生等に嘱して文案を草せしむ。即ち先生平素の言行に基き、その大要を述べて先生の閲覧を乞い、之を修身要領と名け、学生に示すこと左の如し。

明治三十三年二月紀元節

慶應義塾社中某々誌

凡そ日本国に生々する臣民は、男女老少を問わず、万世一系の帝室を奉戴してその恩徳を仰がざるものあるべからず。この一事は満天下何人も疑を容れざる所なり。而して今日の男女が今日の社会に処する道を如何すべきやと云うに、古来道徳の教、一にして足らずと雖も、徳教は人文の進歩と共に変化するの約束にして、日新文明の社会には自からその社会に適するの教なきを得ず。即ち修身処世の法を新にするの必要ある所以なり。

第一条　人は人たるの品位を進め、智徳を研き、ます〱その光輝を発揚するを以て本分と為さざるべからず。吾党の男女は独立自尊の主義を以て修身処世の要領と為し、之を服膺[1]して人たるの本分を全うすべきものなり。

第二条　心身の独立を全うし、自からその身を尊重して人たるの品位を辱めざるもの、之を独立自尊の人と云う。

第三条　自から労して自から食うは人生独立の本源なり。独立自尊の人は自労自活の人たらざるべからず。

第四条　身体を大切にし健康を保つは、人間生々の道に欠くべからざるの要務なり。常に心身を快活にして、苟めにも健康を害するの不養生を戒むべし。

第五条　天寿を全うするは人の本分を尽すものなり。原因事情の如何を問わず、自から生命を

【明治三十三（一九〇〇）年二月。福澤が門下生ら数名に道徳の規範とすべき綱領を編纂させたもの。】

1　**服膺**　心にとどめて忘れないこと。

害するは独立自尊の旨に反する背理卑怯の行為にして、最も賤むべき所なり。

第六条　敢為[1]活潑堅忍[2]不屈の精神を以てするに非ざれば、独立自尊の主義を実にするを得ず。人は進取[3]確守[4]の勇気を欠くべからず。

第七条　独立自尊の人は、一身の進退方向を他に依頼せずして自から思慮判断するの智力を具えざるべからず。

第八条　男尊女卑は野蛮の陋習[5]なり。文明の男女は同等同位、互に相敬愛して各その独立自尊を全からしむべし。

第九条　結婚は人生の重大事なれば、配偶の撰択は最も慎重ならざるべからず。一夫一婦終身同室、相敬愛して互に独立自尊を犯さゞるは人倫[6]の始なり。

第十条　一夫一婦の間に生るゝ子女は、その父母の他に父母なく、その子女の他に子女なし。親子の愛は真純の親愛にして、之を傷けざるは一家幸福の基なり。

第十一条　子女も亦独立自尊の人なれども、その幼時に在ては父母これが教養の責に任ぜざるべからず。子女たるものは、父母の訓誨[7]に従て孜々[8]勉励、成長の後、独立自尊の男女として世に立つの素養を成すべきものなり。

第十二条　独立自尊の人たるを期するには、男女共に成人の後にも自から学問を勉め、知識を開発し、徳性を修養するの心掛を怠るべからず。

第十三条　一家より数家、次第に相集りて社会の組織を成す。健全なる社会の基は一人一家の独立自尊に在りと知るべし。

第十四条　社会共存の道は、人々自から権利を護り幸福を求むると同時に、他人の権利幸福を尊重して苟も之を犯すことなく、以て自他の独立自尊を傷けざるに在り。

第十五条　怨を構え仇を報ずるは野蛮の陋習にして卑劣の行為なり。恥辱を雪ぎ名誉を全うするには須らく公明の手段を択むべし。

第十六条　人は自から従事する所の業務に忠実ならざるべからず。その大小軽重に論なく、苟も責任を怠るゝものは独立自尊の人に非ざるなり。

第十七条　人に交るには信を以てすべし。己れ人を信じて人も亦己れを信ず。人々相信じて始めて自他の独立自尊を実にするを得べし。

第十八条　礼儀作法は敬愛の意を表する人間交際上の要具なれば、苟めにも之を忽にすべから

1 敢為　物事を困難に屈せずに、思い切ってやり通すこと。**2 堅忍**　よく耐えしのぶこと。**3 進取**　みずから進んで物事に取り組むこと。**4 確守**　しっかりと守ること。**5 陋習**　悪い習慣。**6 人倫**　人として守るべき道。**7 訓誨**　教えさとすこと。**8 孜々**　つとめ励むさま。

ず。只その過不及なきを要するのみ。

第十九条　己れを愛するの情を拡めて他人に及ぼし、その疾苦を軽減し、その福利を増進するに勉むるは、博愛の行為にして人間の美徳なり。

第二十条　博愛の情は同類の人間に対するに止まるべからず。禽獣を虐待し、又は無益の殺生を為すが如き、人の戒むべき所なり。

第二十一条　文芸の嗜は人の品性を高くし精神を娯ましめ、之を大にすれば社会の平和を助け人生の幸福を増すものなれば、亦是れ人間要務の一なりと知るべし。

第二十二条　国あれば必ず政府あり。政府は政令を行い、軍備を設け、一国の男女を保護してその身体、生命、財産、名誉、自由を侵害せしめざるを任務と為す。是を以て国民は軍事に服し国費を負担するの義務あり。

第二十三条　軍事に服し国費を負担すれば、国の立法に参与し国費の用途を監督するは、国民の権利にして又その義務なり。

第二十四条　日本国民は男女を問わず、国の独立自尊を維持するが為めには、生命財産を賭して敵国と戦うの義務あるを忘るべからず。

第二十五条　国法を遵奉する[1]は国民たるものゝ義務なり。単にこれを遵奉するに止まらず、進んでその執行を幇助し、社会の秩序安寧を維持するの義務あるものとす。

第二十六条　地球上立国の数少なからずして、各その宗教、言語、習俗を殊にすと雖も、その国人は等しく是れ同類の人間なれば、之と交るには苟も軽重厚薄の別あるべからず。独り自ら尊大にして他国人を蔑視するは独立自尊の旨に反するものなり。

第二十七条　吾々今代の人民は、先代前人より継承したる社会の文明福利を増進して、之を子孫後世に伝うるの義務を尽さざるべからず。

第二十八条　人の世に生るゝ、智愚強弱の差なきを得ず。智強の数を増し愚弱の数を減ずるは教育の力に在り。教育は即ち人に独立自尊の道を教えて之を躬行実践[2]するの工風を啓くものなり。

第二十九条　吾党の男女は自らこの要領を服膺するのみならず、広く之を社会一般に及ぼし、天下万衆と共に相率いて、最大幸福の域に進むを期するものなり。

1 **遵奉する**　忠実に従い守る。　2 **躬行実践**　自分で実際に行動すること。実践躬行。

解　説

山内慶太

本書は福澤諭吉の教育論に関する著作を集めたものである。慶應義塾の創始者として生涯教育者であり続けた福澤の教育論は、慶應義塾における実践に明確に表れている。その基本的な姿勢は社会の激動の中にあっても終始一貫しており、決して揺らぐことがなかった。第Ⅰ部では、まず前半に慶應義塾の命名から一貫教育の確立に至るまでの文書を取り上げ、後半に義塾社中（塾生＝学生・生徒、塾員＝卒業生、教職員を総称する言葉）の人々への演説を選んで収めた。福澤の演説、とりわけ塾生への演説は、実際の教育者としての福澤の人間像と教育観をより生き生きと理解するための手がかりとなるであろう。第Ⅱ部の「学問と教育」では、福澤の教育、学問への考えをより広く見通せるように、学校教育から家庭教育、社会教育まで幅広い内容の演説や論説を収めることにした。以下、目次に沿って解説する（なお、本書収録の著作は太字で示してある）。

1　慶應義塾の創立から一貫教育の確立まで

慶應義塾の命名

安政五（一八五八）年、大阪の緒方洪庵の適塾で蘭学を学んでいた中津藩士の福澤は、藩の命を受けて江戸に移り、築地鉄砲洲の中津藩中屋敷の長屋で藩士らに蘭学を教え始める。この時、「大阪の書生は修業する為(ため)に江戸に行くのではない、行けば教えに行くのだと云(い)う自(おのず)から自負心があった」（『福翁自伝』）ものの、のちに慶應義塾と命名される蘭学塾は、藩からの命令という受動的な形で始まった。

しかし、福澤は次第に塾の経営を自分の使命として強く自覚するようになる。その過程で重要な出来事を敢えて一つ挙げるとすれば、文久二（一八六二）年の渡欧であろう。英学に転換した福澤は、既に万延元（一八六〇）年、木村摂津守の従者となって咸臨丸で渡米していたが、この文久二年に、日本の最初の遣欧使節に翻訳方として加わることになったのである。この使節の第一の目的は五ヵ国条約に基づく開港開市時期の延期を求める交渉であったが、同時に欧州事情の調査も目的としており、福澤らは日程の合間を縫って、フランス、英国、プロシア、ロシアなど各国の事情を精力的に探索したのであった。また、インド洋経由の長い船旅は、西洋列強に虐げられたアジア諸国の状況を目の当たりにし、日本の行く末を思案する貴重な機会となった。

福澤はロンドンから中津藩の有力者、島津祐太郎に宛てた書簡（文久二年四月十一日付）で、「先ず当今の急務は富国強兵に御座候。富国強兵の本は人物を養育すること専務に存候」と記している。福澤はこの西航によって洋学による人材育成の必要性を切実に認識したのである。帰国後、期待をかけた中津藩が洋学教育に転換できないと知るや、塾の経営に自ら本腰を入れて取り組むことになる。文久三年には今日「入社帳」と称されている入門帳を具え、また翌元治元（一八六四）年には、郷里中津から塾の中核となることを期待して、小幡篤次郎、仁三郎兄弟、浜野定四郎ら優秀な若者六人を連れて来るのである。更に、慶応三（一八六七）年、二度目の渡米の際には、一人一人が同じ教科書を持って授業ができるように大量に図書を購入した。

「福澤塾」は、慶応四年、戊辰戦争の最中に築地鉄砲洲の中津藩邸を離れ、独自に土地建物を購入して芝新銭座に移転する。そして、時の元号をとって「慶應義塾」と命名した。この時に義塾の主義を世に明らかにした、いわば独立宣言というべきものが「慶應義塾之記」である。そこには、「自我作古」という言葉を用いて、自分達が日本の洋学の伝統を引継ぎ、更に新しい時代を切り拓いてゆくのだという強い使命感が述べられている。

更に注目すべきは、慶應義塾という学校が「彼の共立学校の制」に倣った「会社」であると述べられていることであろう。共立学校とは、英国のパブリック・スクールのように、志を同じくする者が公の目的の為に社を結んで共同で経営する学校であり、ここに我が国の近代教育の新しい形を示したのである。

その福澤自身の義塾への自負心と、個人の私有物でなく共同で経営してゆくのだという強い意志は、**山口良蔵宛書簡**の「この塾小なりと雖ども、開成所を除くときは江戸第一等なり。然ば則日本第一等か。（中略）僕は学校の先生にあらず、生徒は僕の門人にあらず。之を総称して一社中と名け」の文言に見出すことができよう。

この頃の義塾の強い使命感を示すものに、今日でも義塾において「ウェーランド経済書講述記念日」の名で記念され、塾歌の一番と二番に歌われている故事がある。[1] 五月十五日、上野の山で彰義隊と官軍の間に戦闘が繰り広げられ、「八百八町は真の闇、何が何やら分らない程の混乱」（『福翁自伝』）の中を、福澤が普段の日課通りに、フランシス・ウェーランドの経済書を講じたという話である。この時、福澤は「世の中に如何なる騒動があっても変乱があっても未だ曾て洋学の命脈を断やしたことはないぞよ、慶應義塾は一日も休業したことはない、この塾のあらん限り大日本は世界の文明国である」と塾生を励ましたのであった。また、「**故社員の一言今尚精神**」に述べられる小幡仁三郎の故事もこの時期のことである。江戸に静穏が戻ると、社中の人達は中元の日に小宴を開き、洋学の命脈を保ったことを喜びあった。この時に、福澤の記した祝文が「**中元祝酒之記**」である。福澤は生涯、この時のことを誇りとし、繰り返し語った。当時の気概を「世人は之を目して孤立と云うも、我れは自負して独立と称し」たと回想している（「**気品の泉源、智徳の模範**」）。新銭座時代には、入社の規則、学習順序、学費などの概要を記した「**慶應義塾新議**」も刊行されている。

慶應義塾の改革と維持

慶應義塾が三田に移転したのは明治四（一八七一）年のことである。この頃既に私学として最大の規模を誇るようになっていた義塾は、十分な校地を得て、更に拡充を進めた。また、官・公・私立を問わず全国各地の学校には義塾の出身者が教員として招かれ、いわば「英学の一手販売」の観を呈した。「文部省は竹橋にあり、文部卿は三田にあり」と世間で称されたのもこの頃のことである。

しかし、明治十年前後から十三年頃にかけて、義塾は存続の危ぶまれる厳しい状況に直面した。当時、塾生の大半は士族の子弟であり、その多くが旧諸藩の公費生であったのだが、政府の官学偏重の方針で、私学への留学には公費が支給されなくなった。加えて秩禄処分と西南戦争によるインフレーション等が、士族の家計を圧迫したのである。このような中で、義塾への入社数は明治四年の三七七人をピークに同十年の一〇五人まで激減し、塾生数も同八年の三七三人をピークに減少に転じた。収入も、明治八年の九、〇五八円から同十二年の三、七二七円にまで落ち込んでいた(2)。

明治九年、塾生数が減少に転じ将来への危機感が募る中で出されたのが、「**慶應義塾改革の議案**」で、当面の対処の法を示すと共に、「人の上に立て人を治るの道を学ぶに非ず、又人の下に立て人に治めらるゝの道を学ぶに非ず」と義塾の教育の本旨を再確認している。

教員達は、ただでさえ世間に比して格段に低かった俸給を更に自発的に三分の一に減ずる等、一致協力してこの苦境に立ち向かった。福澤もまた八方手を尽し、政府にも資金の貸し付けを求め、伊藤博文、井上馨ら時の有力政治家にも支援を求めた。その努力の一端は**大隈重信宛書簡**に見ることができる。しかし、その努力は実らず、福澤自身はついに廃塾を決意するに至った。その時の逡巡した心中を、「**慶應義塾紀事**」に「去迚は亦惜しむべし、恰も培養保存の目途なき大木の如く、之を伐ると伐らざると決断し難き」と記している。しかし、義塾を存続させたいという社中の思いは強く、「**慶應義塾維持法案**」を策定、醵金を募って経営危機の打開をはかったのである。

この維持法案による醵金と、平民の子弟の入塾者が増加し塾生数が回復したことで、義塾は危機を脱することができたが、維持法案には更に加えて次のような意義がある。第一に、小幡篤次郎ら福澤から委ねられた高弟七名の名で記されていて、福澤の名が無いことが象徴するように、義塾が福澤に寄り掛かっていた状況から、真に社中によって経営される学塾として自立する第一歩となったことである。第二に、窮地に立っても、志の異なる人に資金の援助を求めるような卑しいことはしないという先例を作ったことである。福澤は、**浜野定四郎宛書簡**の中で「縁もなく志もなき他人へ向て金を募る抔は以ての外なり」と厳しく注意している。

以来、義塾では財政の危機や新たな拡充にあたっては、社中をはじめ義塾の主義に賛同する者の醵金によってそれを賄うという考え方が確立する。たとえば福澤生前にも、大学部開設のための資本金募集（明治二十三年）や一貫教育確立のための基本金募集（明治三十年）が行われた。更に、福澤の歿後すぐに維持会が結成され、事ある毎の醵金募集以外の恒久的な収入の道を確保して今日に至っている。

なお、この明治十年代初頭の経営危機を乗り切った後も、政府の官学偏重の方策によって、慶應義塾は様々な困難に直面して来たことも記しておきたい。福澤はその都度、阿ることなく、時に悠然と、時に毅然と、その不当を指摘し続けた。

たとえば、明治十四年の政変の頃から、政府による教育の統制と私学圧迫の傾向が強まる。そのような中で、「私塾誤り証文之事」は、慶應義塾は学問の専門化が不十分で沢山の品物を並べているだけの「八百屋学校」だとの政府筋の批判に対して、多様な「八百屋学校」であるからこそ多彩な人物を輩出しているのだと反論した漫言である。また、徴兵令における学生への兵役免除あるいは猶予が私学には認められず、義塾もその特典を剝奪された。これに対しても福澤は、官私の不平等を非難すると共に「慶應義塾生徒徴兵免役に関する願書」をはじめ、特典の回復を執拗に求め続けた。

一貫教育体制の確立

義塾では、廃塾の危機を乗り越えて経営が安定すると、明治二十三年、高等専門教育を行うために、文学、法律、理財（今日の経済学部）の三科からなる大学部を発足させた。これに伴って、従来の課程は普通部と称されることになった。

しかし、従来の課程の修了をもって慶應義塾の卒業と認定していたこともあって、大学部へは期待したほどの進学者が無く、大学部は義塾の財政を圧迫することになった。こうした中で、①大学部の修了をもって慶應義塾の卒業とすること、②一貫教育の課程を幼稚舎六年、普通部五年、大学部五年と整理すること、③会計はすべて慶應義塾勘定とすること、などの基本方針が定まり、評議員会の議決を受けて、明治三十年九月十八日、福澤は演説館において改革の趣旨を説明したのである（「学事改革の旨を本塾の学生に告ぐ」）。

併せて、「慶應義塾学事改良の要領[3]」が示されたが、そこには、単に改革の内容だけでなく、義塾とその一貫教育の特色が明快に示されている。即ち、「満六歳にして幼稚舎に入り、二十二歳にして塾窓を出ずる勘定にして、その卒業生は学問に於て敢て他の学生に譲らざるのみか、十六年の苦学中には一種の気風を感受すべし。即ち慶應義塾風にして、その塾風の人に有用なるや否やは兎も角も、之を解剖すれば則ち独立自由にして而も実際的精神より成るを発見すべし。是れ義塾の特色にして、他に異なる所は主として此に存するものなり」とある。

義塾の一貫教育の特色は、他の多くの学校のように大学に「附属」するのではなく、各段階の各学校が、対等に、欠くことのできぬ存在として義塾を構成していることにある。

その背景の一つには、当初は様々な年齢の塾生が渾然一体となっていたのを、各年齢に合った教育環境を次第に整備してきたことがある。たとえば、明治五年の「私学明細表」によれば、全塾生三〇二人のうち、二四人が十三歳以下の少年であり、更に、約二割の塾生が今でいう中学生位の年齢であった。(4) しかし、幼い塾生が年長者と混じって寄宿するのは、酒・タバコをはじめ悪い習慣も覚えてしまうので、良い環境とはいえない。そこで福澤は、明治二年頃に、寄宿舎を年齢によって分けて童子寮を設け、更に、明治七年にはその剛毅にして温和な人柄を愛していた和田義郎(よしろう)に幼年塾生の教育を託した。「和田塾」、すなわち後の幼稚舎の創設である(「**慶應義塾紀事**」)。

しかし、それ以上に重要な背景は、「学事改良の要領」が示すように、義塾が単なる専門教育よりも「独立自由にして而(しか)も実際的精神」ある人を育てることを目的としていたこと、『世界国尽』をはじめ子供向けの教科書を多数著したように、福澤自身が少年期の教育を重視していたことである。なお、日常の生活においても、福澤は若い塾生を親しく可愛がった。たとえば、留学中の長男一太郎と次男捨次郎に宛てて「去る十八日には餅つき、塾の童子、和田と本塾とを合して百八十八名、宅の座敷に呼び、あんの餅を馳走致し、中々賑々敷(にぎにぎしき)事に有之(これあり)候」(明治十六年十二月二十二日付)とわざわざ米国にまで報せている。また、「散歩党」と名乗る普通部生ら年少の塾生達との毎朝の散歩は、晩年の福澤の日課であり楽しみであった。「**学事改**

革の旨を本塾の学生に告ぐ」の中の、「春の野の草木を見ても無難に花の開かんことを祈る。況(いわ)んや人間の子に於てをや」の一節は、塾生の成長を見守る福澤の温かな眼差しが感じられよう。

2　社中への演説

演説事始め

福澤は単に著述と義塾の運営にあたるだけでなく、実に頻繁に社中の人達に語りかけた。義塾における福澤の演説、門下生との交わりを丁寧に見ることは、義塾の特色や福澤の教育論を考えるためにも、教育者としての福澤をより生き生きと捉えるためにも極めて大切である。

福澤は、明治六年より演説討論の練習のための集会を開き、同七年には三田演説会を発会、八年には三田演説館を開館する。その経緯は、「**演説事始め**」や「**三田演説第百回の記**」等によって知ることができる。ここは演説の実習・普及の場でもあったが、同時に、福澤が塾生に対して、また塾員・教職員に対して、義塾の在りようを語る場でもあった。明治二十三年から二十八年に在塾した中村麗市(れいいち)は、「土曜日の夜、演説館にて必ず先生のお話や教訓あり。その時学生が稽古に演説を試みるもあり。先輩が、適宜の題目にて所感・論説を述ぶるもあり、最後に先生のお話にて、学説もあれば時局談又は経験談もあり、先生を崇拝せる塾生はこれを謹聴せり」とその自叙伝（私家版）に記している。

更に、その演説の多くが、時事新報に再録されることで、義塾の趣旨が塾内外に広く周知されたことにも注目する必要がある。福澤自身、「**時事新報発兌の趣旨**」において、義塾の出身者が増えて、その一部のみを捉えて義塾の趣旨が誤解されることを懸念し、時事新報の発刊は「この弊害を未発に防ぐの策」であると述べている。ここに収めた論説の多くは、塾内で演説され、時事新報に再録されたものである。

教育の基本方針――有形において数理学――

福澤は、『福翁自伝』において、「（西洋にあって）東洋になきものは、有形に於て数理学と、無形に於て独立心と、この二点である」と述べているが、慶應義塾の教育の基本は、まさにこれらの涵養にあった。前述の「慶應義塾学事改良の要領」で、塾生が在学中に感受すべきと示した塾風の「独立自由にして而も実際的精神」は、まさに「独立心」と「数理学（実学の精神）」に対応するものである。

慶應義塾のカリキュラムは、新銭座時代は「**慶應義塾新議**」「学校之説」等に、三田移転後は「慶應義塾社中之約束」等に具体的に記されている。その特色は一貫して、英語に加え、窮理学を基礎におき、その上に歴史、経済学などの社会科学、人文科学に及ぶというものである。

「**物理学之要用**」と「**経世の学亦講究すべし**」は明治十五年三月に二日続きで時事新報に連載された演説である。前者では、「我慶應義塾に於て初学を導くに専ら物理学を以てして、恰も諸課の予備と為す」ことが述べられている。ここでいう「物理学」とは、今日意味する内容よりは幅が広く、冒頭で定義しているように「天然の原則に基き、物の性質を明にし、その働を察し、之を採て以て人事の用に供するの学」であり、「天文、地理、化学、器械学等の種類にして、之を物理学と名け」（時事新報明治22年4月22～23日、福澤諭吉全集（岩波書店）第12巻100頁、以下では、時事22・4・22～23、全集12・100のように記す）て用いている。後者では、「学生の年漸く長じてその上級に達する者へは、哲学法学の大意又は政治経済の書をも研究せしむる」ことについて述べている。民権論の喧しい中で、二十歳前後の学生に政治経済を教えることは危険であるとの批判に対するもので、安易な政治活動を起こすのは、「真成の経世論を知らざるが為」であると反論している。なお、福澤は塾生に向けた他の演説でも同様に、「忽ち熱心して狂奔煩悶するは政論の下戸」と述べ、塾生が政論に冷静であることを悦んでいる（時事25・3・18、全集13・324）。

福澤が実学を提唱したことは広く知られているが、物理学を義塾の教育の基礎に据えたことは、実学の意味を理解する鍵となる。義塾の二十五年史をまとめた「**慶應義塾紀事**」において、「本塾の主義は和漢の古学流に反し、仮令(たと)い文を談ずるにも世事を語るにも西洋の実学(サイヤンス)を根拠とする」と「実学」に「サイヤンス」と振り仮名が附され、頭には「西洋の」があること、つまり二重に強調されていることが示すように、実学は単にすぐ役に立つ学問を意味するものではない。実地に活用される学問ではあるが、それは既成の概念や権威、権力、時代の流行等から独立し、実証的に真理を解明しようとする科学的な姿勢に基づくものでなければならないのである。そのための基礎として、福澤は「真理原則」を重んずる精神の涵養を重視し、自然科学を義塾の教育の基礎においたのである。

義塾で学ぶ学問は、卒業後社会に活用されてはじめて意味を持つ。まさに、「学問の要は活用に在るのみ。活用なき学問は無学に等し」(『学問のすゝめ』十二編)であり、「学問は人生の目的にあらず」(時事19・9・29、全集11・112)である。「**教育の目的は実業者を作るに在り**」の演説では、学問を神聖視し、社会一般の卑近な事を軽蔑するのではなく、「真理原則を重」んじ、「無理無則、是(こ)れ我敵なり」の精神を以て、社会のあらゆる「俗事」を捉え直し、そこに実際の業を起こすことを奨励している。

この真理原則を重んずる科学的精神は疑いの心に発するということもできる。福澤は「信の世界に偽詐多く、疑の世界に真理多し」（『学問のすゝめ』十五編）とも語った。また、この疑いの心に基づく実学を福澤は、子供向けの手習いの手本書である『啓蒙手習之文』の中でわかりやすく紹介している。すなわち、「窮理学の趣意は、平生人の慣れて怪ざる所に眼を着け、人の怪むところの物を察してその理を詮索し、これを実用にほどこして世の裨益をいたす義、第一の専務に御座候」と説明している。

福澤は、科学的精神の対極にあるものとして「惑溺」の弊をしばしば論じた（「**物理学之要用**」、「**疑心と惑溺と**」）。また、一方に凝り固まり、心に余裕のない状態をしばしば戒めた。物事を敢えて軽く視ることによって、「変通活潑の人物」として、幅広い視点から客観的に分析できるのであり、また、学問の成果を社会のあらゆる俗事に及ぼすことも可能になるのである。福澤がこの点を如何に重視したかは、明治二十三年一月、大学部開設の最初の始業式で「**学問に凝る勿れ**」と敢えて演説したことがよく示している。同様に、教員に対しても、「社会の形勢学者の方向」と題する演説等で、「教育家が教育の事に凝り固るの不都合」（時事20・1・22～24、全集11・198）を戒めている。

社中への呼びかけ――一種特別の気風――

福澤は、社中の人達によく語り掛けたが、愉しく励ます人でもあった。石河幹明の『福澤諭吉伝』には、鎌田栄吉の談話が次のように収められている。(5)「明治十一年の正月、義塾の教職員並びに「民間雑誌」編輯係の人々が先生のお宅に招がれて御馳走になったことがあります。その席上で先生は一つの文章を読んでお話になりましたが、それが非常な名文でした。主なる趣旨は、(略)世の中は、ロジックばかりではいかぬ、(略)隠君子を気取って引込み思案ばかりして、能ある鷹は爪を隠すなど丶いい暮して爪なし鷹になってしまう者が少なくない、そこで人間と生れて世の中に立つ以上は成るべく大きな痕跡を残さねばならぬ、向うの品川の海を見ると、大小の舟が沢山行くが、あの舟の行く跡を見ると、小さな舟の跡は直ぐ消えるけれども大きな船の跡はいつまでも残っている、人間も同じことである、何でも大きな人間になって社会に痕跡を残さなくてはならぬ、(略)社会にあ丶いうトレースを残すように我々もやろうじゃないかということをお話になった。この説は至極我々に深甚な感銘を与えました」。この回想の演説が、「**教職員、編集局員への年頭の挨拶**」である。

「**慶應義塾新年発会之記**」は、既に述べた西南戦争の影響などによって経営難に陥っていた時期に、社中を鼓舞した演説である。ここでは、「社中の協力」によって、また、「一種特別の気風あればこそ今日までを維持したること」が強調されている。そして、この演説の最後には、「されば今後とてもこの兄弟なるもの、益相親み益相助けて、互にその善を成し、互にその悪を警しめ、世に阿ることなく、世を恐るゝことなく、独立して孤立せず、以て大に為すあらんこと、諸君と共に願う所なり」とある。この一節は、福澤が、社中の人達に対して、互いの関係、社会との関係に関して望んでいた姿を端的に示している。

「一種特別の気風」は前述の「学事改良の要領」でも言及されているが、それが何かを考える上で「**気品の泉源、智徳の模範**」の演説は重要である。これは、明治二十九年、義塾の鉄砲洲、新銭座時代の古い出身者と芝紅葉館で行った懐旧会での演説である。「我党の士に於て特に重んずる所は人生の気品に在り」と述べた、その塾の気風・気品の維持継承は福澤にとって切実な願いであった。この講演の末尾を書幅にしたのが今日「慶應義塾の目的」と呼ばれるもので、その全文は、「慶應義塾は単に一所の学塾として自ら甘んずるを得ず。その目的は我日本国中に於ける気品の泉源、智徳の模範たらんことを期し、之を実際にしては居家処世立国の本旨を明にして、之を口に言うのみにあらず、躬行実践、以て全社会の先導者たらんことを欲するものなり。以上は曾て人に語りし所の一節なり」である。元の演説の結びの「恰も遺言の如くにして之を諸君に嘱托するものなり」に福澤の強い願いがよく表れている。

福澤は、「旧同窓の学友相会するの楽み」を大切にする人でもあったが、そこでは、職業や社会的立場から離れて「君と僕」の関係を大切にした。その原風景は、「前年の適塾に群鳴したる、おたま杓子の集会」にあった（「故緒方洪庵先生懐旧集の文」）。しかし、次章で述べるようにその関係を大切にしたのには大きな理由もあった。

塾生に対する訓話――無形において独立心――

福澤が塾の気風の維持を切実に願ったその理由を理解するには、塾の教育が独立心の涵養を重んじていたことを考える必要がある。

福澤は塾生に対して、「人生に大切なるは独立の一義」と、独立の意義を繰り返し述べた。「独立の大義」もその一つである。そこでは精神の独立と経済上の独立を説いている。精神の独立については、「他人の言うがまゝに任せて身を進退するは無学者流の事」で、「知見を広く」して「徹頭徹尾思案」することが必要であると述べている。ここで求められるのは、既成の観念に拘泥しない、惑溺や軽信を排する精神である。それは、既に言及した疑いの精神であり、「真理原則」を追求する窮理学の視点である。このように考えると、福澤が義塾の教育の柱とした「数理」と「独立」は単に並立するのではなく、数理は精神の独立に不可欠な要素でもあるといえよう。

また、この「**独立の大義**」の文中に「節を屈する」という言葉が散見されるが、これは福澤が最も嫌ったことであり、頻繁に言及してこれを非難した。たとえば、「自分の言行を自から大目に看過して節を屈するが如き、独立の志を抱て、独立の根気なきものと云うべし」（『福翁百余話』第五話「独立の根気」）と述べている。

ところで、独立心について語る時、福澤はしばしばこれを塾の根底に流れる気風として述べた。たとえば、「**独立の大義**」では「諸君は久しく本塾の気風に養われて独立の義を知る者なれば」と語り、「**独立自由の主義**」では「塾中の空気に呼吸して自然に心に得たる所のものあるべし」と語っている。つまり、福澤が義塾の教育で重視した独立心は、「学事改良の要領」にあるように、「一種の気風を感受す」ることによって涵養されるものなのである。

それ故にこそ、福澤は、塾の気風の維持に細心の注意を払い、「**塾政の自治**」のように塾生に度々呼びかけ、注意を喚起したのである。福澤は塾生に特に何を求めたのか。それは、「**独立自由の主義**」や「**人の権利は厘毫の軽重あるべからず**」の演説に見られるように、独立の生き方、独立の人としての対人関係を、在塾中から実践することであった。また同時に、その人間関係は、互いに肩書きや年齢に関わりなく、その人の人格と権利を尊重しあうものでなければならなかったし、新入生には、上級生に対して卑屈にならぬことが求められたのである。このような関係を中山一義は「慶應義塾は約束と協力を大切にする自由にして責任を重んじる独立な人格の集まり」[6]と述べている。

これについて、当時の気風をよく示す回想がある。一つは、明治二年に入社した須田辰次郎によるもので、「当時塾にて先生と言えば必ず福沢先生を指して言える敬称なり。されば小幡先生の如きも篤さん、甚さん、阿部さん、永島さんと称して人によりて敬称の区別なく皆さん付なり。ここに驚きたるは、先生がその令閨令息方を呼ばるゝにも皆さん付なることなりき。余の郷里の慣習上呼び捨てに慣れたる耳にはすこぶる奇異の感ありき。予らのごときも辰さん、彦さん（中上川氏の事なり）と呼ばれ、殆どことごとくさん付けなり。これ彼の equality を遺憾なく発揮せられたる所なるべし」[7]と回想している。

また、大養毅は、大正四（一九一五）年大講堂の開館式において、次のように述べた。「福澤先生の眼中には、すべてのものが平等である。社会が如何に厚き待遇、高き待遇を与えている人であっても、一たびこの慶應義塾の門をくゞると、爵位も階級も貧富も無くなる。（中略）一たびこの山門をくゞって来た以上は、皆一様にこの三田の学風に従わなければならぬ。即ち世間の待遇に拘わらず、ことごとく平等に談話もし、討論もしたのであります。（中略）世間の待遇は、この山中に於ては認めておらぬ。貴賤尊卑と云う世間の待遇は、この山門をくゞれば無くなって、すべての人が平等であった。この如き気風は、独り(ひと)この慶應義塾に於(お)いて見ることが出来るのであって、他に之(これ)を求むることは出来ない。これが三田の学風である。慶應義塾の塾風である。この醇朴たる美風、諸学校に秀でたこの塾風は、今後といえども永久に存続しなければならぬ(8)」。

福澤は、塾生に対して「独立」の人としての自覚を求める一方で、人間的な愛情溢れる演説も多く遺した。たとえば、学生の健康を気遣って「家郷に在る父母の心中を推察すれば、半死半生の大学者と為(な)りて帰郷するより、寧(むし)ろ学業は少々未熟にても身体強壮精神活潑なる愛子を見るこそ愉快なるべし」（時事25・4・2、全集13・334）と語り、「**郷里への文通を勧告す**」のように、親元を離れて学んでいる塾生に対して、頻繁に手紙を書くよう勧めた。また、塾生が将来、学問に熱心な余り、人と争い、品位を傷つけることになることを懸念して、「**学問も亦唯人生百戯中の一**」として「人間安心の法」も語っている。これは、福澤自身が晩年『福翁百話』等で語った自身の境地でもある。

門下の早世を悼む

福澤が「涙を払って」あるいは「涙を揮って」追悼文を記した門弟に、小幡仁三郎、和田義郎、小泉信吉（のぶきち）、馬場辰猪（たつい）らがいる。明治三十年に今日の『三田評論』の前身の『慶應義塾学報』が創刊され、その年の各号の巻頭に四人の肖像が掲載されていることからも、福澤のみならず社中の人々に四人の早世が惜しまれていたことがわかる。福澤がいう「気品」や「独立」の生き方を考える上で、彼が終生その早世を惜しんだ門下生とその追悼文は多くの示唆を与えてくれる。

小幡仁三郎は、福澤が元治元年に中津から連れてきた六人の一人で、その学問と共に、高潔な人柄によって、当時乱れがちであった塾の規律を高尚に導いた一人である。塾の経営においても中心的な役割を果たしていたが、明治四年、旧中津藩主奥平昌邁（まさゆき）に随行して米国に留学し、同六年その地で病死した。その知らせを受けた福澤は島津祐太郎（復生）宛の書簡（明治六年四月十五日付）で、帰国後を楽しみにしていたのに「心中の百事、一時に瓦解」し、何も手に付かないと書いており、福澤の落胆が窺われる。その心情は「**小幡仁三郎君記念碑誌稿**」にもよく表れている。「**故社員の一言今尚精神**」には、福澤が愛した仁三郎の性質をよく表す逸話が語られている。福澤は明治三十年に刊行された『福澤全集緒言』でも、自身の著作の概説と共に、この逸話に言及して、「小幡仁三郎氏の一言は文明独立士人の亀鑑なりとて永く塾中に伝えて之を忘るゝ者なし」と記しており、如何にこの時の仁三郎の姿勢を嬉しく思い、そして生涯に亙って仁三郎の独立の気力、独立の気概を尊んだかがわかる。

和田義郎は、慶応二（一八六六）年十一月、紀州和歌山藩の留学生として、福澤諭吉の塾に入塾した。「和田塾」、即ち幼稚舎のことは既に記したが、当時の生徒は皆、寄宿していたため、和田夫妻は、勉強、運動から食事、睡眠に至るまで優しく世話をした。その様子を森村市左衛門は、「慈父の如き実に優しいおじさんという感じ」(9)であったと回想している。それだけに、和田の急逝した時の幼稚舎生の悲しみも大きく、福澤は、「**和田義郎君の死去に際し幼稚舎にて演説**」で、幼稚舎生を温かく支えた。因みに、かつては上大崎常光寺に、和田と福澤の墓は向かい合っていた。いずれも他に移されたが、今日も和田の記念碑があり「**和田義郎君墓誌**」を読むことができる。

紀州藩は特に入塾者の多い藩で、和田の入塾した月には九人入塾しているが、その中の一人が小泉信吉である。小泉信吉は、英国留学から帰国後、横浜正金銀行の創立にあたり副頭取をつとめた後、明治二十年から塾長をつとめるが、福澤と意の合わぬところがあり、同二十三年に塾を離れた。その経緯と福澤が弔辞に込めた思いは、長男小泉信三の「師弟――福澤諭吉と私の父――(10)」に詳しい。しかし、福澤が終生、小泉を深く敬愛していたことは、慶應義塾のモラルコードともいうべき「**修身要領**」（明治三十三年発表）編纂の際に、福澤が長男一太郎に「斯る評議の提議を乞うべき人物は小幡兄弟、日原、小泉を以て第一と為す。小幡甚三郎及び小泉は今や地下の人にして致方もなし(11)」と嘆いたことがよく示している。

馬場辰猪は、義塾で学んだ後、英国で七年間法律を学んだ。しかし、帰国後その経歴を生かして実業界や官界に入ることを拒み、生涯を在野の民権家として活動した。**八周年祭の追弔詞**は、前述の「**気品の泉源、智徳の模範**」の演説がなされたその翌日のものである。福澤は、その演説にあたって、馬場をはじめとする早世した門弟を想起したことであろう。

3　学問と教育

学問の独立

『**学者安心論**』は、本来「政府の政」と「人民の政」の両者が重要であるのに、学者が「政府の政」にのみ執着してすべてを政府に求め、教育から商工業まで、民間においてなすべきことを実践しようとしないことを批判したものである。また、『**学問之独立**』は、時事新報紙上に「学問と政治と分離すべし」と題して連載された論説をまとめて単行本として刊行したもので、原題が示すように、学問が政治に密着することの弊害を示し、学問・教育を政治権力の外におくべきであると主張している。このような主張は、「学者士君子、皆官あるを知て私あるを知らず」と大半の学者が官途についていることを批判した『学問のすゝめ』四編のいわゆる「学者職分論」の延長にあるものである。

学者の志操と矜持

先に、福澤は「節を屈する」ことを嫌ったと述べたが、もう一つ嫌ったことに「世に阿る」ということがある。収録した「**慶應義塾新年発会之記**」で社中の人の在り方を説いた一節に記されている通りであるが、学者、学問をした人は世の趨勢と合わなくても、「昔年の異端妄説は今世の通論なり」(『文明論之概略』)なのであるから、各々に自分の信ずるところを述べなければならないことを説いたのが「**人の説を咎むべからざるの論**」である。

この強い気概は、学問の政治からの独立を守る為にも至るところで発揮された。福澤は、『学問のすゝめ』四編で、「先ず我より事の端を開き」「我より私立の実例を示」すと強い口調で述べ、それを終生実践した。しかも、それを単に実践しただけでなく、学問の政治からの独立を守るために、また官尊民卑の風潮を打破するために、些細なこともゆるがせにはしないという毅然とした態度を時に示した。

「**学問上の私会なれば、大臣も平民も区別はあるべからず**」はその一つで、工学会に招待されたものの、大臣が上席と聞き、出席を断った経緯を記したものである。もう一つは、大槻文彦の労作である辞書の『言海』の出版祝賀会でのことである。その経緯は**富田鉄之助宛の二通の書簡**がよく示している。祝辞を頼まれた福澤は、出席の代わりに祝文を送ると共に式の次第を尋ねる。ところが、折り返し送られてきた「言海祝宴次第」には、伊藤博文の次に福澤の祝辞が読まれることになっていた。そこで福澤は、既に刷り上がっていた次第書を廃棄させて、自分の名前を削除した式次第を刷りなおさせたのである。この書簡の六日後、時事新報に掲載された「**大槻磐水先生の誡語その子孫を輝かす**」は一通目の書簡に添えた祝文である。

なお、この時の福澤の姿勢を繰り返し説いた人に小泉信三（しんぞう）がいる。「先生は五十八であった。或はこれを大人気（おとなげ）ないと批評するものもあるであろう。しかし私は、明治の時代に一人の大人気ない福澤諭吉があって、身をもって学問を重からしめんとしたことを、後進の一人として有り難く思う[12]」と述べている。

「**蘭学事始再版之序**」は、明治二十三年、第一回日本医学会を記念して『蘭学事始』を復刻するに際し、長与専斎（ながよせんさい）の求めに応じて福澤が序文として記したものである。福澤は、慶応年間に神田孝平が露店で見付けた同書を、他の洋学仲間と共に熟読したことがあった。この序文は、その折に福澤が抱いた感慨の大きさを示しているが、それは自らもまたその洋学の系譜を引き継ぐという使命感を伴うものであったことは、「**慶應義塾之記**」等に先人の蘭学者の苦労が記されていることからも推察できる。なお、この時に長与に宛てた書簡（明治二十三年四月一日付）にも「実にこの書は人を悩殺するものにして、今日も之を認めながら、独り自から感に堪えず。涙を揮い執筆致し候」と心情が記されている。

長与は、適塾以来の自他共に認める親友であった。その長与を介して福澤の援助を受けることになったのが北里柴三郎である。明治二十五年、細菌学で多大の業績をあげてドイツから帰国した北里に対して学界は冷淡であった。そのような折、長与から北里を紹介された福澤は、早速に私財を投じて、北里の為に、芝公園の近くに伝染病研究所を用意した。福澤は、その他にも北里の為に白金に結核療養所の「土筆ヶ岡養生園」を作り、更に経理に優れた田端重晟をその事務長に据えるなど、細部に至るまで終生北里の援助を惜しまなかった。因みに北里研究所は、大正三年、伝染病研究所が一方的に文部省に移管された際に総辞職した北里とその弟子達が、養生園とその貯えを基礎に設立したものである。

福澤は、『福翁自伝』の終わりに「生涯の中に出来して見たい」こととして「大に金を投じて有形無形、高尚なる学理を研究させるようにする事」をあげているが、北里への援助はそのささやかな実現であったともいえよう。「**人生の楽事**」は、その考えを具体的に述べたいわゆる「学者飼殺しの説」である。

教育論

福澤は、『福翁百話』第七一話の「教育の力は唯人の天賦を発達せしむるのみ」において、教育を植木屋の仕事に譬えて、「教育の要は人生の本来に無きものを造りて之に授るに非ず、唯有るものを悉皆発生せしめて遺すことなきに在るのみ。如何に巧なる植木屋にても草木の天性に備わる丈けを見事に成長せしむるのみにして、其以上に至りては、何等の工風もあるべからず」と述べている。同様の趣旨は、様々な表現や比喩で繰り返されており、「教育なるものは則ち能力の培養」(「**家庭習慣の教えを論ず**」)、「教育の文字甚だ穏当ならず、宜しく之を発育と称すべきなり」(「**文明教育論**」)等と述べている。

「**教育論**」にもその考えが根底にある。その上で「**徳育如何**」では、人間の智徳の発達を根本的に規定する要素としては、「祖先遺伝の能力」、「生育の家風」のみならず「社会の公議輿論」の寄与も大きいと指摘する。このうち特に公議輿論、すなわち社会の風潮についての議論に力点がおかれているのは、自由民権運動が活発な当時、政治論議に熱中する青少年が多いことを問題視し、その原因を教育に求め、儒教主義に基づく復古的傾向を強めた明治政府への反論として書かれたことによっている。そして福澤は、忠孝に基づく徳育に復古するのではなく、あくまで「自主独立の旨」に変わらなければならないと主張した。なお、「**徳育余論**」は、未だ自主独立の精神を持っている人はそれほど多くない中で、公議輿論と社会の気風を高めるにはどうするか、現実的な方策を論じたものである。

「**体育の目的を忘るゝ勿れ**」は、全国の学校が体育を重んじるようになる中で、過度な体育偏重に警鐘を鳴らしたものである。福澤は、「獣身を成して後に人心を養え」（『福翁百話』三十一話）、「活潑なる精神は健康なる身体に在て存す」（『通俗民権論』）、「活潑なる智力は健康なる身体に在て存す」（『時事小言』）等の言葉が象徴するように、身体の健康と運動を重視する人であった。慶應義塾においても、「**慶應義塾紀事**」に「身体の運動は特に本塾の注意する所」と記し自負している。福澤は、個人の独立を支える一要素として身体の健康を重視していたので、その目的を忘れたような風潮には、反省を促したのであった。(13)

家庭教育

前章からもわかるように、福澤は、学校教育の限界を冷静に認識していた。むしろ教育は生涯に亙って必要と考えていたから、教育の場も学校のみに限定せず、これに加えて、家庭の教育と社会の教育を重視していた。即ち、「幼にして家に在れば父母の訓（おしえ）あり、稍（や）や長じて学校に入れば教師の教（おしえ）を受け、学校を去て社会に出（いず）れば社会の教育あり」（「**交詢社第十三回大会に於て演説**」）である。

石井研堂の『明治事物起源』によると、「家庭」という言葉が広く使われるようになったのは、『家庭叢談』という名の雑誌が出てからであるという。『家庭叢談』は、明治九年から十年にかけて福澤が発行していた雑誌で、福澤が如何に家庭とそこでの教育に深い関心を抱いていたかがわかる。

「**家庭習慣の教えを論ず**」はその『家庭叢談』に発表されたものである。人間の発育について、特に幼少時に父母の言動を見て習慣となった性質や行動が基礎になることを述べている。「一家は習慣の学校なり、父母は習慣の教師なり」（『福澤文集』全集4・399）であり、「徳教は目より入りて耳より入らず」（時事22・1・30、全集12・9）なのである。

したがって福澤は、家庭での教育は過度に厳正すぎるのは好ましくないと考えていた。「家庭の遊戯」に示されたように、和気藹々とした家庭の団欒の中で、自然に感化するのが良いと考えていたのである。

勿論、これは第二次大戦後にしばしばいわれるようになったマイホーム主義とは似て非なるものであることにも注意する必要がある。「文明の家庭は親友の集合なり」（『福翁百余話』第七話）にあるように、「父母の言行さえ正直清浄にして身に一点の醜穢を留め」ないこと、すなわち、両親が独立自尊の生活を送る人であることが求められるのである。これについて、福澤の教育論について優れた研究を遺した渡辺徳三郎の言葉を紹介したい。「今日のマイホーム主義なるものが、往々にして、ただ自分の家庭のみの安楽を願うという家庭的利己主義とでもいうものになりかねないとすれば、私は先生はマイホーム主義ではないと思います。（中略）人がその中で生きている社会のことに無関心で、自分一人の小さな家庭の利害にとじこもってしまうことなど、これまた非常に嫌った方であります。先生がいう『品行が高尚である』ということの中には、社会的関心を持つということが一つの条件として入っているのであります(14)」。

福澤は既に述べたように、人間の発達を規定する要素として、遺伝、家庭の気風と共に、社会の気風を挙げたが、その社会の気風を高尚にする為には、その構成要素たる家庭、特に夫婦の倫理の向上が大切であることも指摘している。「読倫理教科書」がそれで、「社会生々の本は夫婦に在り」、「良家の集合即ち良社会」と記している。福澤は、男尊女卑と親への服従という儒教的な道徳観に対して、明治三年、「中津留別の書」の中で既に、「人倫の大本は夫婦なり」と全く新しい道徳観を示したが、これと相通ずるものがある。

専門教育

学校の教育についての福澤の考えは、慶應義塾の教育内容、塾内で行った演説などによく表れている。既に第Ⅰ部に幅広く収録したので、本章では専門教育に関する著述・演説を選び、「**商学校を建るの主意**」と「**英吉利法律学校開会式の演説**」を収録した。商学校は今日の一橋大学の、また英吉利法律学校は中央大学の前身である。ちなみに福澤は、会計・法律をはじめ近代的な商業の基礎を学んだ商人の育成が必要であると日本各地の商業学校の設立・運営にも尽力している。また、「**後進生に望む**」では、専門学科の一つに偏り、社会の事情に通じず、幅広い教養の無くなることを戒めている。

学校教育の独立

教育は人の心を養うものであり、しかも家庭の習慣、学校の教育、社会の気風によっているのであるから、その効果は緩やかに表れる。したがって福澤は、臨機応変に動かなければならない政治のその時々の方向に教育の方向を合わせてその即効を求めることは誤りであると「**政事と教育と分離すべし**」で説いた。これは同じ明治十六年に時事新報に連載された「学問と政治と分離すべし」（これが後に『**学問之独立**』として刊行された）と同じ趣旨の論説である。

明治期の文部行政は、当初福澤らの影響を受けた開明的な教育理念に基づいていたが、明治十二年頃から元田永孚（もとだながざね）ら保守派の巻き返しが起こり、儒教主義に基づく修身教育が最重視されるようになる。また、明治十三年には文部省が、小学校で用いられていた教科書のうち不適当と判断したものの使用を禁じたが、そこには福澤をはじめ義塾関係者の著書も含まれていた。なお、教科書の統制は明治十九年から検定制度に移行するが、「**教科書の編纂検定**」等で晩年まで批判を続けた。

それから約十年の後に、「**教育の方針変化の結果**」で、誤った改革の影響は十年余を経て表れ、それを修復するには更に長い時間を要すると、「政府の失策」を批判した。政府や新聞の論調に左右された安易な学校教育の改革への警告でもある。

なお、福澤は、義塾の運営においても、流行に迎合するような安易な変革を行わないことを義塾の伝統として重んじた。「**慶應義塾紀事**」において「二十余年来、学則は次第に改革して、今日にして前後比較すれば殆ど別種のものゝ如くなれども、退て考ればこの間に大変革とては一回も施行したることなし。唯時勢に従い学問の進歩に促がされて、識らず知らずの際に徐々として自から改まりたることとならん。今後もこの法に依らんとて社中年長の常に注意する所なり」と述べている。

社会教育――時事新報と交詢社――

社会教育の活動として、福澤が中心となって創った時事新報と交詢社の発刊・発会の辞と後の節目における社説・演説を集めた。学校教育実践の場としての慶應義塾に対して、この両者は社会教育の実践としての意味を持つからである。

時事新報は明治十五年に創刊された。福澤は、政府の要人、井上馨、大隈重信、伊藤博文らから国会開設に向けて新聞の発行を懇請され、その準備を進めていたが、いわゆる明治十四年の政変によって大隈と彼に近かった慶應義塾出身の官吏が政府から排斥され、事態は一変した。そこで、「**時事新報発兌の趣旨**」にあるように義塾の主義主張を示すため、構想を新たに独力で創刊したのが時事新報である。時事新報での論説は、政治、産業、外交等多岐に亙ったが、強い政党色を持つ既存の他紙に対して、不偏不党の新聞として独自の地歩を築いた。同時に、女性の解放の為の論説をはじめ、社会の気風を高尚に導くための論陣を張った。このような時事新報の姿勢は多くの読者を獲得し、「日本一の時事新報」として名を馳せた。時事新報は、その社説等が新聞紙条例の治安妨害に当たると発行停止処分を受けることがあった。「**時事新報第五千号**」ではそのことに言及しながら、当初の趣旨が一貫して変わっていないことを強調している。

交詢社は、明治十三年設立の、現存する日本最古の会員制クラブである。福澤は、『学問のすゝめ』の十三編と十七編にもあるように「人間の交際」を重視した。そして、「世の中に最も大切なるものは人と人との交り付合なり。是即ち一の学問なり。この付合なければ人の智恵はますく狭くなりて、物を求むることを知らず、業を起すことを好まず、商売の道も繁昌せず」(「豊前豊後道普請の説」全集20・128)とあるように、「人間の交際」は学問であり、社会教育の場でもあった。交詢社がその為の実践の場であったことは、名称の由来、「知識を交換し世務を諮詢す」(「**交詢社発会之演説**」)の語からも、更には「**交詢社第十三回大会に於て演説**」からも明らかである。

「**交詢社第十九回大会に於て演説**」で福澤は、交際を繁多にして議論を活発に行うことを社員に求めると共に、「決して大人君子が一声を発したからと云って、草木の風に靡く如く承知するでない」と戒め、「人の言うことには一度や二度では承服しないように捏ね繰り廻わして、そうして進歩の先陣とな」ることを期待した。「私は死ぬまでそれを遣る」とも述べた。明治三十一年九月、一度目の脳溢血に倒れる半年前のことである。福澤は、学問・教育の独立を主張し、それを身を以て実践した。その気概は最晩年に至るまで些かも衰えなかったのである。

修身要領

付録として、「**修身要領**」を収録した。福澤自身が執筆したものではないが、福澤の提唱で門下生らが編んだモラルコードである。福澤は、明治三十一年九月に脳溢血に倒れた。それは福澤が批判し続けた男尊女卑の悪習を打破しようと、貝原益軒の『女大学』を痛烈に批判し『女大学評論・新女大学』を書き終えた数日後のことであった。回復するや、「自分がこの世に在らん限りは全力を挙げてこの問題のために奮闘する覚悟である」と語ったという。更に、小幡篤次郎らに「現時の有様を見れば旧道徳の主義は既にその力を失うたけれども、これに代るべき新道徳の教は未だ現われず、天下を挙げて修身処世の方向に迷うている。(略)今日の社会に処して人心を導くには自から時勢に適応する徳教の標準を示し、男女老少を問わず一般国民をして向うところを知らしむるの必要があると思う。修身道徳の事に就ては自分は及ばずながら平素の主義に拠って多年来立論主張したところも少なくない。即ち婦人論男子論という如きもその主義から発したものである」と「修身処世の綱領とも見るべきものを作って見てはどうであるか」と提案した。[15]これを受けて、小幡篤次郎、福澤一太郎、石河幹明、土屋元作、日原昌造、鎌田栄吉、門野幾之進が参画し、更に福澤の助言も受けながら編纂されたのが「修身要領」である。

全二十九条からなるが、その内容は個人の道徳、男女・家庭の道徳、社会生活の道徳、国民としての道徳、独立自尊主義の普及に大別される。福澤は、「独立」や「自尊」については繰り返し語って来たが、「独立自尊」という言葉はそれまで殆ど使っていなかったので、「独立自尊」という言葉が広く定着したのも「修身要領」によるということができる。また、二十九条に亙っていることからも「独立自尊」が多義的で幅広い意味を包摂するものであることもよく理解できるであろう。

明治三十三年二月、「修身要領」が発表されると、道徳の基本を、忠孝ではなく「独立自尊」においていること、道徳は時代と共に変化するとしていることから、教育勅語と背馳するものと激しい非難も受けた。翌三十四年二月三日、福澤は没したが、その後も慶應義塾では他と異なり、塾内の教育において教育勅語を教えることはなく、「修身要領」を教え続けた。また、日本中にその趣旨を浸透させたいと考え、大正時代にかけて全国で精力的に普及活動を展開したが、広く受け入れられるに至らなかったことは、第二次世界大戦敗戦に至るその後の日本の歴史を考える時、無念といわざるを得ない(16)。

(1) 山内慶太「塾歌に歌われた慶應四年」『三田評論』平成三十年五月。
(2) 『慶應義塾百年史・上巻』昭和三十三年、七三六頁。
(3) 『慶應義塾百年史・中巻(前)』昭和三十五年、二〇八頁。
(4) 『慶應義塾百年史・上巻』昭和三十三年、五四四頁。
(5) 石河幹明『福澤諭吉伝』四巻、昭和七年、六七二頁。
(6) 中山一義「慶應義塾社中の約束と協力」慶應義塾大学報、昭和五十六年七月一日。
(7) 須田辰次郎「義塾懐旧談」『三田評論』大正五年十一月。
(8) 犬養毅「三田学風の変遷」『三田評論』大正四年七月。
(9) 森村市左衛門「慈父の如き伯父さん」『三田評論』昭和十六年五月。
(10) 小泉信三「師弟―福澤諭吉と私の父―」『この一年』(小泉信三全集第十八巻、三九頁)。
(11) 『慶應義塾百年史・中巻(前)』昭和三十五年、四五八頁。
(12) 小泉信三『読書雑記』(小泉信三全集第十四巻、一〇七頁)。

(13) 山内慶太「福澤先生とスポーツ―体育会百二十五年に際して―」『三田評論』平成二十九年三月。
(14) 渡辺徳三郎「福澤先生の家庭教育論」『福澤諭吉年鑑三』昭和五十一年、二四一頁。
(15) 石河幹明『福澤諭吉伝』四巻、昭和七年、三一五頁。
(16) 山内慶太「春秋ふかめ揺ぎなき―戦後復興期の義塾の気概―」『三田評論』令和元年五月。

索　　引

1. 本索引は収録著作中の語句を事項索引と、人名・地名・書名による固有名詞索引に分けて掲げ、五十音順に配列したものである。
2. 索引に掲げた項目が、各著作の表題にある場合、また著作全体に関わる語句である場合は、その範囲を太字で示した。

事項索引

あ　行

か　行

さ　行

た　行

な　行

は　行

ま　行

や　行

ら 行

わ 行

固有名詞索引

あ　行

か　行

さ 行

た　行

な　行

は　行

ま　行

や　行

ら　行

わ　行

[編者]

山内慶太（やまうち　けいた）

1966 年生まれ。慶應義塾大学医学部卒業。博士（医学）。
2005 年より同大学看護医療学部・大学院健康マネジメント研究科教授。
慶應義塾福澤研究センター所員を兼ねる。
慶應義塾横浜初等部の開設準備室長、部長を歴任、2021 年より慶應義塾常任理事。

西川俊作（にしかわ　しゅんさく）

1932 年生まれ。慶應義塾大学大学院経済学研究科修了。経済学博士。
1972 年同大学商学部教授、1990 年慶應義塾福澤研究センター所長。
1998 年同大学名誉教授。2010 年没。

福澤諭吉 教育論
――独立して孤立せず

2024 年 3 月 15 日　初版第 1 刷発行

著　者――――福澤諭吉
編　者――――山内慶太・西川俊作
発行者――――大野友寛
発行所――――慶應義塾大学出版会株式会社
〒108-8346　東京都港区三田 2-19-30
TEL〔編集部〕03-3451-0931
〔営業部〕03-3451-3584〈ご注文〉
〔　〃　〕03-3451-6926
FAX〔営業部〕03-3451-3122
振替 00190-8-155497
https://www.keio-up.co.jp/
装　丁――――耳塚有里
印刷・製本――株式会社精興社
カバー印刷――株式会社太平印刷社

Printed in Japan　ISBN978-4-7664-2943-5

慶應義塾大学出版会

新版 福澤諭吉 家庭教育のすすめ

渡辺徳三郎 著／山内慶太 編

慶應義塾幼稚舎でながく教諭をつとめ、幼稚舎長の重責を担った著者が、みずからの教育経験をふまえつつ福澤諭吉の教育論を再構成し、現代の保護者に家庭教育の大切さを語った著作に、教育にかかわるエッセイと付録を増補。

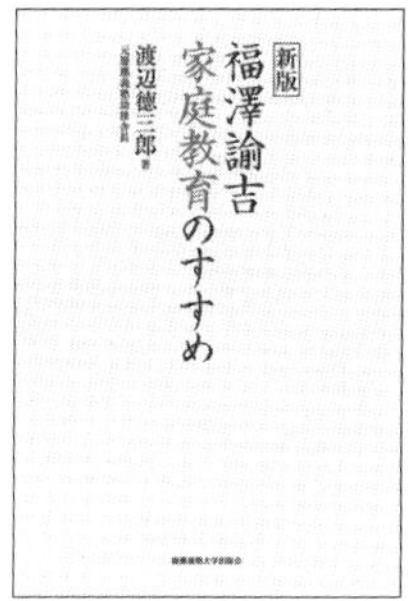

四六判／並製／384頁
ISBN 978-4-7664-2385-3
定価 2,640円（本体 2,400円）
2016年10月刊行

◆目次◆